U0079495

# 我的第一本孟子讀本

張子維——譯注

# 「四書」——國學經典入門書

每一個生活在當代的人，不管願不願意承認，也不管是不是喜歡，我們每天都生活在自己民族的文化傳統中，並以自己的言談舉止顯示著這個傳統的或優或劣的特色。中華民族有文字記載的歷史已有3000多年，現在越來越多的人已經認識到，在中國傳統文化中有許多寶貴的遺產，值得學習和繼承，使之轉化為當代的資源。例如關於天人合一的觀念，關於憂國憂民的情操，關於尚善的態度和透過修身養性以達至高尚人格的追求，關於敬業樂群的意識，關於「先天下之憂而憂，後天下之樂而樂」的人生準則，以及關於整體思維的思想方法等等，都值得我們認真學習和思考。此外，還有豐富的歷史經驗和教訓，可以給我們深刻的啟示；還有眾多美不勝收的文學作品和藝術作品，可以陶冶我們的性情，淨化我們的心靈。

對待民族的傳統文化，也許有人會問：「傳統文化究竟有什麼用？」要說沒用也真沒用，既不能當飯吃，也不能教人如何投資賺

錢。但其精華部分能開啟我們的智慧，豐富我們的精神生活，指導我們協調人與人之間的關係、人與自然的關係，以及促使我們把自己掌握的知識和技術用到造福於人類的道路上，這就是傳統文化的無用之大用。

試想，如果我們的心靈少了詩意、記憶缺席了歷史、思考沒有了哲理，生活還有什麼意義？我們若能將古人的智慧、古人的知識、古人應對各式各樣問題的辦法延續下來，就一定會在現實生活環境中走得更順暢，更容易實現人生的理想。

從文明傳承的角度上講，弘揚和發展傳統文化，是每一個炎黃子孫，特別是青少年的歷史責任和義務。那麼，青少年該如何做才能使傳統文化薪火相傳呢？我們都知道，書籍是文化傳承的載體，青少年要想涉獵傳統文化，就要從學習國學經典開始。長期以來的應試教育，總是讓青少年學生圍著考試和教材轉，卻很少接觸國學原著。殊不知，優秀的教材固然有重要參考價值，不可不讀，但要提高人文精神的素養，必須直接閱讀國學原著。

我們所推出的《我的第一本論語讀本》、《我的第一本孟子讀本》《我的第一本大學、中庸讀本》系列叢書，閱讀對象就是以青少年為主，引導他們國學入門。為了青少年更好的認知，本書在編排上，採取了將原文、注釋、翻譯和有趣的故事融合在一起的方式。青少年不僅可以結合注釋和翻譯完整地閱讀原文，還可以閱讀與之相關的故事。用這種輕鬆愉悅的方式來瞭解儒家經典，並得到實實在在的收穫，這也正是編者的目的。

孔子說過一句很值得玩味的話：「知之者不如好之者，好之者不如樂之者。」進而道出了學習的三個層次：「知之者」，是獲得知識的層次；「好之者」，是從學習中引發了興趣，激發出研究的動力：「樂之者」則更進一步從學習和探討中實現思想的昇華，產生高度愉悅的心情，或對研究「欲罷不能」的迷戀狀態。希望讀者在閱讀本系列叢書時，可以達到「樂之者」這一境界。

# 青少年不能不讀《孟子》

《孟子》是中國儒家的經典著作，記錄了戰國時期著名的思想家孟子的治國思想和政治策略。是由孟子及其再傳弟子共同編寫而成。

這部書剛開始問世時，《漢書．文藝志》僅把它放在諸子略中，視為子書。南宋時，朱熹將《孟子》與《論語》、《大學》、《中庸》合在一起稱「四書」，正式把《孟子》提到了非常高的地位。元、明以後又成為科舉考試的內容，更是讀書人的必讀之書了。

做為青少年，閱讀國學名著不僅可以培養自身的古典文化底蘊和優雅情懷，還可以品讀文學中蘊涵的美學、哲學意境。《孟子》做為國學經典中的經典，說理透徹，言詞典雅，富於思辨色彩，論述層層推進，具有強烈的藝術感染力，讀懂之後一定會受益終生。

如果把儒家的創始人孔子看作是一個敦厚睿智的長者，那麼做為學說繼承人的孟子則是一個積極進取的青年。

孟子生活在戰國時期，面對諸侯的暴政和百姓的哀嚎，激起了強烈的憂患意識。他將個人與社會緊密聯繫在一起，以解民倒懸為己任，抱著一種「當今之世，捨我其誰」的入世精神來「修身、齊家、治

國、平天下。」

在《孟子》一書中，展現了孟子治國安邦的策略和人格修養的原則。首先，在政治思想上，孟子在「仁」的基礎上將其形象化為「不忍之心」，並建立「性善論」來對其進行論述，進而提出「仁政」的理念。國學大師錢穆先生指出，孟子的「性善論」包含兩層意義：一是啟迪人們向上的自信；二是鞭促人們向上的努力。

此外，孟子還具有較強的民本主義思想——「民為貴，社稷次之，君為輕」。當然，這並不是說百姓的地位比國君高，而是說國君在治國時，如果不照顧到老百姓的利益，就很難維持自己的統治。這在客觀上緩和了階級矛盾，維護了底層民眾的利益。更難能可貴的是，孟子具有很強的戰鬥性。他認為如果君王違背人民意願，危害人民利益，不順應時代發展潮流，就要革他的命。雖然誅殺「獨夫」多了點殺伐之氣，卻表現出其朗朗正氣。

孟子的戰鬥性來自於浩然正氣。他認為：「其為氣也，至大至剛，以直養而無害，則塞於天地之間。其為氣也，配義與道」。意思是說，這種氣，最偉大、最剛強，需要用正直的品格來培養它，這樣才能充盈天地之間。這種氣，要跟義與道相配合。如果不是這樣，就會

缺乏力量。

看來，孟子養的氣，就是正氣。有了正氣，還需要在逆境中奮鬥，以此激發出強烈的進取精神——「故天將降大任於斯人也，必先苦其心志，勞其筋骨，餓其體膚，空乏其身，行拂亂其所為，所以動心忍性，增益其所不能。」如果僅從人格的塑造上來看，孟子的影響要遠遠超過了孔子，他所說的「富貴不能淫，貧賤不能移，威武不能屈」被無數文人墨客奉為經典，同時也滋養和潤育了一批又一批中華民族的精英。

孟子有很高的辯才。他的思維縝密，邏輯嚴謹，語言充滿著生機與活力。他的辯論很有文采，審事精微，闡發透徹，洞見深邃，並善用比喻，令對手不得不服。這些特點貫穿於《孟子》全書的始終，對我們的寫作有很好的借鏡作用。

我斗膽說一句話，就有利於青少年的成長而言，可以不讀《論語》，卻不能不讀《孟子》。書中所蘊含的「仁、義、禮、智、信」是我們民族文化中不可放棄的精髓，讀之可以使我們在接受優秀傳統文化薰陶的同時，養成良好的道德品格。

# 走近《孟子》，了解更多儒家文化

凡是一種文化，必然會有一種思想做為它的核心。其核心思想，又必然會有一到兩個人物做為代表。中國傳統文化的核心是儒家思想，其代表人物是孔子。孟子繼承並且發揚了孔子的思想，成為僅次於孔子的一代儒家宗師，有「亞聖」之稱，與孔子合稱為「孔孟」。從這個角度上，也能夠很好地理解，儒家思想為什麼又被稱為「孔孟之道」了。

孟子（西元前三七二年～西元前二八九年），名軻，字子輿，戰國鄒（今山東省鄒城市）人。孟子生活的年代比孔子晚一百多年，他所處的戰國時代中期比孔子的時代更為混亂險惡，但是他熱愛儒家文化，了解孔子的思想，進而深刻的闡述，並且廣為傳揚，最終使儒家學說形成一個比較完整的系統。

《孟子》一書是孟子的言論彙編，是由孟子及其再傳弟子共同編寫而成，它記錄了孟子的語言、政治觀點（比如仁政、民本、民貴君輕等）和政治行動，屬於儒家的經典著作。孟子的學說出發點是性善論，他提出「仁政」、「王道」，主張德治。

《孟子》共有七篇十四卷傳世，它們分別是：《梁惠王》上、下；《公孫丑》上、下；《騰文公》上、下；《離婁》上、下；《萬章》上、下；《告子》上、下；《盡心》上、下。

南宋的朱熹把《孟子》與《論語》、《大學》、《中庸》合在一起，稱它們為「四書」。《孟子》有三萬五千多字，是「四書」中篇幅最大、部頭最重的一本。朱熹死後，朝廷便將他所編定注釋的《四書》審定為官書，從此《四書》盛行起來。元、明、清幾個朝代，「四書」一直是科舉必考內容。

雖然孟子生活的年代距離現在已有兩千多年，但是閱讀《孟子》可以了解孟子在人性論、修養論、教育觀、人生境界說等方面的觀點、思想。這些思想組合為一個結晶體，每一個側面都映現出核心理念的精彩。《孟子》能夠讓我們明白人類之所以偉大、人性之所以可貴，進而使我們加倍珍惜時光，堅持進行成就自我的修練。

本書在編排上採取了四位元一體的方式，即把原文、簡要的注釋、通俗的翻譯和有趣的故事融合在一起。青少年能夠結合注釋和翻譯完整地閱讀原文，還可以閱讀與之相關的故事。希望青少年在快樂閱讀的同時，能夠走近孟子，了解更多的儒家文化。

# 目錄

# 第一篇

# 梁惠王（上）[1]——有仁者之風

【原文】

孟子見梁惠王②。王曰：「叟！不遠千里而來，亦將有以利吾國乎？」孟子對曰：「王！何必曰利？亦有仁義而已矣。王曰，『何以利吾國？』大夫③曰，『何以利吾家④？』士庶人曰，『何以利吾身？』上下交征⑤利而國危矣。萬乘⑥之國，弒⑦其君者，必千乘之家；千乘之國，弒其君者，必百乘之家。萬取千焉，千取百焉，不為不多矣。苟為⑧後義而先利，不奪不饜⑨。未有仁而遺其親者也，未有義而後⑩其君者也。王亦曰仁義而已矣，何必曰利？」

【注釋】

①梁惠王（上）：《梁惠王》是《孟子》第一篇的篇名，《孟子》和《論語》一樣，原來沒有篇名，後人一般取每篇第一章中的前兩三字做為篇名。《孟子》共七篇，東漢末年趙岐為《孟子》作注時，將每篇都分成為上、下兩部分。

②梁惠王：即戰國時魏惠王魏罃，西元前三六九～前三一九年在位。魏國原來的都城在安邑（今山西夏縣西北），因秦國的壓力，西元前三六一年魏惠王遷都大梁（今河南開封），故魏也被稱為梁，魏惠王也被稱為梁惠王。「惠」是其死後的謚號。

③大夫：先秦時代職官等級名，國君之下有卿、大夫、士三級。

④家：大夫的封邑。封邑是諸侯封賜手下的卿、大夫做為世祿的田邑（包括土地上的勞動者在內）。

⑤交征：交，互相；征，求取。上上下下互相爭奪私利。

⑥乘：ㄕㄥˋ，量詞，一車四馬為一乘。當時戰爭的形式主要是車戰，一輛兵車由四匹馬拉，車上有三名武裝戰士，後有若干步兵。古代常以兵車的多少來衡量諸侯國或卿大夫封邑的大小。

⑦弒：ㄕˋ，古代下殺上、卑殺尊、臣殺君叫弒。

⑧苟為：如果真是。

⑨饜：滿足。

⑩後：不照顧。

**【譯文】**

孟子參見梁惠王。梁惠王說：「老先生，您不遠千里而來，將有什麼有利於我的國家的高見嗎？」孟子回答道：「大王，您為什麼一定要說到利呢？只要有仁義就夠了。大王說：『怎樣有利於我的國家？』大夫說：『怎樣有利於我的封邑？』士人和平民說：『怎樣有利於我自身？』

上上下下互相爭奪利益，那國家就危險了。在擁有萬輛兵車的國家，殺掉國君的，必定是國內擁有千輛兵車的大夫；在擁有千輛兵車的國家，殺掉國君的，必定是國內擁有百輛兵車的大夫。在擁有萬輛兵車的國家裡，這些大夫擁有千輛兵車；在擁有千輛兵車的國家裡，這些大夫擁有百輛兵車，不算是富有了。如果輕義而重利，他們不奪取（國君的地位和利益）是絕對不會滿足的。從來沒有講仁義卻遺棄自己父母的人，從來也沒有行仁義卻不顧自己君主的人。大王只要講仁義就行了，何必談利呢？」

## 【原文】

孟子見梁惠王。王立於沼①上，顧鴻雁麋鹿，曰：「賢者亦樂此乎？」

孟子對曰：「賢者而後樂此，不賢者雖有此，不樂也。《詩》云：『經始靈台，經之營之，庶民攻之，不日成之。經始勿亟②，庶民子來。王③在靈囿，麀鹿攸伏④，麀鹿濯濯⑤，白鳥鶴鶴⑥。王在靈沼，於牣魚躍。』文王以民力為台為沼，而民歡樂之，謂其台曰靈台，謂其沼曰靈沼，樂其有麋鹿魚鱉。古之人與民偕樂，故能樂也。《湯誓》⑦曰：『時日害⑧喪？予及女⑨偕亡。』民欲與之偕亡，雖有台池鳥獸，豈能獨樂哉？」

## 【注釋】

①沼：水池。

②勿亟：是說文王不加督促。

③王：此指周文王姬昌，殷王紂時的諸侯，他的兒子武王伐紂，滅殷。

④攸伏：是說母鹿安伏在原來的地方。

⑤濯濯：肥大而毛有光澤。

⑥鶴鶴：形容潔白的樣子。

⑦《湯誓》：《尚書》中的一篇。《尚書》是中國上古歷史檔和部分追述上古事蹟著作的彙

編，是儒家經典之一。《湯誓》這一篇，記載商湯討伐暴君夏王桀的誓詞。傳說，夏桀曾自比太陽，說太陽滅亡他才滅亡。此章所引是百姓詛咒夏桀的話。

⑧時：這。害：同「曷（ㄏㄜˊ）」，何時的意思。

⑨女：同「汝」，你。

## 【譯文】

孟子覲見梁惠王。惠王站在水池邊上，一面觀賞著鴻雁麋鹿，一面問道：「賢人也喜歡享受這些東西嗎？」孟子答道：「只有賢人才能感受到這種快樂，不賢的人縱然擁有珍禽異獸，也不會（真正感受到）快樂的。《詩經》上說：『文王規劃築靈台，基址方位細安排，百姓踴躍來建造，靈台很快就造好。動工不用多督促，百姓工作更積極。文王巡遊到靈囿，母鹿自在樂悠悠，母鹿肥美光澤好，白鳥熠熠振羽毛。文王遊觀到靈沼，魚兒滿池喜跳躍。』文王依靠民力造起了高台深池，但人民卻高高興興，把他的台叫做靈台，把他的池沼叫做靈沼，為他能享有麋鹿魚鱉而高興。古代的賢君與民同樂，所以能享受到（真正的）快樂。《湯誓》說：『這個太陽什麼時候滅亡？我們要跟你同歸於盡！』人民要跟夏桀同歸於盡，（他）縱然擁有台池鳥獸，難道能獨自享受到快樂嗎？」

## 【原文】

梁惠王曰：「寡人①之於國也，盡心焉耳矣②。河內③凶，則移其民於河東，移其粟於河內。河東④凶亦然。察鄰國之政，無如寡人之用心者。鄰國之民不加少，寡人之民不加多，何也？」

孟子對曰：「王好戰，請以戰喻。填然鼓⑤之，兵刃既接，棄甲曳兵而走⑥。或百步而後止，或五十步而後止。以五十步笑百步，則何如？」

曰：「不可，直不百步耳，是亦走也。」

曰：「王如知此，則無望民之多於鄰國也。不違農時，穀不可勝食也；數罟不入洿池⑦，魚鱉不可勝食也；斧斤⑧以時入山林，材木不可勝用也。穀與魚鱉不可勝食，材木不可勝用，是使民養生喪死無憾也。養生喪死無憾，王道之始也。五畝之宅，樹之以桑，五十者可以衣帛矣。雞豚狗彘之畜，無失其時，七十者可以食肉矣。百畝之田，勿奪其時，數口之家可以無饑矣。謹庠序⑨之教，申之以孝悌之義，頒白者不負戴於道路矣。

七十者衣帛食肉，黎民不饑不寒，然而不王者，未之有也。狗彘食人食而不知檢，途有餓莩⑩而不知發；人死，則曰『非我也，歲也』，是何異於刺人而殺之，曰『非我也，兵也』。王無罪歲，斯天下之民至焉。」

【注釋】

①寡人：古代君王自我的謙稱。

②焉耳矣：三個語氣詞疊加，加重語氣，表示懇摯的感情。

③河內：指黃河以北的今河南省沁陽、濟源、博愛一帶，當時是魏國的領土。

④河東：指黃河以東的今山西省西南部，當時是魏國的領土。

⑤填然：鼓聲咚咚直響的樣子。鼓：擊鼓。

⑥曳兵：拖著兵器。走：跑。

⑦數罟：ㄘㄨˋ　ㄍㄨˇ，密網。洿（ㄨ）池：大池。

⑧斤：砍刀。

⑨庠（ㄒㄧㄤˊ）序：古代地方所設的學校。

⑩莩：ㄆㄧㄠˇ，餓死的人。

【譯文】

梁惠王說：「我對於治理國家，真是夠盡心的了。河內發生災荒，就把那裡的（一部分）百姓遷移到河東去，把糧食運到河內去賑濟。河東發生災荒，我也這麼辦。考察鄰國的政務，沒有哪個國君能像我這樣為百姓操心的了。但是鄰國的人口並不減少，而我們魏國的人口並不增多，

這是什麼原因呢？」

孟子回答道：「大王您喜歡打仗，請讓我拿打仗做比喻。咚咚地擂起戰鼓，刀刃劍鋒相碰，（就有士兵）丟盔棄甲，拖著兵器逃跑。有的逃了一百步停下來，有的逃了五十步停住了腳。（如果）憑著自己只逃了五十步就嘲笑那些逃了一百步的人，您覺得行不行？」

惠王說：「不可以，只不過後面的逃不到一百步罷了，這同樣是逃跑呀！」

孟子說：「大王如果懂得這一點，就不要指望魏國的百姓會比鄰國多了。不耽誤百姓的農時，糧食就多得吃不完；細密的魚網不放入大塘捕撈，魚鱉就多得吃不完；按一定的時令採伐山林，木材就用不完。糧食和魚鱉吃不完，木材用不完，這就使百姓養家活口、辦理喪事沒有什麼遺憾的了。百姓生養死喪沒有什麼遺憾，這就是王道的開始。五畝田的宅地，（房前屋後）多種桑樹，五十歲的人就能穿上絲棉襖了。雞、豬和狗一類家畜不錯過牠們的繁殖時節，七十歲的人就能吃到肉了。一百畝的田地，不要佔奪（種田人的）農時，幾口人的家庭就可以不餓肚子了。辦學校教育，不斷向年輕人灌輸孝順父母、敬愛兄長的道理，頭髮花白的老人就不必肩扛頭頂著東西趕路了。七十歲的人穿上絲棉襖、吃到肉，百姓不受凍受餓，做到這樣卻不能統一天下的，是絕不會有的。（現在，富貴人家的）豬、狗吃著人吃的糧食，卻不知道制止；道路上有餓死的屍體，卻不知道開倉賑濟；人餓死了，卻說『這不是我的責任，是收成不好』，這跟把人刺死了，卻說『不是我殺的人，是兵器殺的』，又有什麼兩樣呢？大王請您不要怪罪於年成不好，（只要推行仁政）天下的百姓就會投奔到您這兒來了。」

【原文】

梁惠王曰：「寡人願安承①教。」

孟子對曰：「殺人以梃與刃②，有以異乎？」

曰：「無以異也。」

「以刃與政，有以異乎？」

曰：「無以異也。」

曰：「庖有肥肉，廄有肥馬，民有饑色，野有餓莩，此率獸而食人也。獸相食，且人惡之，為民父母，行政，不免於率獸而食人，惡在其為民父母也？仲尼曰：『始作俑者③，其無後乎！』為其象人而用之也。如之何其使斯民饑而死也？」

【注釋】

①安：安心，樂意。承：接受。

②梃：ㄊㄧㄥˇ，木棍棒。刃：刀劍。

③俑：古代用以殉葬的木偶或陶偶。在奴隸社會，最初用活人殉葬，由於社會生產力的發展，勞動力漸漸被重視，後來便改用俑來殉葬。孔子不了解這一情況，誤認為先有俑殉，後有人殉，故對俑殉深惡痛絕。

## 【譯文】

梁惠王說：「我樂於聽取您的指教。」

孟子回答道：「用木棍打死人跟用刀殺死人，（性質）有什麼不同嗎？」

惠王說：「沒有什麼不同。」

（孟子又問道：）「用刀子殺死人跟用苛政害死人，有什麼不同嗎？」

惠王說：「沒有什麼不同。」

孟子說：「廚房裡有肥肉，馬棚裡有壯馬，（可是）老百姓面帶飢色，野外有餓死的屍體，這如同率領著野獸來吃人啊！野獸自相殘殺，人們見了尚且厭惡，而身為百姓的父母，施行政事，卻不免做出類似率領野獸來吃人的事，這又怎能算是百姓的父母呢？孔子說過：『最初造出陪葬用的木俑土偶的人，大概會斷子絕孫吧！』這是因為木俑土偶像人的樣子卻用來殉葬。（這樣尚且不可，）那又怎麼能讓百姓們飢餓而死呢？」

## 【原文】

梁惠王曰：「晉國，天下莫強①焉，叟之所知也。及寡人之身，東敗於齊，長子死焉②；西喪地於秦七百里；南辱於楚。寡人恥之，願比死者一灑③之，如之何則可？」

孟子對曰：「地方百里而可以王。王如施仁政於民，省刑罰，薄稅斂，深耕易耨④，壯者以暇日修其孝悌忠信，入以事其父兄，出以事其長上，可使制梃以撻⑤秦、楚之堅甲利兵矣。彼奪其民時，使不得耕耨以養其父母。父母凍餓，兄弟妻子離散。彼陷溺其民，王往而征之，夫誰與王敵？故曰：『仁者無敵。』王請勿疑！」

## 【注釋】

①晉國：指魏國。魏與韓、趙三家春秋時本是晉國大夫，後來三家分晉。魏在戰國初年曾稱強一時。莫強：沒有哪一個強過它。

②東敗於齊，長子死焉：指西元前三四三年馬陵之戰，齊威王派田忌、孫臏率軍隊救韓伐魏，大敗魏軍於馬陵。魏將龐涓自殺，太子申被俘。

③比：全，都。灑：同「洗」。

④易耨：迅速耕田除草。

⑤制：通「掣」，提，拿。撻：ㄊㄚˋ，用鞭子打人。

【譯文】

梁惠王說：「我們魏國，以前天下沒有哪個國家比它更強大的了，這是老先生您所知道的。（可是）傳到我手中，東邊敗給了齊國，我的長子也犧牲了；西邊又丟失給秦國七百里地方；南邊被楚國欺侮，吃了敗仗。對此我深感恥辱，想要為死難者洗恨雪恥，怎麼辦才好呢？」

孟子回答道：「百里見方的小國也能夠取得天下。大王如果對百姓施行仁政，少用刑罰，減輕賦稅，（提倡）深耕細作、勤除雜草，讓年輕人在耕種之餘學習孝親、敬兄、忠誠、守信的道理，在家侍奉父兄，在外敬重尊長，（這樣，）可以讓他們拿起木棍打贏盔甲堅硬、刀槍銳利的秦楚兩國的軍隊了。他們（秦、楚）長年奪佔百姓的農時，使百姓不能耕作來奉養父母。父母受凍挨餓，兄弟妻兒各自逃散。他們使自己的百姓陷入了痛苦之中，（如果）大王前去討伐他們，誰能跟大王對抗呢？所以（古語）說：『有仁德的人天下無敵。』大王請不要懷疑這個道理了。」

【原文】

孟子見梁襄王①，出，語②人曰：「望之不似人君，就之而不見所畏焉。卒③然問曰：『天下惡乎④定？』吾對曰：『定於一。』『孰能一之？』對曰：『不嗜殺人者能一之。』『孰能與之？』對曰：『天下莫不與也。王知夫苗乎？七八月之間旱，則苗槁矣。天油然作雲，沛然下雨，則苗浡然興之矣。其如是，孰能禦之？今夫天下之人牧，未有不嗜殺人者也。如有不嗜殺人者，則天下之民皆引領而望之矣。誠如是也，民歸之，由⑤水之就下，沛然誰能禦之？』」

【注釋】

①梁襄王：惠王之子，名嗣，西元前三一八年～前二九六年在位。

②語：告訴。

③卒：通「猝」，突然。

④惡乎：怎樣，如何。

⑤由：同「猶」，如同，好像。

## 【譯文】

孟子見了梁襄王，退出來後，對人說：「在遠處看，他不像個國君，走到面前也看不出他的威嚴。他見到我後，突然發問道：『天下怎樣才能安定？』我回答道：『天下統一了就會安定。』（他問：）『誰能使天下統一？』我答道：『不喜歡殺人的國君能使天下統一。』（他又問：）『誰會歸順服從他呢？』我回答道：『天下的人沒有不歸順服從的。大王了解禾苗生長的情況嗎？七八月間遇到天旱，禾苗就枯蔫了。（假如這時候）天上忽然湧起烏雲，降下大雨來，那麼禾苗就又能蓬勃旺盛地生長起來了。果真這樣，誰又能阻止它生長呢？當今天下的國君沒有不好殺人的。如果有不好殺人的，天下的老百姓必然都會伸長了脖子期望著他。果真這麼做了，老百姓歸順他，就跟水往低處奔流一樣，浩浩蕩蕩，誰又能阻擋得住呢？』」

【原文】

齊宣王①問曰：「齊桓、晉文②之事，可得聞乎？」

孟子對曰：「仲尼之徒無道桓文之事者，是以後世無傳焉，臣未之聞也。無以，則王乎？」

曰：「德何如則可以王矣？」

曰：「保民而王，莫之能禦也。」

曰：「若寡人者，可以保民乎哉？」

曰：「可。」

曰：「何由知吾可也？」

曰：「臣聞之胡齕曰，王坐於堂上，有牽牛而過堂下者，王見之，曰：『牛何之？』對曰：『將以釁鐘③。』王曰：『舍之！吾不忍其觳觫④，若無罪而就死地。』對曰：『然則廢釁鐘與？』曰：『何可廢也？以羊易之！』不識有諸？」

曰：「有之。」

曰：「是心足以王矣。百姓皆以王為愛也，臣固知王之不忍也。」

王曰：「然；誠有百姓者。齊國雖褊小，吾何愛一牛？即不忍其觳觫，若無罪而就死地，故以羊易之也。」

曰：「王無異於百姓之以王為愛也。以小易大，彼惡知之？王若隱其無罪而就死地，
則牛羊何擇焉？」

王笑曰：「是誠何心哉？我非愛其財而易之以羊也。宜乎百姓之謂我愛也。」

曰：「無傷也，是乃仁術也，見牛未見羊也。君子之於禽獸也，見其生，不忍見其
死；聞其聲，不忍食其肉。是以君子遠庖廚也。」

王說⑤曰：「《詩》云：『他人有心，予忖度之⑥。』夫子之謂也。夫我乃行之，反而
求之，不得吾心。夫子言之，於我心有戚戚焉。此心之所以合於王者，何也？」

曰：「有復於王者曰：『吾力足以舉百鈞，而不足以舉一羽；明足以察秋毫之末，而
不見輿薪。』則王許之乎？」

曰：「否。」

「今恩足以及禽獸，而功不至於百姓者，獨何與？然則一羽之不舉，為不用力焉；
輿薪之不見，為不用明焉；百姓之不見保，為不用恩焉。故王之不王，不為也，非不能
也。」

曰：「不為者與不能者之形何以異？」

曰：「挾太山以超北海，語人曰：『我不能。』是誠不能也。為長者折枝，語人曰：
『我不能。』是不為也，非不能也。故王之不王，非挾太山以超北海之類也；王之不王，

是折枝之類也。」

「老吾老，以及人之老；幼吾幼，以及人之幼。天下可運於掌。《詩》云，『刑於寡妻，至於兄弟，以禦於家邦⑦。』言舉斯心加諸彼而已。故推恩足以保四海，不推恩無以保妻子。古之人所以大過人者，無他焉，善推其所為而已矣。今恩足以及禽獸，而功不至於百姓者，獨何與？權，然後知輕重；度，然後知長短。物皆然，心為甚。王請度之！抑王興甲兵，危士臣，構怨於諸侯，然後快於心與？」

王曰：「否，吾何快於是？將以求吾所大欲也。」

曰：「王之所大欲可得聞與？」

王笑而不言。

曰：「為肥甘不足於口與？輕暖不足於體與？抑為采色不足視於目與？聲音不足聽於耳與？便嬖不足使令於前與？王之諸臣皆足以供之，而王豈為是哉？」

曰：「否，吾不為是也。」

曰：「然則王之所大欲可知已，欲辟土地，朝秦楚，蒞中國而撫四夷也。以若所為求若所欲，猶緣木而求魚也。」

王曰：「若是其甚與？」

曰：「殆有甚焉。緣木求魚，雖不得魚，無後災。以若所為求若所欲，盡心力而為

之，後必有災。」

曰：「可得聞與？」

曰：「鄒人與楚人戰，則王以為孰勝？」

曰：「楚人勝。」

曰：「然則小固不可以敵大，寡固不可以敵眾，弱固不可以敵強。海內之地方千里者九，齊集有其一。以一服八，何以異於鄒敵楚哉？盍⑧亦反其本矣。今王發政施仁，使天下仕者皆欲立於王之朝，耕者皆欲耕於王之野，商賈皆欲藏於王之市，行旅皆欲出於王之途，天下之欲疾其君者，皆欲赴愬於王。其若是，孰能禦之？」

王曰：「吾惛，不能進於是矣。願夫子輔吾志，明以教我。我雖不敏，請嘗試之。」

曰：「無恆產而有恒心者，惟士為能。若民，則無恆產，因無恒心。苟無恒心，放辟邪侈，無不為已。及陷於罪，然後從而刑之，是罔民也。焉有仁人在位罔民而可為也？是故明君制民之產，必使仰足以事父母，俯足以畜妻子，樂歲終身飽，凶年免於死亡。然後驅而之善，故民之從之也輕。」

「今也制民之產，仰不足以事父母，俯不足以畜妻子，樂歲終身苦，凶年不免於死亡。此惟救死而恐不贍，奚暇治禮義哉？」

「王欲行之，則盍反其本矣。五畝之宅，樹之以桑，五十者可以衣帛矣。雞豚狗彘之

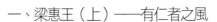

畜，無失其時，七十者可以食肉矣。百畝之田，勿奪其時，八口之家可以無饑矣。謹庠序之教，申之以孝悌之義，頒白者不負戴於道路矣。老者衣帛食肉，黎民不饑不寒，然而不王者，未之有也。」

**【注釋】**

①齊宣王：戰國時齊國國王田辟疆，西元前三一九年～前三〇一年在位。

②齊桓、晉文：齊桓公，春秋時齊國國君姜小白，西元前六八五年～前六四三年在位，春秋時第一位霸主。晉文公，春秋時晉國國君姬重耳，西元前六三六年～前六二八年在位，春秋五霸之一。

③釁（ㄒㄧㄣˋ）鐘：古代一種祭祀儀式。新鐘鑄成後，殺牲取血，塗在鐘的縫隙處。

④觳觫：ㄏㄨˊ ㄙㄨˋ，因恐懼而發抖的樣子。

⑤說：同「悅」。

⑥以上兩句出自《詩經．小雅．巧言》。

⑦以上三句出自《詩經．大雅．思齊》。刑：同「型」，示範。寡妻：嫡妻，正妻。家邦：大夫的封邑，諸侯的封國。

⑧盍：ㄏㄜˊ，何不。

**【譯文】**

齊宣王問道：「齊桓公、晉文公（稱霸諸侯）的事情，可以講給我聽聽嗎？」

孟子回答道：「孔子的門徒沒有談論齊桓公、晉文公事情的，因此後世沒有傳下來，我也就沒有聽說過。一定要我講的話，那就談談用仁德統一天下的道理好嗎？」

宣王問：「仁德怎樣就可以統一天下呢？」

孟子回答道：「愛撫百姓而統一天下，就沒有誰能阻擋得住他。」

宣王問：「像我這樣的國君可以做到愛撫百姓嗎？」

孟子說：「可以。」

宣王問：「從哪裡知道我可以呢？」

孟子說：「我在胡齕那裡聽說過這樣一件事：（有一次）大王坐在堂上，有個人牽著牛從堂下經過，大王見了，問：『把牛牽到哪裡去？』（那人）回答說：『要用牠祭鐘。』大王說：『放了牠！我不忍心看牠驚懼哆嗦的樣子，像這麼毫無罪過就被拉去殺掉。』（那人）問：『那麼就不要祭鐘了嗎？』大王說：『怎麼可以不要呢？用羊替代牠！』不知是否有這件事？」

宣王說：「有這回事。」

孟子說：「憑這樣的心腸就足以統一天下啦！（用羊代牛祭鐘）百姓都以為大王是出於吝嗇，我當然明白大王是不忍心啊！」

宣王說：「是這樣，確實有這樣議論的百姓。齊國雖然狹小，我怎麼吝惜一條牛呢？就是因為不忍心看到牠驚懼哆嗦的樣子，毫無罪過就被拉去殺掉，所以才用羊去替代牠的。」

孟子說：「大王不要責怪百姓以為您吝嗇。用小羊換下大牛，他們哪能理解您的做法？（因為）大王如果可憐牲畜無辜被殺，那麼牛和羊有什麼區別呢？」

宣王笑著說：「這到底是一種什麼樣的心理呢？我並非吝惜錢財而以羊換牛啊！也難怪百姓要說我吝嗇了。」

孟子說：「沒什麼關係，這正是仁德的表現方式呢！（因為當時您只）看到了牛而沒有看到羊啊。君子對於禽獸，看到牠們活蹦歡跳的，就不忍心看見牠們死去；聽到牠們哀叫悲鳴，就不忍心再吃牠們的肉。正因為這樣，君子離廚房遠遠的。」

宣王高興地說：「《詩》中說：『別人想什麼，我能猜得出。』就像說的先生您啊！我做了這件事，反過來推求為什麼這麼做，自己心裡也不明白。先生這番話，使我心裡有點開竅了。這樣的心理之所以符合王道，又是為什麼呢？」

孟子說：「假如有個人向大王稟告說：『我的力氣足以舉起三千斤的東西，卻舉不起一片羽毛；我的視力足以看清秋天野獸毫毛的尖端，卻看不見一車子的柴禾。』大王會相信這話嗎？」

宣王說：「不會。」

孟子說：「如今（大王的）恩惠足以施行到禽獸身上了，而功德卻表現不在百姓身上，偏偏

是什麼原因呢？顯然，一片羽毛舉不起來，是因為不肯用力氣；一車的柴禾看不見，是因為不肯用目力；百姓不被您愛撫，是因為不肯施恩德啊！所以大王未能做到用仁德統一天下，是不願意做，而不是做不到啊！」

宣王說：「不願意做和做不到有什麼區別嗎？」

孟子說：「讓一個人用胳膊挾著泰山跳越北海，這人對人說：『我不能辦到。』這是真的做不到。讓一個人給年長的人折樹枝，這人對人說：『我不能辦到。』這就是不願意做，而不是不能做。所以，大王沒有做到用仁德統一天下，不屬於挾著泰山跳越北海一類；大王沒有做到用仁德統一天下，是屬於為長者折樹枝一類。」

「敬愛自己的長輩，進而也敬愛別人的長輩；愛撫自己的孩子，進而也愛撫別人的孩子。（這樣）整個天下就可以像在自己的掌心中隨意轉動一樣容易治理了。《詩經》上說：『先給妻子做榜樣，再給兄弟好影響，憑這治家和安邦。』說的就是要把這樣的用心推廣到各個方面。所以，如果廣施恩德就足以安撫天下，不施恩德，連妻子、兒女也安穩不住。古代的賢明君主之所以遠遠超過一般人，沒有別的原因，只是善於將他們所做的推廣開罷了。現在（大王的）恩德已施行到了禽獸身上，而功德卻表現不在百姓身上，偏偏是為什麼呢？秤一秤，然後才知道輕重；量一量，然後才知道長短。萬物都是這樣，人心更是如此。大王請認真地考慮考慮吧！難道大王要興師動眾，使將士們身陷危險，與別的國家結下怨仇，然後心裡才痛快嗎？」

宣王說：「不，對此我有什麼痛快的呢？我想藉此來實現我最大的心願。」

孟子問：「大王的最大心願可以說給我聽聽嗎？」

宣王笑而不答。

孟子問：「是肥美甘甜的食物不夠口腹享受嗎？是輕軟溫暖的衣服不夠身體穿著嗎？是豔麗的色彩不夠眼睛觀賞嗎？是美妙的音樂不夠耳朵聆聽嗎？是左右的侍從不夠使喚嗎？這些，大王的臣下都足以供給，大王難道是為了這些嗎？」

宣王說：「不，我不是為了這些。」

孟子說：「那麼，大王的最大心願可以知道了，就是想擴張疆土，使秦國、楚國來朝拜，君臨中原統治中國、安撫四周的民族。（不過，）以您現在的做法想要實現您的心願，真好比是爬上樹去捉魚一樣。」

宣王說：「有這麼嚴重嗎？」

孟子說：「只怕比這還嚴重呢！上樹捉魚，雖然捉不到魚，不會有後患。按您的做法去實現您的心願，費盡心力去做了，到頭來必定有災禍。」

宣王問：「（道理）能說給我聽聽嗎？」

孟子說：「鄒國跟楚國打仗，大王認為誰會獲勝？」

宣王說：「楚國勝。」

孟子說：「是這樣，小的一方本來不可以與大的一方敵對，人少的本來不可以與人多的敵對，勢力弱的本來不可以與勢力強的敵對。天下千里見方的地方有九塊，齊國的土地截長補短湊集在一起，佔有其中的一塊。靠這一塊地方去征服其他八塊地方，這和鄒國跟楚國打仗有什麼區別呢？（大王）何不回到（施行仁政）這根本上來呢？如果現在大王發佈政令、施行仁政，使得天下做官的人都想到大王的朝廷裡任職，農夫都想到大王的田野裡耕作，商人都想到大王的市場上做買賣，旅客都想從大王的道路上來往，各國痛恨他們國君的人都想跑來向您訴說。果真做到這樣，誰能阻擋大王統一天下？」

宣王說：「我腦子昏亂，不能進到這一步了。希望先生輔佐我實現大志，明白地教導我方法。我雖然遲鈍，請讓我試一試。」

孟子說：「沒有固定的產業，卻有穩定不變的心志，只有士人能做到。至於百姓，沒有固定的產業，就沒有穩定不變的心志。如果沒有穩定不變的心志，就會胡作非為，壞事沒有不幹的了。等到犯了罪，然後就用刑法處置他們，這就像是安下羅網坑害百姓。哪有仁人做了君主可以用這種方法治理的呢？所以賢明的君主所規定的百姓的產業，一定要使他對上足夠奉養父母，對下足夠養活妻兒，好年成就終年能吃飽，壞年成也能免於餓死。這樣之後督促他們一心向善，百姓也就樂於聽從了。」

「而現在規定的百姓的產業，上不夠奉養父母，下不夠養活妻兒，好年成也還是一年到頭受苦，壞年成則避免不了餓死。這（就使百姓）連維持生命都怕來不及，哪有空閒去講求禮義呢？」

「大王想行仁政，那麼何不返回到根本上來呢？五畝的宅地，（房前屋後）栽上桑樹，五十歲的人就能穿上絲棉襖了。雞、狗、豬等禽畜，不要錯過牠們的繁殖時機，七十歲的人就能吃到肉了。一百畝的田，不要佔奪農時，八口之家就可以不挨餓了。辦好學校教育，反覆說明孝順父母、敬重兄長的道理，上了年紀的人就不會肩扛頭頂著東西趕路了。老年人穿上絲棉吃到肉，一般百姓不挨餓受凍，這樣還不能統一天下的，是從來不會有的。」

## 【故事】

### 高舉仁義的劉備

劉備（西元一六一～二二三年），字玄德，是西漢中山靖王劉勝的後代，三國時期著名的政治家，蜀漢的開國皇帝。西元二二一～二二三年在位，諡號昭烈帝，廟號烈祖，史家又稱他為先主。

漢獻帝建安十三年，也就是西元208年，曹操派大將曹仁領兵南下，襲擊新野，結果被劉備的軍隊擊退。第二年，在平定了北方之後，曹操親自率領軍隊南下，想一舉征服荊州。

這年八月，荊州牧（荊州的最高長官）劉表病逝，他的二兒子劉琮即位。但是，不久之後，

劉琮就不戰而降，歸順曹操了。

當時，劉備正以劉表的客卿（在一國做官的外國人）的身分駐紮在樊城，聽到這個消息後，連忙向江陵撤退，並通知關羽率領水軍到江陵會合。

同年九月，曹操派大將曹純領精騎兵五千急襲江陵，在當陽附近追上了劉備的軍隊。劉備一下子處於腹背受敵的狀態，只能選擇撤退。

但這一次的撤退卻和以往有所不同，因為有數以萬計的民眾要追隨劉備一起撤退，這是為什麼呢？因為之前，曹操有過徐州大屠殺和坑殺袁紹降兵的惡行，所以百姓和已投降的劉琮部下擔心會重蹈覆轍；另一方面，當時劉備的仁義之名已經傳播開來，所以民眾自然選擇追隨宅心仁厚的劉備，不想留下來給曹操做待宰的羔羊。

但這支龐大的追隨隊伍對劉備的軍隊非但毫無用處，反而是個危險的累贅：讓隊伍的行進速度降到日行十餘里，因為百姓混雜在軍隊之中，所以一旦曹軍來襲擊，劉備的軍隊連最基本的列陣都辦不到。

於是，劉備的部下向劉備提出建議：「我們真正可用的部隊很少，不如讓主力部隊先輕騎撤往江陵吧！」劉備卻回答說：「凡是做大事的人都必定要以人為根本。現在別人來歸順於我，我怎麼忍心棄他們而去呢？」其實，在當時的情形下，劉備根本沒有力量保護那些百姓，但他卻用實際行動表明願與百姓生死相隨的仁義之心。

當這支逃亡的隊伍撤到襄陽城外時，劉備的部下建議攻擊襄陽，然後堅守襄陽抵抗曹操。以當時劉備的兵力，攻下襄陽的勝算很大，而堅守襄陽城在當時，幾乎也是劉備唯一的選擇了。城內的劉琮已經毫無鬥志，在襄陽城內希望劉備進城的人也不在少數，而劉備再次選擇了放棄。他感念劉表之恩，更不想再殃及無辜的百姓，於是下令不再進城，只是在襄陽城外，到劉表的墓前痛哭了一場，然後繼續帶著百姓緩慢南下，每日走十里便歇下。

諸葛亮說：「關羽前往江夏一直沒有回音，不知道怎麼樣了。」

劉備說：「請軍師親自前往江陵，劉琦一定會感念你當日救他的恩情。」於是諸葛亮帶五百兵士前往江陵了。趙雲保護劉備老小，張飛斷後。龐大的隊伍依然向前緩慢行進。

這時，曹純率領的五千精騎兵用一天一夜跑了三百里，終於在當陽的長阪坡追上了劉備的軍隊，並立即發動進攻。劉備的軍隊果然如前面所說，連列隊迎戰都無法做到，所以一下子便潰不成軍了。

劉備的部下護送劉備從亂軍中突圍，結果在混亂中，他的兩位夫人和大兒子劉禪卻走散了。趙雲奮不顧身，單槍匹馬殺回身去尋找。這時，曹操的大軍也已經趕到，曹操率領大部分軍隊追殺劉備，讓餘部圍殺趙雲。趙雲在曹軍中七進七出，終於帶著甘夫人和劉禪成功衝殺出了重圍，與在長阪橋上斷後的張飛會合。

張飛讓趙雲帶著甘夫人和劉禪先走，自己帶領二十個騎兵斷後。但見張飛長矛橫握，怒目圓

睜，據水斷橋，大聲吼道：「我就是張翼德，誰敢來決一死戰？」曹軍被他的氣勢震住，竟然沒有一個人敢上前應戰。就這樣，張飛成功掩護了劉備及殘餘部隊撤退。

劉備根據當時的形勢，決定放棄前往江陵的計畫，轉往江夏，去與劉表的長子劉琦會合。這也為孫劉兩家聯合抗曹以及赤壁之戰奠定了堅實的基礎。

在長阪坡之戰中，劉備雖然損失慘重，但是他的核心力量仍在，一員大將都沒有折損，而曹操卻徹底失去了荊州的民心。在這場戰鬥中，劉備向世人展示了他的仁義和勇氣，贏得了大量的民心，也鼓舞了軍隊的士氣。

**【評論】**

劉備出身貧寒，卻能讓一大批能人志士忠心追隨，並且在經歷多次挫折後終於成就大業，一個重要的原因就是他高舉仁義的大旗。長阪坡之戰的規模雖然不大，但是非常好地彰顯了劉備的仁義之心。仁義一直是儒家推崇的正統思想，所以，劉備及蜀漢政權才能一直得到後世統治階層及民間輿論的讚譽和推崇。

# 第二篇

# 梁惠王（下）——善為別人想

【原文】

莊暴①見孟子，曰：「暴見於王②，王語暴以好樂，暴未有以對也。」曰：「好樂何如？」

孟子曰：「王之好樂甚，則齊國其庶幾乎！」

他日，見於王，曰：「王嘗語莊子以好樂，有諸？」

王變乎色，曰：「寡人非能好先王之樂也，直好世俗之樂耳。」

曰：「王之好樂甚，則齊其庶幾乎！今之樂由古之樂也。」

曰：「可得聞與？」

曰：「獨樂樂，與人樂樂，孰樂？」

曰：「不若與人。」

曰：「與少樂樂，與眾樂樂，孰樂？」

曰：「不若與眾。」

「臣請為王言樂。今王鼓樂於此，百姓聞王鐘鼓之聲，管籥③之音，舉疾首蹙頞④而相告曰：『吾王之好鼓樂，夫何使我至於此極也？父子不相見，兄弟妻子離散。』今王田獵於此，百姓聞王車馬之音，見羽旄⑤之美，舉疾首蹙頞而相告曰：『吾王之好田獵，夫何使我至於此極也？父子不相見，兄弟妻子離散。』此無他，不與民同樂也。」

「今王鼓樂於此，百姓聞王鐘鼓之聲，管籥之音，舉欣欣然有喜色而相告曰：『吾王庶幾無疾病與，何以能鼓樂也？』今王田獵於此，百姓聞王車馬之音，見羽旄之美，舉欣欣然有喜色而相告曰：『吾王庶幾無疾病與，何以能田獵也？』此無他，與民同樂也。今王與百姓同樂，則王矣。」

**【注釋】**

①莊暴：齊國大臣。
②王：指齊宣王。
③管籥：古管樂器名。籥，ㄩㄝˋ，似笛而短小。
④蹙頞：蹙，緊縮；頞，ㄜˋ，鼻樑。蹙頞，形容愁眉苦臉的樣子。
⑤羽旄（ㄇㄠˊ）：鳥羽和旄牛尾，古人用作旗幟上的裝飾，可代指旗幟。

**【譯文】**

莊暴來見孟子，說：「我被齊王召見，齊王告訴我，他喜愛音樂，我沒有話回答他。」莊暴問道：「喜愛音樂怎麼樣？」

孟子說：「（如果）齊王非常喜愛音樂，齊國恐怕就有希望了！」後來的某一天，孟子被齊王接見，問（齊王）道：「大王曾對莊暴說您喜愛音樂，有這回事嗎？」

齊王（不好意思地）變了臉色，說：「我還不能喜愛古代先王的音樂，只是喜愛世俗的音樂罷了。」

孟子說：「大王非常喜愛音樂，齊國恐怕就有希望了！現在的音樂如同古代的音樂。」

齊王說：「可以把道理講給我聽聽嗎？」

孟子問：「一個人欣賞音樂的快樂，和與別人一起欣賞音樂的快樂（相比），哪一種更快樂？」

齊王說：「不如與別人一起欣賞快樂。」

孟子問：「與少數人一起欣賞音樂的快樂，和與很多人一起欣賞音樂的快樂（相比），哪一種更快樂？」

齊王說：「不如與很多人一起欣賞快樂。」

（孟子說：）「請讓我為大王談談欣賞音樂的道理。假如現在大王在這裡奏樂，百姓聽了大王鐘鼓的聲音，簫笛的曲調，全都頭腦作痛，眉頭緊皺，互相議論說：『我們君王喜愛音樂，為什麼使我們痛苦到這樣的極點？父子不能相見，兄弟妻兒離散。』假如現在大王在這裡打獵，百

姓聽到大王車馬的聲音，看到旗幟的華美，全都頭腦作痛，眉頭緊皺，互相議論說：『我們君王喜歡打獵，為什麼使我們痛苦到這樣的極點？父子不能相見，兄弟妻兒離散。』這沒有別的原因，是不與百姓共同快樂的緣故。」

「假如現在大王在這裡奏樂，百姓聽到鐘鼓的聲音、簫笛的曲調，都歡欣鼓舞、喜形於色，互相議論說：『我們君王大概沒什麼疾病吧！不然怎麼能奏樂呢？』假如現在大王在這裡打獵，百姓聽到君王車馬的聲音，看到旗幟的華美，都歡欣鼓舞、喜形於色，互相議論說：『我們君王大概沒什麼病吧！不然怎麼能打獵呢？』這沒有別的原因，是和百姓共同快樂的緣故。如果大王能和百姓共同快樂，那就能稱王於天下了。」

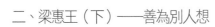

## 【原文】

齊宣王問曰：「文王之囿①方七十里，有諸？」

孟子對曰：「於傳有之。」

曰：「若是其大乎？」

曰：「民猶以為小也。」

曰：「寡人之囿方四十里，民猶以為大，何也？」

曰：「文王之囿方七十里，芻蕘者往焉，雉兔者往焉，與民同之，民以為小，不亦宜乎？臣始至於境，問國之大禁，然後敢入。臣聞郊關之內有囿方四十里，殺其麋鹿者如殺人之罪；則是方四十里為阱於國中，民以為大，不亦宜乎？」

## 【注釋】

①囿：ㄧㄡˋ，古代畜養禽獸的園林。

## 【譯文】

齊宣王問道：「文王的園林有七十里見方，有這事嗎？」

孟子答道：「在文獻上有這樣的記載。」

宣王問：「竟有這麼大嗎？」

孟子說：「百姓還覺得小了呢！」

宣王說：「我的園林四十里見方，百姓還覺得大，這是為什麼呢？」

孟子說：「文王的園林七十里見方，割草砍柴的可以去，捕鳥獵獸的可以去，是與百姓共同享用的，百姓認為太小，不也是很自然的嗎？我初到齊國邊境時，問明了齊國重要的禁令，這才敢入境。我聽說國都郊區之內有個園林四十里見方，殺了其中的麋鹿，就如同犯了殺人罪；這就像是在國內設下了一個四十里見方的陷阱，百姓認為太大了，不也是應該的嗎？」

**【原文】**

齊宣王問曰：「交鄰國有道乎？」

孟子對曰：「有。惟仁者為能以大事小，是故湯事葛①，文王事混夷②。惟智者為能以小事大，故大王事獯鬻③，勾踐事吳④。以大事小者，樂天者也；以小事大者，畏天者也。樂天者保天下，畏天者保其國。《詩》云：『畏天之威，於時保之⑤。』」

王曰：「大哉言矣！寡人有疾，寡人好勇。」

對曰：「王請無好小勇。夫撫劍疾視曰：『彼惡敢當我哉！』此匹夫之勇，敵一人者也。王請大之！《詩》云：『王赫斯怒，爰整其旅，以遏徂莒⑥，以篤周祜，以對於天下⑦。』此文王之勇也。文王一怒而安天下之民。《書》曰：『天降下民，作之君，作之師，惟曰其助上帝寵之，四方有罪無罪惟我在，天下曷敢有越厥志⑧？』一人衡行於天下⑨，武王恥之。此武王之勇也。而武王亦一怒而安天下之民。今王亦一怒而安天下之民，民唯恐王之不好勇也。」

**【注釋】**

①湯事葛：湯，即商朝的創建者成湯。葛，古國名，故城在今河南寧陵縣北。「湯事葛」，其事詳見本書《騰文公下》第五章。

②混夷：即昆夷，殷末周初西戎國名。

③大（ㄊㄞˋ）王：也作「太王」，周文王的祖父古公亶父，周族首領。獯鬻（ㄒㄩㄣ ㄩˋ）：古代北方的一個少數民族，周稱玁狁（ㄒㄧㄢˇ ㄩㄣˇ），秦漢時稱匈奴。

④勾（ㄍㄡ）踐：春秋時越國君主。西元前四九四年，越被吳打敗，勾踐屈辱事吳，後臥薪嚐膽，發憤圖強，終於滅掉吳國。

⑤以上兩句出自《詩經．周頌．我將》。

⑥莒：殷末國名（此從趙岐說），非西周分封、西元前四三一年為楚所滅的莒國。

⑦以上五句出自《詩經．大雅．皇矣》。

⑧以上六句為《尚書》逸文，偽古文《尚書》放入《泰誓上》篇。

⑨一人：指殷紂王。周武王起兵伐紂滅殷。

## 【譯文】

齊宣王問道：「與鄰國交往有什麼原則嗎？」

孟子答道：「有。只有仁人能以大國的地位侍奉小國，所以商湯曾侍奉葛國，文王曾侍奉混夷。只有聰明的人能以小國的地位侍奉大國，所以周太王曾侍奉獯鬻，勾踐曾侍奉吳國。

能以大國地位侍奉小國的，是樂於聽從天命的人；能以小國地位侍奉大國的，是畏懼天命的人。樂於聽從天命的能安定天下，畏懼天命的能保住他的國家。《詩經》上說：『畏懼上天的威嚴，才能得到安定。』」

宣王說：「講得太好了！（不過）我有個毛病，我喜歡勇武。」

孟子答道：「大王請不要喜歡小勇。按著劍、瞪著眼說：『他哪敢抵擋我！』這是平常之人的小勇，只能對付一個人罷了。大王請把它擴大！《詩經》上說：『文王勃然發怒，於是整軍備武，擋住侵犯莒國的敵人，增我周朝的威福，以此報答天下的期望。』這就是文王的勇武。文王一怒而安定了天下的百姓。《尚書》上說：『上天降生萬民，為他們設君主，立師長，要他們協助上天愛護百姓，天下有罪和無罪的，都有我在（處罰或安撫他們），天下誰敢超越它的本分為非作歹？』有一個人橫行天下，武王就感覺到恥辱。這就是武王的勇武。而武王也是一怒就安定了天下的百姓。如果現在大王也一怒就安定天下的百姓，那麼百姓還唯恐大王不喜歡勇武呢！」

## 【原文】

齊宣王見孟子於雪宮①。王曰：「賢者亦有此樂乎？」

孟子對曰：「有。人不得，則非其上矣。不得而非其上者，非也；為民上而不與民同樂者，亦非也。樂民之樂者，民亦樂其樂；憂民之憂者，民亦憂其憂。樂以天下，憂以天下，然而不王者，未之有也。

「昔者齊景公問於晏子②曰：『吾欲觀於轉附、朝儛③，遵海而南，放於琅邪④；吾何修而可以比於先王觀也？』晏子對曰：『善哉問也！天子適諸侯曰巡狩。巡狩者，巡所守也。諸侯朝於天子曰述職。述職者，述所職也。無非事者。春省耕而補不足，秋省斂而助不給。夏諺曰：『吾王不遊，吾何以休？吾王不豫，吾何以助？一遊一豫，為諸侯度。』今也不然，師行而糧食，饑者弗食，勞者弗息。睊睊胥讒，民乃作慝⑤。方命虐民，飲食若流；流連荒亡，為諸侯憂。從流下而忘反謂之流，從流上而忘反謂之連，從獸無厭謂之荒，樂酒無厭謂之亡。先王無流連之樂、荒亡之行。惟君所行也。』景公悅，大戒於國，出舍於郊。於是始興發補不足。召大師曰：『為我作君臣相說之樂！』蓋《徵招》、《角招》⑥是也。其詩曰：『畜君何尤？』畜君者，好君也。」

【注釋】

①雪宮：齊宣王的離宮（正宮之外臨時居住的宮室）。

②齊景公：春秋時齊國君主姜杵臼，西元前五四七年～西元前四九〇年在位。晏子：即齊國著名賢臣晏嬰。

③轉附、朝儛：都是山名。

④琅邪（ㄧㄝˊ）：山名，在今山東膠南縣南，面臨黃海。

⑤慝：ㄊㄜˋ，惡。

⑥《徵（ㄓˇ）招》、《角招》：古代樂曲名。

【譯文】

齊宣王在雪宮接見孟子。宣王問道：「賢人也有這種快樂嗎？」

孟子答道：「有。人們得不到這種快樂，就會抱怨他們的君主了。得不到就抱怨他們的君主，是不好的；做為百姓的君主卻不與百姓同樂，也是不好的。君主把百姓的快樂當作自己的快樂，百姓也就會把君主的快樂當作自己的快樂；君主把百姓的憂愁當作自己的憂愁，百姓也就會把君主的憂愁當作自己的憂愁。樂，同天下人一起樂，憂，與天下人一起憂，這樣還不能稱王天下的，是從來不會有的。」

「從前，齊景公問晏子道：『我想去遊覽轉附、朝儛兩座山，然後沿著海邊往南，一直遊覽到琅邪山；我要怎樣修養才能和先王的巡遊相比呢？』晏子答道：『問得好啊！天子到諸侯那裡去叫巡狩。所謂巡狩，就是巡視諸侯所守的疆土。諸侯去朝見天子叫述職。所謂述職，就是彙報履行職守的情況，都沒有無事外出的。春天視察耕作情況，補助（種子、耕力）不足的人；秋天視察收穫情況，周濟歉收的人。夏朝的民諺說：「我王不出來巡遊，我們哪會得到休息？我王不出來視察，我們哪會得到補助？巡遊視察，成為諸侯的榜樣。」現在卻不是這樣，出巡時興師動眾，徵集糧食，使得飢餓的人沒有飯吃，勞累的人不得休息。人人側目而視，個個怨聲不絕，百姓就會作亂造反。（這樣的巡遊）背逆天意，禍害百姓，吃喝浪費如同流水；流連荒亡，成了諸侯的憂患。從上游順流玩到下游，樂而忘返，這叫流；從下游逆水玩到上游，樂而忘返，這叫連；打獵不知盡興，這叫荒；喝酒不知滿足，這叫亡。先王沒有流連的享樂、荒亡的行徑。只看您怎麼做了。』」「景公聽了十分高興，在都城內做好了充分的準備，然後離開宮室搬到郊外住。接著就開倉救濟窮人。又召來樂官，吩咐道：『給我作一首君臣同樂的樂曲！』大概就是《徵招》、《角招》這兩首吧！其中有句歌詞說：『畜君有什麼過錯？』『畜君』就是愛護君主的意思。」

## 【原文】

齊宣王問曰：「人皆謂我毀明堂①，毀諸？已乎？」

孟子對曰：「夫明堂者，王者之堂也。王欲行王政，則勿毀之矣。」

王曰：「王政可得聞與？」

對曰：「昔者文王之治岐②也，耕者九一，仕者世祿，關市譏而不征，澤梁無禁，罪人不孥。老而無妻曰鰥，老而無夫曰寡，老而無子曰獨，幼而無父曰孤。此四者，天下之窮民而無告者。文王發政施仁，必先斯四者。《詩》云：『哿矣富人，哀此煢獨③！』」

王曰：「善哉言乎！」

曰：「王如善之，則何為不行？」

王曰：「寡人有疾，寡人好貨。」

對曰：「昔者公劉④好貨，《詩》云：『乃積乃倉，乃裹餱糧，於橐於囊⑤，思戢用光。弓矢斯張，干戈戚揚，爰方啟行⑥。』故居者有積倉，行者有裹囊也，然後可以爰方啟行。王如好貨，與百姓同之，於王何有？」

王曰：「寡人有疾，寡人好色。」

對曰：「昔者太王好色，愛厥妃。《詩》云：『古公亶父，來朝走馬，率西水滸，至於岐下，爰及薑女，聿來胥宇⑦。』當是時也，內無怨女，外無曠夫。王如好色，與百姓

同之，於王何有？」

【注釋】

①明堂：周天子東巡時接受諸侯朝見的地方，在泰山腳下。

②岐：地名，在今陝西省岐山縣東北。相傳周太王古公亶父自豳（ㄅㄧㄣ）（陝西旬邑遷此建邑，成為周族居住之處。）

③以上兩句出自《詩經．小雅．正月》。哿（ㄍㄜˇ），同「可」。

④公劉：周族早期首領，曾率部落從邰遷至豳，周族從此興旺起來。

⑤橐（ㄊㄨㄛˊ）、囊：盛東西的袋子。

⑥以上七句出自《詩經．大雅．公劉》。

⑦以上六句出自《詩經．大雅．綿》。

【譯文】

齊宣王問道：「人家都建議我毀掉明堂，毀掉它呢？還是不毀呢？」

孟子答道：「明堂是（施行仁政的）王者的殿堂。大王如果打算施行王政，就不要毀掉它了。」

宣王說：「什麼是王政，能說給我聽聽嗎？」

孟子說：「從前周文王治理岐地，農民只抽九分之一的稅；做官的世代享受俸祿，關卡和市場（對商人）只稽查不徵稅；湖泊池沼不設禁令；（任人捕魚）懲辦罪人不牽連妻兒。年老無妻叫鰥，年老無夫叫寡，年老無子叫獨，年幼無父叫孤。這四種人是天下最困難而又無所依靠的人。文王發佈政令、施行仁政，必定先照顧這四種人。《詩經》上說：『富人的生活是稱心，要憐憫這些孤獨無依的人！』」

宣王說：「說得好啊，這話！」

孟子說：「大王如果覺得好，那麼為什麼不照著去做呢？」

宣王說：「我有個毛病，我愛財。」

孟子說：「從前公劉愛錢財，《詩經》上說：『糧食積聚滿囤倉，籌足乾糧裝橐囊。團結安定聲威揚。箭上弦弓開張，干戈斧鉞都帶上，於是啟程奔前方。』這就是說，留守故土的人糧食滿囤倉，遷徙新地的人帶足乾糧，然後才啟程遠行。大王如果愛財，能和百姓共同享用，那麼實行仁政有什麼困難的呢？」

宣王說：「我還有個毛病，我好色。」

孟子說：「從前太王也好色，寵愛他的妃子。《詩經》上說：『古公亶父，清晨騎馬出發，沿著西邊水濱，到了岐山腳下，帶著寵妃姜氏女，來勘察可建宮室的地方。』在那時候，內無找不到丈夫的女子，外無打光棍的單身漢。大王如果好色，（同時）也讓百姓都有配偶，那麼，實行仁政會有什麼困難呢？」

【原文】

孟子謂齊宣王曰：「王之臣有托其妻子於其友而之楚遊者，比其反也，則凍餒其妻子，則如之何？」

王曰：「棄之。」

曰：「士師不能治士，則如之何？」

王曰：「已之。」

曰：「四境之內不治，則如之何？」

王顧左右而言他。

【譯文】

孟子對齊宣王說：「假如大王有個臣子，把妻子、兒女託付給朋友照顧，自己到楚國去遊歷，等他回來時，妻子、兒女卻在受凍挨餓，對這樣的朋友該怎麼辦？」

宣王說：「和他絕交！」

孟子說：「司法官管不好他的下級，那該怎麼辦？」

宣王說：「罷免他。」

孟子說：「一個國家治理不好，那該怎麼辦？」

宣王轉頭去看左右的人，把話題扯到別的事情上去了。

## 【原文】

孟子見齊宣王，曰：「所謂故國者，非謂有喬木之謂也，有世臣之謂也。王無親臣矣，昔者所進，今日不知其亡也。」

王曰：「吾何以識其不才而舍之？」

曰：「國君進賢，如不得已，將使卑逾尊，疏逾戚，可不慎與？左右皆曰賢，未可也；諸大夫皆曰賢，未可也；國人皆曰賢，然後察之，見賢焉，然後用之。左右皆曰不可，勿聽；諸大夫皆曰不可，勿聽；國人皆曰不可，然後察之，見不可焉，然後去之。左右皆曰可殺，勿聽；諸大夫皆曰可殺，勿聽；國人皆曰可殺，然後察之，見可殺焉，然後殺之。故曰國人殺之也。如此，然後可以為民父母。」

## 【譯文】

孟子謁見齊宣王，說：「所謂故國，不是說國中要有高大的樹木，而是說要有世代（與國家休戚相關）的臣子。現在大王沒有親信的臣子了，過去任用的人，現在不知哪裡去了。」

宣王說：「我怎樣識別哪些人沒有才幹而不任用他們呢？」

孟子說：「國君進用人才，如果碰到不得已的情況，將會使地位低的超過地位高的，關係遠的超過關係近的，對此能不慎重嗎？（對於一個人，）左右侍臣都說他好，還不行；大夫們都說他好，也還不行；全國的人都說他好，這才去考察他，見他確實是好，這才任用他。左右侍臣都說不行，不要聽信；大夫們都說不行，不要聽信；全國的人都說不行，這才考察他，見他確實不行，這才罷免他。左右侍臣都說可殺，不要聽信；大夫們都說可殺，不要聽信；全國的人都說可殺，這才考察他，見他確實可殺，這才殺掉他。所以說，這是全國的人殺掉他的。這樣，才可以算是百姓的父母。」

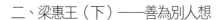

## 【原文】

齊宣王問曰：「湯放桀①，武王伐紂②，有諸？」

孟子對曰：「於傳有之。」

曰：「臣弒其君，可乎？」

曰：「賊仁者謂之賊，賊義者謂之殘；殘賊之人謂之一夫。聞誅一夫紂矣，未聞弒君也。」

## 【注釋】

①湯放桀：桀，夏朝最後一個君主，暴虐無道。傳說商湯滅夏後，把桀流放到南巢（據傳在今安徽省巢縣一帶）。

②武王伐紂：紂，商朝最後一個君主，昏亂殘暴。周武王起兵討伐，滅掉商朝，紂自焚而死。

**【譯文】**

齊宣王問道：「商湯流放夏桀，武王討伐商紂，有這些事嗎？」

孟子回答道：「文獻上有這樣的記載。」

宣王問：「臣子殺他的君主，可以嗎？」

孟子說：「敗壞仁的人叫賊，敗壞義的人叫殘；殘、賊這樣的人叫獨夫。我只聽說殺了獨夫紂罷了，沒聽說臣殺君啊！」

【原文】

孟子見齊宣王，曰：「為巨室，則必使工師①求大木。工師得大木，則王喜，以為能勝其任也。匠人斲②而小之，則王怒，以為不勝其任矣。夫人幼而學之，壯而欲行之，王曰：『姑舍女所學而從我』，則何如？今有璞玉③於此，雖萬鎰④，必使玉人雕琢之。至於治國家，則曰：『姑舍女所學而從我』，則何以異於教玉人雕琢玉哉？」

【注釋】

①工師：管理各種工匠的官員。
②斲（ㄓㄨㄛˊ）：同「斫」，砍、削的意思。
③璞玉：未雕琢加工過的玉。
④鎰（一ˋ）：古代重量單位，二十兩（一說二十四兩）為一鎰。

【譯文】

孟子謁見齊宣王，說：「建造大房子，就一定要叫工師去尋找大木料。工師找到了大木料，

大王就高興，認為工師是稱職的。木匠砍削木料，把木料砍小了，大王就發怒，認為木匠是不稱職的。一個人從小學到了一種本領，長大了想運用它，大王卻說：『暫且放棄你所學的本領來聽我的』，那樣行嗎？設想現在有塊璞玉在這裡，雖然價值萬金，也必定要叫玉匠來雕琢加工。至於治理國家，卻說：『暫且放棄你所學的本領來聽我的』，那麼，這和非要玉匠（按您的辦法）去雕琢玉石有什麼不同呢？」

【原文】

齊人伐燕，勝之。宣王問曰：「或謂寡人勿取，或謂寡人取之。以萬乘之國伐萬乘之國，五旬而舉之，人力不至於此。不取，必有天殃。取之，何如？」

孟子對曰：「取之而燕民悅，則取之。古之人有行之者，武王是也。取之而燕民不悅，則勿取。古之人有行之者，文王是也①。以萬乘之國伐萬乘之國，簞食壺漿以迎王師②，豈有他哉？避水火也。如水益深，如火益熱，亦運而已矣。」

【注釋】

①文王是也：指周文王在三分天下有其二時，仍然服事商紂王的事。

②簞食壺漿：用簞裝著食物用壺裝著酒漿。簞，ㄉㄢ，古代盛飯的圓形竹器。

【譯文】

齊國攻打燕國，戰勝了燕國。

齊宣王問道：「有人勸我不要吞併燕國，有人勸我吞併燕國。以一個擁有萬輛兵車的國家去

攻打另一個擁有萬輛兵車的國家，五十天就打了下來，光憑人力是做不到的。不吞併它，必定會有上天降下的災禍。吞併它，怎麼樣？」

孟子回答說：「吞併了，燕國人民高興，那就吞併它。古代有人這麼做過，武王就是這樣。吞併了，燕國人民不高興，那就不要吞併。古代也有人這麼做過，文王就是這樣。以擁有萬輛兵車的國家去攻打另一個擁有萬輛兵車的國家，百姓帶著酒食來迎接大王的軍隊，難道有別的原因嗎？只是想避開水深火熱的統治罷了。如果水更深，火更熱，那也不過是換個人來統治罷了。」

## 【原文】

齊人伐燕，取之。諸侯將謀救燕。宣王曰：「諸侯多謀伐寡人者，何以待之？」

孟子對曰：「臣聞七十里為政於天下者，湯是也。未聞以千里畏人者也。《書》曰：『湯一征，自葛始。』天下信之，東面而征，西夷怨，南面而征，北狄怨，曰：『奚為後我？』民望之，若大旱之望雲霓也。歸市者不止，耕者不變，誅其君而吊其民，若時雨降，民大悅。《書》曰：『徯我後，後來其蘇。』今燕虐其民，王往而征之，民以為將拯己於水火之中也，簞食壺漿以迎王師。若殺其父兄，系累其子弟，毀其宗廟①，遷其重器②，如之何其可也？天下固畏齊之強也，今又倍地而不行仁政，是動天下之兵也。王速出令，反其旄倪，止其重器，謀於燕眾，置君而後去之，則猶可及止也。」

## 【注釋】

①毀其宗廟：宗廟，天子、諸侯祭祀祖先的地方。國家保存，宗廟就得以保存。故「毀其宗廟」意味著滅其國家。

②遷其重器：重器，古代君王所鑄造的做為傳國寶器的鼎之類。遷其重器，意味著滅亡其國家。

## 【譯文】

齊國攻打燕國，打下了燕國。別的諸侯國合謀去救燕國。宣王說：「很多諸侯謀劃來攻打我，怎麼對付他們呢？」

孟子回答道：「我聽說憑七十里見方的一大塊地方就統一了天下的，商湯就是這樣。沒有聽說憑著千里見方的一大塊地方來使天下人畏懼的。《尚書》上說：『商湯的征伐，從葛開始。』天下的人都信任商湯，他向東征伐，西邊的民族就埋怨，向南征伐，北邊的民族就埋怨，（他們埋怨）說：『為什麼（不先征伐我們這裡，而要）把我們放到後頭呢？』人民盼望他，如同大旱時節盼望烏雲虹霓一樣。（湯的軍隊到了一地，）趕市集的照常做買賣，種田的照常做農活。殺了那裡的暴君，慰問那裡的百姓，像是及時雨從天而降，百姓欣喜若狂。《尚書》上又說：『等待我們的君王，君王來了，我們就得到新生。』現在，燕國虐待它的百姓，大王去征伐它，百姓都以為會把他們從水深火熱中拯救出來，所以用竹筐盛了飯，瓦壺裝了酒，迎接大王的軍隊。如果您殺戮他們的父兄，囚禁他們的子弟，毀壞他們的宗廟，搬走他們國家的寶器，那怎麼行呢？天下本來就畏忌齊國的強大，現在齊國擴大了一倍的土地卻不施行仁政，這就使得天下的諸侯要出兵攻打您了。大王趕快發佈命令，把被抓的老人、孩子遣送回去，停止搬運燕國的寶器，與燕國人商量，選立一個新國君，然後撤離燕國，那麼還來得及阻止（各國動兵）。」

【原文】

鄒與魯哄①。穆公問曰：「吾有司死者三十三人，而民莫之死也。誅之，則不可勝誅；不誅，則疾視其長上之死而不救，如之何則可也？」

孟子對曰：「凶年饑歲，君之民老弱轉乎溝壑、壯者散而之四方者，幾②千人矣，而君之倉廩實，府庫充，有司莫以告，是上慢而殘下也。曾子③曰：『戒之戒之！出乎爾者，反乎爾者也。』夫民今而後得反之也。君無尤焉。君行仁政，斯民親其上，死其長矣。」

【注釋】

①鄒與魯哄：鄒，國名，其地在今山東省西南，國都在鄒（今鄒縣），後為楚所滅。魯，國名，其地在今山東省西南部，國都在曲阜，西元前二五六年為楚所滅。哄（ㄏㄨㄥˋ），鬥。

②幾：將近，幾乎。

③曾子：即曾參，字子輿，孔子弟子。

## 【譯文】

鄒國與魯國交戰。鄒穆公問孟子：「我的官員死了三十三人，而百姓沒有一個肯為保護長官而死的。殺了他們吧！無法殺盡；不殺，又恨他們看著自己的長官死難而不去救，怎麼辦才好呢？」

孟子回答道：「饑荒年頭，您的百姓，年邁體弱的輾轉餓死在荒山溝裡，壯年人逃往四方，都快上千人了，然而您的糧倉裡糧食滿滿的，庫房裡財物足足的，官員們沒有一個向您報告（這些情況），這就是身居上位的人怠慢，而殘害百姓啊！曾子說過：『警惕啊，警惕啊！你做出的事，後果會反加到你身上。』百姓從今以後可以反過來這樣對待他們的長官了。您不要責怪他們了。（如果）您能施行仁政，百姓自然就會親近他們的長官，願為長官犧牲了。」

【原文】

滕文公①問曰：「滕，小國也，間於齊、楚。事齊乎？事楚乎？」

孟子對曰：「是謀非吾所能及也。無已，則有一焉：鑿斯池也，築斯城也，與民守之，效死而民弗去，則是可為也。」

【注釋】

①滕文公：戰國時滕國國君。滕立國於西周初，其地在今山東滕縣西南。

【譯文】

滕文公問道：「滕國是個小國，夾在齊國和楚國的中間，侍奉齊國呢？還是侍奉楚國呢？」

孟子回答道：「謀劃這個問題不是我力所能及的。一定要我說，就只有一個辦法：深挖護城河，築牢城牆，與百姓共同守衛，百姓寧可獻出生命也不逃離，這樣就好辦了。」

【原文】

騰文公問曰：「齊人將築薛①，吾甚恐，如之何則可？」

孟子對曰：「昔者大王居邠②，狄③人侵之。去之岐山④之下居焉。非擇而取之，不得已也。苟為善，後世子孫必有王者矣。君子創業垂統，為可繼也。若夫成功，則天也。君如彼何哉？強為善而已矣。」

【注釋】

①薛：國名，其地在今山東滕縣東南，戰國初期為齊所滅，後成為齊權臣田嬰、田文的封邑。

②邠：ㄅㄧㄣ，地名，在今陝西郴縣。

③狄：即獯鬻（ㄒㄩㄣ　ㄩˋ），參閱本篇第三章注。

④岐山：在今陝西省岐山縣東北。

【譯文】

滕文公問道：「齊國要修築薛城，我很害怕，怎麼辦才好呢？」

孟子回答道：「從前，太王居住在邠地，狄人侵犯那裡，他便離開，遷到岐山下居住。不是願意選擇那裡居住，迫不得已罷了。（一個君主）如果能施行善政，後代子孫中必定會有稱王於天下的。君子創立基業，傳給後世，是為了可以繼承下去。至於能否成功，那就由天決定了。您怎樣對付齊國呢？只有努力推行善政罷了。」

【原文】

滕文公問曰：「滕，小國也，竭力以事大國，則不得免焉，如之何則可？」

孟子對曰：「昔者大王居邠，狄人侵之。事之以皮幣，不得免焉；事之以犬馬，不得免焉；事之以珠玉，不得免焉。乃屬其耆老而告之曰：『狄人之所欲者，吾土地也。吾聞之也，君子不以其所以養人者害人。二三子何患乎無君？我將去之。』去邠，逾梁山，邑於岐山之下居焉。邠人曰：『仁人也，不可失也。』從之者如歸市。」

「或曰：『世守也，非身之所能為也，效死勿去。』」

「君請擇於斯二者。」

【譯文】

滕文公問道：「滕國是個小國，竭力去侍奉大國，卻不能免除威脅，怎麼辦才好呢？」

孟子回答道：「從前，太王居住在邠地，狄人侵犯那裡。（太王）拿皮裘絲綢送給狄人，不能免遭侵犯；拿好狗良馬送給狄人，不能免遭侵犯；拿珠寶玉器送給狄人，還是不能免遭侵犯。於是召集邠地的父老，對他們說：『狄人想要的是我們的土地。我聽說過這樣一句話：君子不拿用來養活人的東西害人。你們何必擔心沒有君主？我要離開這裡了。』於是離開邠地，越過梁山，在岐山下建城邑定居下來。邠地的人說：『是個仁人啊！不能失去他啊！』追隨他遷居的人，多得像趕市集一般。」

「也有人說：『（土地）是必須世世代代守護的，不是自己可以作主的，拼了命也不能捨棄它。』」

「請您在這兩種辦法中選擇吧！」

【原文】

魯平公①將出，嬖②人臧倉者請曰：「他日君出，則必命有司所之。今乘輿已駕矣，有司未知所之，敢請。」

公曰：「將見孟子。」

曰：「何哉，君所為輕身以先於匹夫者？以為賢乎？禮義由賢者出；而孟子之後喪逾前喪。君無見焉！」

公曰：「諾。」

樂正子③入見，曰：「君奚為不見孟軻也？」

曰：「或告寡人曰，『孟子之後喪逾前喪』，是以不往見也。」

曰：「何哉，君所謂逾者？前以士，後以大夫；前以三鼎④，而後以五鼎與？」

曰：「否，謂棺槨衣衾之美也。」

曰：「非所謂逾也，貧富不同也。」

樂正子見孟子，曰：「克告於君，君為來見也。嬖人有臧倉者沮⑤君，君是以不果來也。」

曰：「行，或使之；止，或尼⑥之。行止，非人所能也。吾之不遇魯侯，天也。臧氏之子焉能使予不遇哉？」

【注釋】

①魯平公：名叔，魯景公的兒子，西元前三一四～二九四年在位。

②嬖：ㄅㄧˋ，寵愛。

③樂正子：名克，孟子的學生，當時正在魯國做官。

④鼎：用金屬或陶土等材料做成，有三足兩耳圓腹的，也有方形四足的，盛行於殷周時期。

⑤沮：ㄐㄩ，阻止。

⑥尼：制止。

【譯文】

魯平公將要外出，他寵愛的近臣臧倉請示說：「往日君王外出，都要令有關官員知道。今天車馬已經備好，有關官員還不知道要去哪裡，膽敢請君王示下。」

魯平公說：「要去見孟子。」

臧倉說：「這是為什麼呀？您為什麼要降低身分去見一個讀書人呢？您以為他賢能嗎？禮義是賢者所提倡的；而孟子後來為母親操辦的喪事超過先前為父親操辦的喪事。君王還是不要見他的好。」

魯平公說：「好吧！」

樂正子入宮見魯平公，說：「君王為什麼不去見孟柯呢？」

魯平公說：「有人告訴寡人說：『孟子後來為母親操辦的喪事超過先前為父親操辦的喪事。』所以我不去見他。」

樂正子說：「這是為什麼呀？君王所謂的超過，是前面用士的喪禮，後面以大夫的喪禮？還是前面用三鼎禮，後面用五鼎禮？」

魯平公說：「不是，我所說的是指棺槨和壽衣的精美不同。」

樂正子說：「這不叫超過，這是前後家境貧富不同而已。」

後來樂正子見到孟子時說：「我告訴了君王，君王本來要來見你的，但有一個他寵愛的近臣臧倉阻止了他，魯君因此沒有來。」

孟子說：「人要做事，是有人促進它；不做事，是有人制止它。行動和停止，不是一個人所能左右的。我之所以不能與魯君相見，天意呀！臧倉那小子怎麼能使我們不能相見呢？」

## 【故事】

### 善為別人想的子罕

在春秋時期的宋國有一個著名的賢臣，叫樂喜，字子罕。宋平公時，子罕任司城（即司空，宋武公名司空，因此改名為「司城」）一職。這個職位是主管工程建築、製造車服器械、監督手工業奴隸的，在當時屬於高官。但是身居其位的子罕卻清正廉明，不但沒有利用職位為自己攫取好處，相反，他還一心為別人著想。

宋國有個人得到了一塊寶玉，聽說子罕是個「好官」，就想把這塊寶玉獻給他。子罕知道這塊玉的價值，但還是謝絕了。獻玉的人說：「我把這塊玉給做玉器的師傅看過，他們都說是件寶物，我才來獻給你的。」子罕開導他說：「天下的寶物有很多種，在不同人的眼中，寶物也是不一樣的。我把不貪心做為寶，你把寶玉做為寶。我現在如果收下了你這塊寶玉，那麼我們都失去了自己的寶，所以，還是各自留著自己的寶物比較好！」子罕的一番話，讓獻寶的人豁然開朗，同時也更加敬佩子罕。他跪在地上一邊磕頭一邊說：「我只是一個普通的百姓，家裡藏著這麼貴重的東西，實在不安全，把它獻給你也是為了自家的平安啊！」於是，子罕就找了個地方讓獻玉的人住下，並給他找玉商把那塊寶玉雕琢好，然後賣了個好價錢，這才讓他帶著錢回家去了。

在子罕的心中，裝著的不是個人的得失，而是天下老百姓的利益。

魯襄公十七年，宋國的皇國父當了太宰，打算為宋平公建造一座高台，這妨礙了老百姓進行農業收割。子罕向宋平公請求，在農事完畢之後再進行高台的建造，宋平公不答應。

魯襄公二十九年，鄭國發生了饑荒，老百生的生活困苦不堪。當時擔任上卿的子皮根據父親子展的遺命，給鄭國的人分發糧食，每戶一鍾（古代一種計量單位），這一舉措讓鄭國的百姓避免了被餓死的慘劇，子皮也因此得到了百姓的擁護。

子罕聽到這件事後，說：「身居高位的人多做一些善事，這是老百姓非常期待的。」恰巧宋國這時也發生了饑荒。子罕便向宋平公請示：把國庫裡的糧食借給老百姓，同時讓大夫們也把糧食借給老百姓。子罕的家人把自家的糧食借給挨餓的人，不要借據，也不要求別人歸還。有些大夫家裡也缺糧，無法借給百姓，子罕就以他們的名義，把自家的糧食借出去。宋國人在子罕和家人的努力下，也度過了難關，沒有讓百姓挨餓。

晉國的重要人物叔向聽說這些情況後，稱讚說：「鄭國的罕氏（即子展、子皮的家族）、宋國的樂氏（即子罕的家族）肯定會長盛不衰的，他們都能夠執掌國家的政權，因為民心都已經歸向他們了。以其他大夫的名義施捨，不只是考慮樹立自己的德望名聲，在這方面，子罕更勝一籌。」

## 【評論】

綜觀歷史，胸懷大志、品德高尚的人才能夠真正青史留名。「子罕弗受玉」的故事展現了子罕潔身自好和善為別人著想的高尚品格。從「子罕獻糧」的故事中，可以看出他心懷天下百姓。不管身處什麼地位，在有能力幫助別人時，一定不要袖手旁觀。「施而不德」是一種高尚的品德，善為別人想的子罕值得我們後人尊敬和學習。

# 第三篇

## 公孫丑（上）——養浩然之氣

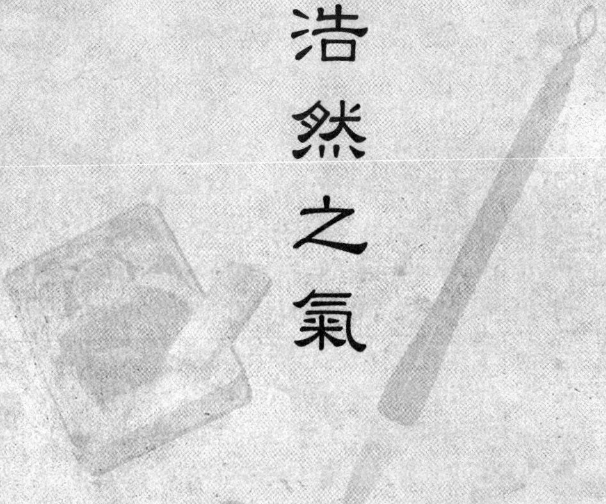

## 【原文】

公孫丑①問曰：「夫子當路於齊，管仲②、晏子之功，可復許乎？」

孟子曰：「子誠齊人也，知管仲、晏子而已矣。或問乎曾西③曰：『吾子與子路④孰賢？』曾西蹴然曰：『吾先子之所畏也。』曰：『然則吾子與管仲孰賢？』曾西艴然不悅，曰：『爾何曾比予於管仲？管仲得君如彼其專也，行乎國政如彼其久也，功烈如彼其卑也。爾何曾比予於是？』」曰：「管仲，曾西之所不為也，而子為我願之乎？」

曰：「管仲以其君霸，晏子以其君顯。管仲、晏子猶不足為與？」

曰：「以齊王，由反手也。」

曰：「若是，則弟子之惑滋甚。且以文王之德，百年而後崩，猶未洽於天下；武王、周公⑤繼之，然後大行。今言王若易然，則文王不足法與？」

曰：「文王何可當也。由湯至於武丁⑥，賢聖之君六七作，天下歸殷久矣，久則難變也。武丁朝諸侯，有天下，猶運之掌也。紂之去武丁未久也，其故家遺俗，流風善政，猶有存者；又有微子、微仲、王子比干、箕子、膠鬲⑦，皆賢人也，相與輔相之，故久而後失之也。尺地，莫非其有也；一民，莫非其臣也；然而文王猶方百里起，是以難也。齊人有言曰：『雖有智慧，不如乘勢，雖有鎡基⑧，不如待時。』今時則易然也。夏後、殷、周之盛，地未有過千里者也，而齊有其地矣；雞鳴狗吠相聞，而達乎四境，而齊有其民

矣。地不改辟矣，民不改聚矣，行仁政而王，莫之能禦也。且王者之不作，未有疏於此時者也；民之憔悴於虐政，未有甚於此時者也。飢者易為食，渴者易為飲。孔子曰：『德之流行，速於置郵⑨而傳命。』當今之時，萬乘之國行仁政，民之悅之，猶解倒懸也。故事半古之人，功必倍之，惟此時為然。」

**【注釋】**

①公孫丑：姓公孫，名醜，孟子弟子。

②管仲：名夷吾，字仲，春秋初期政治家，曾任齊桓公的相，在齊國進行許多改革，增強了齊國的國力，輔佐齊桓公，使之成為春秋時第一個霸主。

③曾西：名申，字子西，曾參之子。

④子路：姓仲，名由，字子路，孔子弟子。

⑤周公：姓姬，名旦，周武王之弟，因采邑在周（今陝西岐山北），稱為周公。曾輔佐武王伐紂滅商，統一天下；後又輔佐成王，鞏固了周初的統治。

⑥武丁：商朝帝王，後被稱為高宗。

⑦微子……膠鬲：微子，商紂王的庶兄，名啟。微仲，微啟的弟弟。王子比干，紂王叔父，因多次勸諫，被紂王剖心而死。箕子，紂王叔父。膠鬲，紂王之臣。
⑧鎡（ㄗ）基：鋤頭。
⑨置郵：驛站。

## 【譯文】

公孫丑問道：「如果您在齊國掌權，管仲、晏子那樣的功業，能再次建立起來嗎？」

孟子說：「你真是個齊國人啊！只知道管仲、晏子罷了。曾有人問曾西說：『你和子路相比，誰賢？』曾西不安地說：『子路是我的先人所敬畏的人。』那人又問：『那麼你和管仲相比誰賢？』曾西頓時很不高興地說：『你為什麼竟拿我與管仲相比？管仲得到齊桓公的信任是那樣專一，執掌國政是那樣長久，而功業卻是那樣卑微。你為什麼竟拿我與這個人相比？』」（孟子接著）說：「管仲那樣的人是曾西不願做的，而你以為我會願意嗎？」

公孫丑說：「管仲使他的君主稱霸，晏子使他的君主揚名，管仲、晏子還不值得效仿嗎？」

孟子說：「憑齊國的條件稱王天下，真是易如反掌。」

公孫丑說：「如果是這樣，我這個學生就更糊塗了。憑文王的德行，壽近百歲才去世，尚且沒能統一天下；武王、周公繼承他的事業，這才（使仁政）遍及到天下。現在您說起稱王天下，

似乎很容易的樣子，那麼文王也不值得效法了嗎？」

孟子說：「哪可以與文王相比呢？從商湯到武丁，賢聖的君主出了六、七個，天下歸順殷朝很久了，久了就難改變了。武丁使諸侯來朝拜，統治天下，就像將它放在手掌中轉動一樣容易。商紂距武丁的時代不算長，（武丁時代）勳舊世家遺留的習俗，及當時流行的良好風氣和仁惠的政教措施，還有留存下來的，又有微子、微仲、王子比干、箕子、膠鬲，這些都是賢臣，一起輔佐他，所以過了很長的時間才失掉天下。（那時，）沒有一尺土地不是他的疆土，沒有一個人不是他的臣民，然而文王還是在百里見方的地方興起，所以是很困難的。齊國人有俗諺說：『雖然有智慧，不如趁形勢；雖然有鋤頭，不如等農時。』現在（要稱王天下）卻是很容易的。夏、殷、周三朝興盛時，土地沒有超過縱橫一千里的，而現在齊國有那麼大的地方了；雞鳴狗叫互相聽到，一直傳到四周的國境，齊國已經有那麼多的百姓了。土地不必再擴大，百姓不必再招聚，施行仁政稱王天下，沒有人能阻擋得了的。況且，仁德的君王沒有出現，沒有比現在隔得更長的了；百姓受暴政折磨的痛苦，沒有比現在更嚴重的了。飢餓的人什麼都吃不挑揀，乾渴的人什麼都喝不挑揀。孔子說：『德政的流行，比驛站傳遞政令還要快。』當今這個時候，擁有萬輛兵車的大國施行仁政，百姓對此感到喜悅，就像在倒懸著時被解救下來一樣。所以，事情只要做古人的一半，功效必定是古人的一倍，這只有現在這個時候才能辦到。」

## 【原文】

公孫丑問曰：「夫子加齊之卿相，得行道焉，雖由此霸王，不異矣。如此，則動心否乎？」

孟子曰：「否，我四十不動心。」

曰：「若是，則夫子過孟賁①遠矣。」

曰：「是不難，告子②先我不動心。」

曰：「不動心有道乎？」

曰：「有。北宮黝③之養勇也：不膚橈，不目逃；思以一豪挫於人，若撻之於市朝；不受於褐寬博，亦不受於萬乘之君；視刺萬乘之君，若刺褐夫；無嚴諸侯，惡聲至，必反之。孟施捨④之所養勇也，曰：『視不勝猶勝也；量敵而後進，慮勝而後會，是畏三軍者也。舍豈能為必勝哉？能無懼而已矣。』孟施捨似曾子，北宮黝似子夏⑤。夫二子之勇，未知其孰賢，然而孟施捨守約也。昔者曾子謂子襄⑥曰：『子好勇乎？吾嘗聞大勇於夫子矣：自反而不縮，雖褐寬博，吾不惴焉；自反而縮，雖千萬人，吾往矣。』孟施捨之守氣，又不如曾子之守約也。」

曰：「敢問夫子之不動心與告子之不動心，可得聞與？」

「告子曰：『不得於言，勿求於心；不得於心，勿求於氣。』不得於心，勿求於氣，

可；不得於言，勿求於心，不可。夫志，氣之帥也；氣，體之充也。夫志至焉，氣次焉。故曰：『持其志，無暴其氣。』」

「既曰『志至焉，氣次焉』，又曰『持其志，無暴其氣』，何也？」

曰：「志壹則動氣，氣壹則動志也。今夫蹶者趨者，是氣也，而反動其心。」

「敢問夫子惡乎長？」

曰：「我知言，我善養吾浩然之氣。」

「敢問何謂浩然之氣？」

曰：「難言也。其為氣也，至大至剛，以直養而無害，則塞於天地之間。其為氣也，配義與道；無是，餒也。是集義所生者，非義襲而取之也。行有不慊於心，則餒矣。我故曰，告子未嘗知義，以其外之也。必有事焉，而勿正；心勿忘，勿助長也。無若宋人然：宋人有閔其苗之不長而揠之者，芒芒然歸，謂其人曰：『今日病矣！予助苗長矣！』其子趨而往視之，苗則槁矣。天下之不助苗長者寡矣。以為無益而舍之者，不耘苗者也；助之長者，揠苗者也，非徒無益，而又害之。」

「何謂知言？」

「詖辭知其所蔽，淫辭知其所陷，邪辭知其所離，遁辭知其所窮。生於其心，害於其政；發於其政，害於其事。聖人復起，必從吾言矣。」

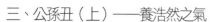

「宰我、子貢⑦善為說辭，冉牛、閔子、顏淵⑧善言德行。孔子兼之，曰：『我於辭命，則不能也。』然則夫子既聖矣乎？」

曰：「惡！是何言也！昔者子貢問於孔子曰：『夫子聖矣乎？』孔子曰：『聖則吾不能，我學不厭而教不倦也。』子貢曰：『學不厭，智也；教不倦，仁也。仁且智，夫子既聖矣。』夫聖，孔子不居——是何言也？」

「昔者竊聞之：子夏、子遊、子張⑨皆有聖人之一體，冉牛、閔子、顏淵則具體而微。敢問所安。」

曰：「姑舍是。」

曰：「伯夷、伊尹⑩何如？」

曰：「不同道。非其君不事，非其民不使；治則進，亂則退，伯夷也。何⑪事非君，何使非民；治亦進，亂亦進，伊尹也。可以仕則仕，可以止則止，可以久則久，可以速則速，孔子也。皆古聖人也，吾未能有行焉；乃所願，則學孔子也。」

「伯夷、伊尹於孔子，若是班乎？」

曰：「否。自有生民以來，未有孔子也。」

曰：「然則有同與？」

曰：「有。得百里之地而君之，皆得以朝諸侯，有天下；行一不義，殺一不辜而得天

下，皆不為也。是則同。」

曰：「敢問其所以異。」

曰：「宰我、子貢、有若⑫，智足以知聖人，汙不至阿其所好。宰我曰：『以予觀于夫子，賢於堯、舜⑬遠矣。』子貢曰：『見其禮而知其政，聞其樂而知其德；由百世之後，等百世之王，莫之能違也。自生民以來，未有夫子也。』有若曰：『豈惟民哉！麒麟之於走獸，鳳凰之於飛鳥，太山之於丘垤，河海之於行潦，類也；聖人之於民，亦類也。出於其類，拔乎其萃。自生民以來，未有盛於孔子也。』」

**【注釋】**

①孟賁：古代著名勇士。

②告子：戰國時人，名不詳。

③北宮黝（一ㄡˇ）：姓北宮，名黝，齊國人，事蹟不詳。

④孟施捨：姓孟，名施捨；一說姓孟施，名捨。事蹟不詳。

⑤子夏：姓卜，名商，字子夏，孔子弟子。

⑥子襄：曾參弟子。

⑦宰我、子貢：都是孔子弟子。宰我，姓宰，名予，字子我。子貢，姓端木，名賜，字子

貢。

⑧冉牛、閔子、顏淵：都是孔子弟子。冉牛，姓冉，名耕，字伯牛。閔子，姓閔，名損，字子騫。顏淵，姓顏，名回，字子淵。

⑨子遊、子張：都是孔子弟子。子遊，姓言，名偃，字子遊。子張，姓顓（ㄓㄨㄢ）孫，名師，字子張。

⑩伯夷、伊尹：伯夷，商末孤竹國君的長子。初孤竹君以次子叔齊為繼承人；死後，叔齊讓位給伯夷，伯夷不受，後兩人都投奔到周。周武王伐紂時，伯夷兄弟兩人攔馬諫阻武王；周滅商後，兩人隱居首陽山，不食周粟而死。伊尹，商湯之相，曾輔湯滅夏。

⑪何：通「可」。

⑫有若：姓有，名若，孔子弟子。

⑬堯、舜：傳說中父系氏族社會後期部落聯盟的兩個首領，儒家推崇他們是古代的聖君。

## 【譯文】

公孫丑問道：「如果讓您擔任齊國的卿相，能夠實行您的主張了，那麼即使因此而建立了霸業或王業，也不必感到奇怪的了。如果這樣，您動心不動心呢？」

孟子說：「不，我四十歲起就不動心了。」

公孫丑說：「如果這樣，老師就遠遠超過孟賁了。」

孟子說：「做到這點不難，告子在我之前就做到不動心了。」

公孫丑問：「做到不動心有什麼方法嗎？」

孟子說：「有。北宮黝這樣培養勇氣：肌膚被刺不退縮，雙目被刺不轉睛；但他覺得，受了他人一點小委屈，就像在大庭廣眾之中被人鞭打了一般；既不受平民百姓的羞辱，也不受大國君主的羞辱；把行刺大國君主看得跟行刺普通百姓一樣；毫不畏懼諸侯，聽了惡言，一定回擊。孟施捨這樣培養勇氣，他說：『把不能取勝的形勢看作能夠取勝；估量了勢力相當才前進，考慮到能夠取勝再交戰，這是畏懼強大的敵人。我哪能做到戰無不勝呢？只是能無所畏懼罷了。』（培養勇氣的方法，）孟施捨像曾子，北宮黝像子夏。這兩人的勇氣，不知道誰強些，但孟施捨是把握住了要領。從前，曾子對子襄說：『你喜歡勇敢嗎？我曾經在孔子那裡聽到過關於大勇的道理：反省自己覺得理虧，那麼即使對普通百姓，我也不去恐嚇；反省自己覺得理直，縱然面對千萬人，我也勇往直前。』孟施捨的保持勇氣，又不如曾子能把握住要領。」

公孫丑說：「請問，您的不動心和告子的不動心，可以講給我聽聽嗎？」

（孟子說：）「告子曾說：『言論上有所不通，心裡不必去尋求道理；心裡有所不安，不必求助於意氣。』心裡有所不安，不必求助意氣，這是可以的；言論上有所不通，心裡不尋求道理，這不可以。心志是意氣的主帥，意氣是充滿體內的。心志關注到哪裡，意氣就停留到哪裡。所以說：『要把握住心志，不要妄動意氣。』」

（公孫丑問：）「既說『心志關注到哪裡，意氣就停留到哪裡』，又說：『要把握住心志，不要妄動意氣』，這是為什麼呢？」

孟子說：「心志專一就能調動意氣，意氣專一也能觸動心志。譬如跌倒和奔跑，這是意氣專注的結果，反過來也使他的心志受到觸動。」

（公孫丑問：）「請問，老師擅長哪方面？」

孟子說：「我能識別各種言論，我善於培養我的浩然之氣。」

（公孫丑說：）「請問什麼叫浩然之氣？」

孟子說：「難說清楚啊！它做為一種氣，最為盛大，最為剛強，靠正義去培養它而不傷害它，就會充塞天地之間。它做為一種氣，要和義與道配合；沒有這些，它就會萎縮。它是不斷累積義而產生的，不是偶然地有過正義的舉動就取得的。如果行為有愧於心，氣就萎縮了。因此我說，告子不曾懂得義，因為他把義看作是外在的東西。（對浩然之氣，）一定要培養它，不能停止下來；心裡不能忘記它，也不妄自助長它。不要像宋國人那樣：宋國有個擔心他的禾苗不長而去拔高它的人，昏昏沉沉地回到家中，對家裡人說：『今天累極了，我幫助禾苗長高啦！』他的兒子趕忙跑到田裡去看，禾苗已經枯死了。天下不助苗生長的人實在少見啊！以為（培養浩然

之氣）沒有用處而放棄的人，就像是不給禾苗鋤草的懶漢；妄自幫助它生長的，就像揠苗助長的人，非但沒有好處，反而危害了它。」

（公孫丑問：）「什麼叫能識別各種言論？」

（孟子說：）「偏頗的言論，知道它不全面的地方；過激的言論，知道它陷入錯誤的地方；邪曲的言論，知道它背離正道的地方；躲閃的言論，知道它理屈詞窮的地方。（這些言論）心裡產生出來，會危害政治；從政令措施上表現出來，會危害各種事業。如果有聖人再次出現，一定會贊成我所說的。」

（公孫丑說：）「宰我、子貢擅長言談辭令，冉牛、閔子、顏淵擅長闡述德行。孔子兼有這兩方面的特長，（卻還）說：『我對於辭令，是不擅長的。』（老師既然說擅長識別言論，）那麼老師已經是聖人了吧？」

孟子說：「唉呀！這是什麼話！從前子貢問孔子道：『老師是聖人了吧？』孔子說：『聖人，我不能做到，我只是學習不覺滿足，教人不知疲倦。』子貢說：『學習不覺滿足，這樣就有智慧；教人不知疲倦，這是實踐仁德。既有仁德又有智慧，老師已經是聖人了。』聖人，孔子尚且不敢自居——（你說我是聖人了，）這是什麼話呀？」

（公孫丑說：）「以前我聽說過這樣的話：子夏、子遊、子張都有聖人的一部分特點，冉牛、閔子、顏淵具備了聖人所有的特點，只是還嫌微淺。請問您處於哪種情況？」

孟子說：「暫且不談這個問題。」

公孫丑問：「伯夷、伊尹怎麼樣？」

孟子說：「處世的方法不同。不是理想的君主不去侍奉，不是理想的百姓不去使喚；天下安定就入朝做官，天下動亂就辭官隱居，這是伯夷的處世方法。可以侍奉不好的君主，可以使喚不好的百姓，天下安定去做官，天下動亂也去做官，這是伊尹的處世方法。該做官就做官，該辭官就辭官，該任職長一些就任職長一些，該趕快辭職就趕快辭職，這是孔子的處世方法。（他們）都是古代的聖人，我還做不到他們這樣；至於我所希望的，那就是學習孔子。」

（公孫丑問：）「伯夷、伊尹相對於孔子來說，是同等的嗎？」

孟子說：「不。自有人類以來，沒有比得上孔子的。」

公孫丑問：「那麼他們有共同之處嗎？」

孟子說：「有。如果能有方圓百里的一塊地方而由他們做君主，他們都能使諸侯來朝見而擁有天下；如果要他們做一件不義的事情，殺一個無辜的人而讓他們得到天下，他們都是不願去做的。這些是共同的。」

公孫丑說：「請問孔子和他們不同的地方。」

孟子說：「宰我、子貢、有若，他們的智慧足以了解孔子，即使有所誇大，也不至於阿諛吹捧他們所敬愛的人。宰我說：『根據我對老師的觀察，老師遠遠超過堯、舜了。』子貢說：『見了一國禮制，就能知道一國的政治；聽了一國的音樂，就能了解一國的德教；即使從一百代以後來評價這一百代的君主，也沒有誰能違背孔子這個道理的。自有人類以來，沒有比得上孔子的。』有若說：『豈只是人類有這樣的不同！麒麟對於走獸，鳳凰對於飛鳥，泰山對於土丘，河海對於水溝，都是同類的；聖人對於一般的人，也是同類的。（這些）都高出了同類，超出了同群。自有人類以來，沒有比孔子更偉大的了。』」

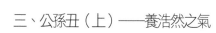

## 【原文】

孟子曰：「以力假仁者霸，霸必有大國；以德行仁者王，王不待大。湯以七十里，文王以百里。以力服人者，非心服也，力不贍也；以德服人者，中心悅而誠服也，如七十子①之服孔子也。《詩》云：『自西自東，自南自北，無思不服②。』此之謂也。」

## 【注釋】

①七十子：孔子辦學多年，傳說有弟子三千，其中優秀者七十人，這裡是舉其整數。

②以上三句出自《詩經．大雅．文王有聲》。

## 【譯文】

孟子說：「憑藉武力假託仁義可以統一天下的叫做『霸』，稱霸必須具備大國的國力；依靠道德施行仁義而統一天下的叫做『王』，稱王不必要有大國的條件——商湯憑七十里見方的地方，文王憑百里見方的地方就稱王了。靠武力使人服從，不是真心服從，只是力量不夠（反抗）罷了；靠道德使人服從，是心裡高興，真心服從，就像七十位弟子敬服孔子那樣。《詩經》上說：『從西從東，從南從北，無不心悅誠服。』就是說的這種情況。」

【原文】

孟子曰：「仁則榮，不仁則辱。今惡辱而居不仁，是猶惡溼而居下也。如惡之，莫如貴德而尊士，賢者在位，能者在職。國家閒暇，及是時，明其政刑，雖大國必畏之矣。《詩》云：『迨天之未陰雨，徹彼桑土，綢繆牖戶。今此下民，或敢侮予①？』孔子曰：『為此詩者，其知道乎！能治其國家，誰敢侮之？』今國家閒暇，及是時，般樂②怠敖，是自求禍也。禍福無不自己求之者。《詩》云：『永言配命，自求多福③。』《太甲》④曰：『天作孽，猶可違；自作孽，不可活。』此之謂也。」

【注釋】

①以上五句出自《詩經．豳風．鴟鴞》。

②般（ㄆㄢˊ）樂：作樂。

③以上兩句出自《詩經．大雅．文王》。

④《太甲》：《尚書》中的一篇已失傳；現在《尚書》中的《太甲》，係晉人偽作。

## 【譯文】

孟子說：「實行仁就獲得尊榮，不仁就招來恥辱。如今有人厭惡恥辱卻又安於不仁，這就像厭惡潮濕卻又安於居住在低窪的地方一樣。如果真的厭惡恥辱，就不如崇尚道德、尊重士人，讓賢人在位做官，讓能人在職辦事。國家太平無事，趁這時候修明政教刑法，（這樣，）即使大國也必然會怕它了。《詩經》上說：『趁著天氣沒陰雨，取來桑皮拌上泥，窗洞門戶細修葺。從今下面的人，有誰再敢把我欺？』孔子說：『做這篇詩的人，真懂得道啊！能治理好他的國家，誰還敢欺侮他？』如果國家太平無事，趁這時候尋歡作樂，怠惰傲慢，這是自找災禍啊。禍與福，沒有不是自己找來的。《詩經》上說：『永遠配合天命，自己求來眾多的幸福。』《太甲》說：『上天降下災禍，還有辦法可躲；自己造下罪孽，那就別想再活。』就是說的這個道理。」

【原文】

孟子曰：「尊賢使能，俊傑在位，則天下之士皆悅，而願立於其朝矣；市，廛而不征①，法而不廛，則天下之商皆悅，而願藏於其市矣；關，譏而不征，則天下之旅皆悅，而願出於其路矣；耕者，助②而不稅，則天下之農皆悅，而願耕於其野矣；廛③，無夫里之布④，則天下之民皆悅，而願為之氓矣。信能行此五者，則鄰國之民仰之若父母矣。率其子弟，攻其父母，自有生民以來未有能濟者也。如此，則無敵於天下。無敵於天下者，天吏也。然而不王者，未之有也。」

【注釋】

①廛而不征：廛（ㄔㄢˊ）：市中儲藏、堆放貨物的場所。征，徵稅。

②助：指助耕公田。相傳殷周時代實行一種叫「井田制」的土地制度。一里見方的土地劃作「井」字形，成九塊，每塊百畝，其中一塊做為公田，其餘八塊分給八家，八家同養公田。

③廛：這裡指民居，與「廛而不征」裡的「廛」所指不同。

④夫里之布：即「夫布」、「里布」。「夫布」，一夫的勞役稅；「里布」，一戶的地稅。布，古代的一種貨幣。

## 【譯文】

孟子說：「尊重賢人，任用能人，傑出的人在位，那麼天下的士人都會高興，而且願意到那個朝廷去做官；市場，提供場地存放貨物而不徵租賃稅，依照規定價格收購滯銷貨物，不使貨物積壓在貨場，那麼天下的商人都會高興，願意把貨物存放在那個市場上了；關卡，只檢查不徵稅，那麼天下的旅客都會高興，願意經過那條道路了；對於種田的人，只要他們助耕公田，不徵收私田的賦稅，那麼天下的農夫都會高興，願意在那樣的田野裡耕種了；人們居住的地方，沒有勞役稅和額外的地稅，那麼天下的人都會高興，願意來做那裡的百姓了。真能做到這五個方面，那麼鄰國的百姓就會像敬仰父母一樣敬仰他了。（鄰國要想率領這樣的百姓來攻打他，那正像是）率領子弟去攻打他們的父母，自有人類以來，沒有能成功的。像這樣就能無敵於天下。無敵於天下的人，是奉了上天使命的人。這樣還不能稱王的，是從來沒有過的事。」

【原文】

孟子曰：「人皆有不忍人之心①。先王有不忍人之心，斯有不忍人之政矣。以不忍人之心，行不忍人之政，治天下可運之掌上。所以謂人皆有不忍人之心者，今人乍②見孺子將入於井，皆有怵惕惻隱③之心，非所以內交④於孺子之父母也，非所以要譽⑤於鄉黨朋友也，非惡其聲而然也。由是觀之，無惻隱之心，非人也；無羞惡之心，非人也；無辭讓之心，非人也；無是非之心，非人也。惻隱之心，仁之端也；羞惡之心，義之端也；辭讓之心，禮之端也；是非之心，智之端也。人之有是四端也，猶其有四體也。有是四端而自謂不能者，自賊者也；謂其君不能者，賊其君者也。凡有四端於我者，知皆擴而充之矣，若火之始然，泉之始達。苟能充之，足以保四海；苟不充之，不足以事父母。」

【注釋】

①不忍人之心：憐憫心，同情心。

②乍：突然、忽然。

③怵惕：ㄔㄨˋ　ㄊㄧˋ，驚恐畏懼；惻隱：哀痛、同情。

④內交：內同「納」，內交即結交的意思。

⑤要（ㄧㄠ）譽：要同「邀」，要譽即博取名譽的意思。

## 【譯文】

孟子說：「人都有不忍傷害別人的心。先王有不忍傷害別人的心，才有不忍傷害別人的政治。用不忍傷害別人的心，施行不忍傷害別人的政治，那麼治理天下就會像在手掌中轉動它那麼容易。之所以說人都有不忍傷害別人的心，（根據在於，）假如現在有人忽然看到一個孩子要掉到井裡去了，都會有驚恐同情的心情——不是想藉此與孩子的父母攀交情，不是要在鄉鄰朋友中博取名聲，也不是討厭那孩子驚恐的哭叫聲才這麼做的。由此看來，沒有同情心的，不算人；沒有羞恥心的，不算人；沒有謙讓心的，不算人；沒有是非心的，不算人。同情心是仁的開端，羞恥心是義的開端，謙讓心是禮的開端，是非心是智的開端。人有這四種開端，就像他有四肢一樣。有這四種開端卻說自己不能行善的人，這是自己害自己；說他的君主不行，這是害他的君主。凡自身保有這四種開端的，就該懂得擴大充實它們，（它們就會）像火剛剛燃起，泉水剛剛湧出一樣，（不可遏止。）如果能擴充它們，就足以安定天下；如果不擴充它們，那就連侍奉父母都做不到。」

【原文】

孟子曰：「矢人①豈不仁於函人②哉？矢人唯恐不傷人，函人唯恐傷人。巫匠③亦然。故術④不可不慎也。孔子曰：『里仁為美。擇不處仁，焉得智？』夫仁，天之尊爵也，人之安宅也。莫之禦⑤而不仁，是不智也。不仁、不智，無禮、無義，人役也。人役而恥為役，由⑥弓人而恥為弓，矢人而恥為矢也。如恥之，莫如為仁。仁者如射：射者正己而後發；發而不中，不怨勝己者，反求諸己而已矣。」

【注釋】

①矢人：造箭的人。

②函人：造鎧甲的人。

③巫：以裝神弄鬼替人祈禱為職業的人。有的兼給人治病，稱為「巫醫」。匠，匠人，這裡特別指做棺材的木匠。

④術：這裡指選擇謀生之術，也就是選擇職業的意思。

⑤禦：阻擋。

⑥由：同「猶」，好像的意思。

## 【譯文】

孟子說：「造箭的人難道比造鎧甲的人不仁嗎？造箭的唯恐（造的箭不尖銳）不能射傷人，造鎧甲的唯恐（鎧甲不堅硬）使人被射傷。（求神治病的）巫醫和（做棺材的）木匠之間的關係也是這樣。所以謀生的職業不能不慎重選擇啊！孔子說：『住在有仁德的地方才好。經過選擇卻不住在有仁德的地方，哪能算聰明？』仁，是天（賦予人的）設定的最尊貴的爵位，是人最安定的住所。沒有誰阻擋他（行仁），他卻不仁，這是不明智。不仁、不智，無禮、無義，只配當別人的僕役。當了僕役而覺得當僕役羞恥，就像造弓的覺得造弓可恥，造箭的覺得造箭可恥一樣。如果真覺得可恥，不如就行仁。行仁的人就如比賽射箭：射箭手先要端正自己的姿勢，然後放箭；射不中，不怨恨贏了自己的人，只有反過來在自己身上找原因罷了。」

## 【原文】

孟子曰：「子路，人告之以有過，則喜。禹①聞善言，則拜。大舜有大焉，善與人同，舍己從人，樂取於人以為善。自耕稼、陶、漁以至為帝，無非取於人者。取諸人以為善，是與②人為善者也。故君子莫大乎與人為善。」

## 【注釋】

①禹：傳說中古代部落聯盟的領袖，曾奉舜命治理洪水，後成為夏朝開國君主。

②與：ㄩˇ，說明，讚許。

## 【譯文】

孟子說：「子路，別人指出他的過錯，他就高興。禹，聽到善言，就拜謝。偉大的舜又超過了他們，好品德願和別人共有，拋棄缺點，學人長處，樂於汲取別人的優點來修養自己的品德。舜從當農夫、陶工、漁夫，直到成為天子，沒有哪一點長處不是從別人那裡學來的。汲取眾人的長處來修養自己的品德，這又有助於別人培養品德。所以，君子沒有比幫助別人培養好品德更好的了。」

## 【原文】

孟子曰：「伯夷，非其君不事，非其友不友。不立於惡人之朝，不與惡人言。立於惡人之朝，與惡人言，如以朝衣朝冠坐於塗炭。推惡惡之心，思與鄉人立，其冠不正，望望然去之，若將浼焉。是故諸侯雖有善其辭命而至者，不受也。不受也者，是亦不屑就已。柳下惠①不羞汙君，不卑小官；進不隱賢，必以其道；遺佚而不怨，厄窮而不憫。故曰：『爾為爾，我為我，雖袒裼裸裎②於我側，爾焉能浼我哉？』故由由然與之偕而不自失焉，援而止之而止。援而止之而止者，是亦不屑去已。」孟子曰：「伯夷隘，柳下惠不恭。隘與不恭，君子不由也。」

## 【注釋】

①柳下惠：春秋時魯國大夫，姓展，名獲，字禽；因封邑在柳下（地名），諡號「惠」，故稱為柳下惠。

②袒裼（ㄒㄧˊ）裸裎（ㄔㄥˊ）：袒裼，肉體袒露；裸裎，露身。

## 【譯文】

孟子說：「伯夷，不是他理想的君主就不去侍奉，不是他中意的朋友就不去結交。不在惡人的朝廷裡做官，不與惡人交談。在惡人的朝廷裡做官，與惡人交談，就覺得像是穿戴著上朝的衣帽坐在泥土炭灰上一樣。把這種厭惡惡人的心情推廣，他就會想，如果與一個鄉下人站在一起，假如那人帽子戴得不正，就該生氣地離開他，就像會被他玷污似的。因此，諸侯即使有用動聽的言詞來請他做官，他也不接受。不接受，就是不屑於接近他們。柳下惠不認為侍奉壞君主是羞恥的事，也不因為官職小而瞧不起；到朝廷做官，不掩藏自己的賢能，一定按自己的原則行事；被國君遺棄而不怨恨，處境窮困而不憂傷。所以他說：『你是你，我是我，即使你赤身裸體地在我身旁，你又哪能玷污我呢？』所以他能高高興興地與這樣的人處在一起而不失去自己的風度，拉他留下，他就留下。拉他留下他就留下，這也就是不屑於離開罷了。」孟子又說：「伯夷狹隘，柳下惠不嚴肅。狹隘與不嚴肅，君子是不效仿的。」

## 【故事】

### 包拯一身正氣

包拯是北宋重臣，一生清明廉潔。在當上了開封知府後，他決心為當地的老百姓做一些好事。

在包拯那個年代，老百姓要想打官司，得先在衙門的外面擊鼓喊冤。等到公差走出來，接過狀子，將它轉交給辦案的官員，案子才能夠開堂審理。這樣的流程就給了公差們收小費的便利。告狀的人如果不給他們錢，公差們就會扣著狀子不送。窮苦的老百姓要想打官司還要受公差們的盤剝。實在拿不出錢的人，往往會有冤無處訴。

就任開封知府之後，包拯就貼出了告示，宣佈：凡是辦公的日子，衙門的大門都是開著的。要告狀的老百姓可以直接上公堂向他訴說冤情。從此以後，那些貧苦的老百姓就告狀有門了。透過這件事，老百姓更加信任包拯。

有一天，包拯剛剛來到公堂，就有一個人跌跌撞撞地跑上來告狀。原來，這個人和朋友喝酒時，帶了幾兩銀子，因為他酒量小，害怕喝醉酒後把銀子弄丟，就放在朋友那裡請他幫忙保管。喝酒時，這個人果然喝醉了；當他酒醒後向朋友討取銀子時，那個朋友卻說自己並沒有替他保管。兩個人就吵了起來。丟銀子的人沒有辦法，只好來找包拯打官司了。弄清原委後，包拯就傳喚被告。被告矢口否認幫原告保管銀子的事，原告、被告在公堂上爭吵起來。

包拯想出了一個辦法。他把這兩個人留在公堂上，讓公差偷偷地到被告家裡去，對被告的家人說：「你們家的主人已經說了真話了，他讓你們把銀子交出來。」被告的家人信以為真，乖乖地把銀子交出來。包拯拿到銀子重新開堂。被告看到銀子，也只好低頭認罪了。

包拯類似這樣的斷案實在是太多了。他斷案公道，為很多人伸了冤，所以名聲越來越大，

「包青天」的綽號也在老百姓之中慢慢傳開了。

包拯不僅斷案如神，在為人處事方面也有著不畏強權的優秀品格。當時東京城有一條惠民河。很多有錢有勢的人為了讓自己花園裡有山有水，就侵佔河岸兩邊的土地，不斷修建亭台花園，使得河道漸漸變窄。一下雨，河水就會上漲，兩岸百姓的民房就會被水淹。百姓苦不堪言。

包拯了解到這個情況之後，就發出一道命令：沿河的花園庭院一律拆毀，官府準備治理惠民河。那些有錢有勢的人聽到後都很不高興，但也認為包拯就是說說，不會認真去做，於是就都拖著不辦。

一天，包拯把這些人都傳到了公堂，責令他們拆毀自家沿河的建築。有一個宦官倚仗著自己的權勢公然對抗，聲稱他家的花園佔的是自家的土地，沒有理由拆除。包拯命令他拿出地契為證。經過檢查，包拯發現地契上面有塗改的痕跡。原來，這個宦官為了佔公地，私自改了地契上的數字。包拯非常氣憤，立即寫了一份奏章，報告給皇帝宋仁宗。宋仁宗眼看洪水威脅了京城的安全，也支持包拯懲辦這些人。包拯懲罰了那個宦官，別的人也就都害怕了，趕緊拆了花園，把多佔的土地讓了出來。隨後，包拯又組織民工開始徹底治理惠民河。

包拯無論為官還是斷案，都不畏權勢，在有權勢的人面前，他甚至很少露出笑容。當時的人們傳誦著這樣的歌謠：「黃河水難清，包拯笑比黃河清還難啊！」

古代人把家裡長輩對晚輩的教導，叫做家訓。包拯到了晚年，就立下一條家訓：「凡是做官的子孫，如果有貪圖錢財犯王法的，生前不許回到家鄉，死後也不許葬在家族的墳地裡。不聽我的這些話，就不是我的子孫。」包拯很看重這條家訓，他還親自找來石匠，把這條家訓刻在石碑上，豎在堂屋裡，以警示後人。

包拯的家人知道包拯說話算數、痛恨親人做犯法的事。望著石碑上的家訓，包家人又想起了以前發生的一件事情。

這一年，包拯到廬州去做官。廬州是他的家鄉，有許多的親戚和朋友。有的人認為包拯當了官，一定會為自己撐腰，想當然地認為做點壞事沒有關係。包拯的一個叔伯舅舅就仗勢欺人，幹了壞事犯了法，被人告到包拯那裡。這個叔伯舅舅覺得包拯能夠袒護他，結果包拯不但沒有這樣做，反而狠狠懲治了他。這件事情傳了出去，老百姓都稱讚他公事公辦，包拯的親戚朋友也都老實了，再也沒有人去求包拯。在當地流傳著這樣的話：關節不到，有閻羅包老。意思是：什麼關節也打不動包拯，他不講情面，就像閻羅王一樣。

西元1062年5月的一天，包拯還在公堂上辦事，突然感到身體不太舒服。他手下的人就趕緊把他送回家休息。但是沒有過幾天，包拯就病逝了。得知包拯過世的消息後，東京城裡很多人都

嘆息連連，有些人還傷心地痛哭起來。宋仁宗停止上朝，親自到包家慰問，還派人將包拯的遺體護送回老家安葬。

綜觀包拯的一生，可謂是兩袖清風、公正清廉，生前得到了人們的讚揚，死後也被當作清官的典型，被人們尊稱為「包公」。包拯的一身正氣，在歷史上留下了光輝的一筆。

**【評論】**

歷史上的包拯是一個充滿了浩然之氣的朝廷重臣，舞臺上的包公則畫了個大黑臉，顯得很威嚴，這表達了後人對包拯鐵面無私品格的尊敬。一個人只有不斷努力，持之以恆，將道義融入心中，才能夠積聚浩然之氣。

# 第四篇

## 公孫丑（下）——道義的力量無窮大

## 【原文】

孟子曰：「天時①不如地利，地利②不如人和③。三里之城④，七里之郭⑤，環而攻之而不勝。夫環而攻之，必有得天時者矣，然而不勝者，是天時不如地利也。城非不高也，池⑥非不深也，兵革非不堅利也，米粟⑦非不多也，委⑧而去之，是地利不如人和也。故曰：域⑨民不以封疆之界，固⑩國不以山溪之險，威天下不以兵革之利。得道者多助，失道者寡助。寡助之至，親戚畔⑪之；多助之至，天下順之。以天下之所順，攻親戚之所畔，故君子有不戰⑫，戰必勝矣。」

## 【注釋】

①天時：指有利於戰爭的時令、氣候、天象等。

②地利：指城高池深、山川險要等對攻守有利的地理環境。

③人和：指人心所向、上下團結。

④城：古代城市有內外之分，內城稱「城」。

⑤郭：古代城市有內外之分，外城稱「郭」。

⑥池：護城河。

⑦米粟：米，去皮殼的穀物。特別指稻米；粟，穀子，去皮殼後稱小米。米粟，泛指糧食。

⑧委：放棄。
⑨域：區域，範圍。此處指限定範圍。
⑩固：鞏固。
⑪畔：通「叛」，背叛。
⑫有不戰：意指不應或不必用戰爭的手法解決問題時就不用戰爭。

## 【譯文】

孟子說：「有利的天時不如有利的地勢，有利的地勢不如人心的團結。三里的內城，七里的外城，包圍起來攻打它，卻不能取勝。包圍起來攻打它，必定有得天時的戰機，然而卻不能取勝，這是有利的天時不如有利的地勢。城牆不是不高，護城河不是不深，兵器鎧甲不是不堅利，糧食不是不多，（可是敵人一來卻）棄城逃離，這便是有利的地勢不如人心的團結。所以說，留住人民不遷逃，不靠國家的疆界，鞏固國家不靠山川的險阻，威服天下不靠兵器鎧甲的堅利。得到仁義的人，幫助他的就多；失掉仁義的人，幫助他的就少。幫助他的人少到極點，連家裡人都背叛他；幫助他的人多到極點，天下的人都歸順他。讓天下人都歸順他的人去攻打連家裡人都背叛他的人，（必然所向無敵；）所以君子不戰則罷，戰則必勝。」

## 【原文】

孟子將朝王①，王使人來曰：「寡人如②就見者也，有寒疾，不可以風。朝，將視朝③，不識④可使寡人得見乎？」

對曰：「不幸而有疾，不能造⑤朝。」

明日，出弔於東郭氏⑥。公孫丑曰：「昔者辭以病，今日弔，或者不可乎？」

曰：「昔者疾，今日愈，如之何不弔？」

王使人問疾，醫來。

孟仲子⑦對曰：「昔者有王命，有采薪之憂⑧，不能造朝。今病小愈，趨造於朝，我不識能至否乎。」

使數人要⑨於路，曰：「請必無歸，而造於朝！」

不得已而之景丑氏⑩宿焉。

景子曰：「內則父子，外則君臣，人之大倫也。父子主恩，君臣主敬。醜見王之敬子也，未見所以敬王也。」

曰：「惡！是何言也！齊人無以仁義與王言者，豈以仁義為不美也？其心曰：『是何足與言仁義也』云爾，則不敬莫大乎是。我非堯、舜之道，不敢以陳於王前，故齊人莫如我敬王也。」

景子曰：「否，非此之謂也。禮曰：『父召無諾⑪；君命召不俟駕⑫。』固將朝也，聞王命而遂不果，宜⑬與夫禮若不相似然。」

曰：「豈謂是與？曾子曰：『晉楚之富，不可及也；彼以其富，我以吾仁；彼以其爵，我以吾義，吾何慊⑭乎哉？』夫豈不義而曾子言之？是或一道也。天下有達尊三：爵一，齒一，德一。朝廷莫如爵，鄉黨莫如齒，輔世長民莫如德。惡得有其一以慢其二哉？故將大有為之君，必有所不召之臣；欲有謀焉，則就之。其尊德樂道，不如是，不足與有為也。故湯之於伊尹，學焉而後臣之，故不勞而王；桓公之於管仲，學焉而後臣之，故不勞而霸。今天下地醜德齊，莫能相尚，無他．好臣其所教，而不好臣其所受教。湯之於伊尹，桓公之於管仲，則不敢召。管仲且猶不可召，而況不為管仲者乎？」

**【注釋】**

①王：指齊王。

②如：宜，當，應當。

③朝，將視朝：第一個「朝」讀ㄓㄠ，即「清晨」的意思：第二個「朝」讀ㄔㄠˊ，意即「朝廷」，視朝：即在朝廷處理政務。

④不識：不知。

⑤造：到，上。

⑥東郭氏：齊國的大夫。

⑦孟仲子：孟子的堂兄弟，跟隨孟子學習。

⑧采薪之憂：本意是說有病不能去打柴，引申為自稱生病的代名詞。薪，柴草。

⑨要：一幺，攔截。

⑩景丑氏：齊國的大夫。

⑪父召無諾《禮記．曲禮》：「父召無諾，先生召無諾，唯而起。」「唯」和「諾」都是表示應答，急時用「唯」，緩時用「諾」。父召無諾的意思是說，聽到父親叫，不等說「諾」就要起身。

⑫不俟駕：不等到車馬備好就起身。

⑬宜：義同「殆」，大概，恐怕。

⑭慊：く一せˋ憾，少。

【譯文】

孟子準備去朝見齊王，恰巧齊王派了個人來轉達說：「我本應該來看您，但是感冒了，吹不得風。明早我將上朝處理政務，不知您能否來朝廷上，讓我見到您？」

孟子回答說：「不幸得很，我也有病，不能上朝廷去。」

第二天，孟子要到東郭大夫家裡去弔喪。公孫丑說：「昨天您託辭生病謝絕了齊王的召見，今天卻又去東郭大夫家裡弔喪，這或許不太好吧？」

孟子說：「昨天生病，今天好了，為什麼不可以去弔喪呢？」

齊王打發人來問候孟子的病，並且帶來了醫生。孟仲子應付說：「昨天大王命令來時，他正生著病，不能上朝廷去。今天病剛好了一點，已經上朝廷去了，但我不知道他能否到達。」

孟仲子又立即派人到路上去攔孟子，轉告孟子說：「請您無論如何不要回家，而趕快上朝廷去！」

孟子不得已而到景丑的家裡去住宿。景丑說：「在家庭裡有父子，在家庭外有君臣，這是人與人之間最重要的倫理關係。父子之間以慈恩為主，君臣之間以恭敬為主。我只看見齊王尊敬您，卻沒看見您尊敬齊王。」

孟子說：「哎！這是什麼話！在齊國人中，沒有一個與齊王談論仁義的。難道是他們覺得仁義不好嗎？不是。他們心裡想的是：『這樣的王哪裡配和他談論仁義呢？』這才是他們對齊王最大的不恭敬。至於我，不是堯、舜之道就不敢拿來向齊王陳述。所以，齊國人沒有誰比我更對齊王恭敬了。」

景丑說：「不，我不是說的這個方面。禮經上說過，父親召喚，不等到應『諾』，『唯』一聲就起身；君王召喚，不等到車馬備好就起身，可是您呢？本來就準備朝見齊王，聽到齊王的召見卻反而不去了，這似乎和禮經上所說的不大相合吧！」

孟子說：「原來你說的是這個呀！曾子說過：『晉國和楚國的財富，沒有人趕得上。不過，他有他的財富，我有我的仁；他有他的爵位，我有我的義。我有什麼不如他的呢？』曾子說這些話難道沒有道理嗎？應該是有道理的吧！天下有三樣最尊貴的東西：一樣是爵位，一樣是年齡，一樣是德行。在朝廷上最尊貴的是爵位；在鄉里最尊貴的是年齡；至於輔助君王治理百姓，最尊貴的是德行．他怎麼能夠憑爵位就來怠慢我的年齡和德行呢？所以，大有作為的君主一定有他不能召喚的大臣，如果他有什麼事情需要出謀劃策，就親自去拜訪他們。這就叫尊重德行喜愛仁道，不這樣，就不能夠做到大有作為。因此，商湯對於伊尹，先向伊尹學習，然後才以他為臣，於是不費大力氣就統一了天下；桓公對於管仲，也是先向他學習，然後才以他為臣，於是不費大力氣就稱霸於諸侯。現在，天下各國的土地都差不多，君主的德行也都不相上下，相互之間誰也不能高出一籌，沒有別的原因，就是因為君王們只喜歡用聽他們的話的人為臣，而不喜歡用能夠教導他們的人為臣。商湯對於伊尹，桓公對於管仲就不敢召喚。管仲尚且不可以被召喚，更何況連管仲都不屑於做的人呢？」

## 【原文】

陳臻①問曰：「前日於齊，王餽兼金②一百而不受；於宋，餽七十鎰③而受；於薛，餽五十鎰而受。前日之不受是，則今日之受非也；今日之受是，則前日之不受非也。夫子必居一於此矣。」

孟子曰：「皆是也。當在宋也，予將有遠行，行者必以贐，辭曰：『餽贐。』予何為不受？當在薛也，予有戒心，辭曰：『聞戒，故為兵餽之。』予何為不受？若於齊，則未有處也。無處而餽之，是貨之也。焉有君子而可以貨取乎？」

## 【注釋】

①陳臻：孟子弟子。

②金：古代所說的金，多是指黃銅。

③鎰：ㄧˋ，古代的重量單位之一，二十兩為一鎰。

## 【譯文】

陳臻說：「以前在齊國，齊王送您一百鎰好金您不接受；在宋國，送您七十鎰，您接受了；在薛，送您五十鎰，您接受了。如果以前不接受是對的，那麼後來接受就是錯的；後來接受如果是對的，那麼以前不接受就是不對的。在這兩種情況中，您必定處於其中的一種了。」

孟子說：「都是對的。當在宋國的時候，我將要遠行，遠行的人必然要用些路費，宋君說：『送點路費（給你）。』我為什麼不接受？當在薛地的時候，我有防備（在路上遇害）的打算，主人說：『聽說需要防備，所以送點錢給你買兵器。』我為什麼不接受？至於在齊國，就沒有（送錢的）理由。沒有理由而贈送，這是收買我啊！哪有君子可以用錢收買的呢？」

**【原文】**

孟子之平陸①，謂其大夫②曰：「子之持戟之士，一日而三失伍，則去之否乎？」

曰：「不待三。」

「然則子之失伍也亦多矣。凶年饑歲，子之民，老羸轉於溝壑，壯者散而之四方者，幾千人矣。」

曰：「此非距心之所得為也。」

曰：「今有受人之牛羊而為之牧之者，則必為之求牧與芻矣。求牧與芻而不得，則反諸其人乎？抑亦立而視其死與？」

曰：「此則距心之罪也。」

他日，見於王曰：「王之為都者，臣知五人焉。知其罪者，惟孔距心。」為王誦之。

王曰：「此則寡人之罪也。」

**【注釋】**

①平陸：齊國邊境的邑，在今山東汶上縣北。

②大夫：這裡指地方上的行政長官。

## 【譯文】

孟子到了平陸，對那裡的長官（孔距心）說：「如果你的衛士一天三次擅離職守，開除不開除他呢？」

孔距心說：「不必等三次。」

（孟子說：）「那麼您失職的地方也夠多的了。荒年饑歲，您的百姓，年老體弱拋屍露骨在山溝的，年輕力壯逃荒到四方的，將近一千人了。」

孔距心說：「這個問題不是我能夠解決的。」

孟子說：「假如現在有個人，接受了別人的牛羊而替他放牧，那麼必定要為牛羊尋找牧場和草料了。如果找不到牧場和草料，那麼是把牛羊還給那個人呢？還是就站在哪兒眼看著牛羊餓死呢？」

孔距心說：「這是我的罪過。」

往後的某一天，孟子朝見齊王說：「大王的地方長官我認識五個，能認識自己罪過的，只有孔距心。」（孟子）給齊王復述了一遍他與孔距心的談話。

齊王說：「這是我的罪過啊！」

**【原文】**

孟子謂蚳蛙①曰：「子之辭靈丘②而請士師③，似也，為其可以言也。今既數月矣，未可以言與？」

蚳蛙諫於王而不用，致為臣而去。齊人曰：「所以為蚳蛙則善矣；所以自為，則吾不知也。」

公都子④以告。

曰：「吾聞之也：有官守者，不得其職則去；有言責者，不得其言則去。我無官守，我無言責也，則吾進退，豈不綽綽然有餘裕哉？」

**【注釋】**

①蚳（ㄔˊ）蛙：齊國大夫。

②靈丘：齊國邊境邑名。

③士師：官名，管禁令、獄訟、刑罰等，是法官的通稱。

④公都子：孟子的學生。

## 【譯文】

孟子對蚳鼃說：「您辭去靈丘縣長而請求做法官，這似乎有道理，因為可以向齊王進言。可現在你已經做了好幾個月的法官了，還不能向齊王進言嗎？」

蚳鼃向齊王進諫，齊王不聽。蚳鼃因此辭職而去。齊國人說：「孟子為蚳鼃的考慮倒是有道理，但是他怎樣替自己考慮呢？我們就不知道了。」

公都子把齊國人的議論告訴了孟子。

孟子說：「我聽說過：有官位的人，如果無法盡其職責就應該辭官不幹；有進言責任的人，如果進言不聽，計不從，就應該辭職不幹。至於我，既無官位，又無進言的責任，那我的進退去留，豈不是非常寬鬆而有自由的迴旋餘地嗎？」

## 【原文】

孟子為卿於齊，出弔於滕，王使蓋大夫王驩為輔行。王驩朝暮見，反齊、滕之路，未嘗與之言行事也。

公孫丑曰：「齊卿之位，不為小矣；齊、滕之路，不為近矣，反之而未嘗與言行事，何也？」

曰：「夫既或治之，予何言哉？」

## 【譯文】

孟子在齊國擔任國卿，受命到滕國弔喪，齊王派蓋地的長官王驩為孟子的副使。王驩早晚與孟子相見，一起往返於齊國至滕國的路上，孟子卻從來沒有與他商量過怎樣辦理公事。

公孫丑說：「王驩做為齊國國卿的職位不算小了，從齊國到滕國的路程也不算近了，但往返途中未曾與他談過公事，這是為什麼呢？」

孟子說：「他既然已經自作主張辦事了，我還有什麼話可說呢？」

【原文】

孟子自齊葬於魯①，反於齊，止於嬴②。

充虞③請曰：「前日不知虞之不肖，使虞敦匠事④。嚴⑤，虞不敢請．今願竊有請也：木若以⑥美然。」

曰：「古者棺槨無度⑦，中古⑧棺七寸，槨稱之。自天子達於庶人，非直為觀美也，然後盡於人心。不得⑨，不可以為悅；無財，不可以為悅。得之為⑩有財，古之人皆用之，吾何為獨不然？且比⑪化者⑫無使土親膚，於人心獨無恔⑬乎？吾聞之：君子不以天下儉其親。」

【注釋】

①自齊葬於魯：孟子在齊國時，隨行的母親去世，孟子從齊國把母親遺體送回魯國安葬。

②嬴：地名，故城在今山東萊蕪西北。

③充虞：孟子的學生。

④敦：治，管。匠事：木匠製作棺材的事。

⑤嚴：急，忙。

⑥以：太。

⑦棺槨（ㄍㄨㄛˇ）無度：古代棺材分內外兩層，內層叫棺，外層的套棺叫槨。棺槨無度是說

棺與槨都沒有尺寸規定。

⑧中古：指周公治禮以後的時代。

⑨不得：指禮制規定所不允許。

⑩為：這裡是「與」的意思。

⑪比：為了。

⑫化者：死者。

⑬恔：ㄒㄧㄠˋ，快慰，滿足。

## 【譯文】

孟子從齊國到魯國安葬母親後返回齊國，住在嬴縣。

學生充虞請教說：「前些日子承蒙老師您不嫌棄我，讓我管理做棺槨的事。當時大家都很忙碌，我不敢來請教。現在我想把心裡的疑問提出來請教老師：棺木似乎太好了一點吧！」

孟子回答說：「上古對於棺槨用木的尺寸沒有規定；中古時規定棺木厚七寸，槨木以與棺木的厚度相稱為準。從天子到老百姓，講究棺木的品質並非僅僅是為了美觀，而是因為要這樣才能盡到孝心。為禮制所限不能用上等木料做棺槨，不能夠稱心；沒有錢不能用上等木料做棺槨，也不能夠稱心。既為禮制所允許，又有財力，古人都會這麼做，我又怎麼不可以呢？況且，這樣做不過是為了不讓泥土沾上死者的屍體，難道孝子之心就不可以有這樣一點滿足嗎？我聽說過：君子不因為天下大事而節省應該用在父母身上的錢財。」

## 【原文】

沈同①以其私問曰：「燕可伐與？」

孟子曰：「可。子噲不得與人燕，子之不得受燕於子噲②。有仕③於此，而子悅之，不告於王而私與之吾子之祿爵，夫士也，亦無王命而私受之於子，則可乎？何以異於是？」

齊人伐燕。

或問曰：「勸齊伐燕，有諸？」

曰：「未也。沈同問『燕可伐與』，吾應之曰，『可』，彼然而伐之也。彼如曰：『孰可以伐之？』則將應之曰：『為天吏，則可以伐之。』今有殺人者，或問之曰：『人可殺與？』則將應之曰：『可。』彼如曰：『孰可以殺之？』則將應之曰：『為士師，則可以殺之。』今以燕伐燕，何為勸之哉？」

## 【注釋】

①沈同：齊國大臣。

②其事參見《梁惠王下》第十、十一章及本篇下一章。

③仕：同「士」。

## 【譯文】

沈同以個人名義問道：「燕國可以討伐嗎？」

孟子說：「可以。子噲不得把燕國讓給別人，子之不得從子噲那裡接受燕國。比方說，這裡有個士人，您喜歡他，就不稟告君王而私自把自己的俸祿、爵位讓給他，那個士人也不經君王同意，私自從您那裡接受俸祿和爵位，這樣行嗎？（子噲）讓君位的事，與這有什麼兩樣？」

齊國攻打燕國。

有人問道：「（您）鼓勵齊國攻打燕國，有這回事嗎？」

孟子說：「沒有。沈同問『燕國可以征伐嗎？』我答覆他說『可以』，他們認為這個說法對，便去征伐燕國。他如果問『誰能去征伐燕國？』那我將答覆他說：『奉了上天使命的人才可以去征伐。』就好比這裡有個殺人犯，如果有人問我：『這個人該殺嗎？』我就回答說：『可以。』他如果再問：『誰可以去殺這個殺人犯？』那我就會回答他：『做法官的才可以殺他。』現在，讓一個跟燕國一樣無道的國家去征伐燕國，我為什麼要鼓勵它呢？」

## 【原文】

燕人畔。王曰：「吾甚慚於孟子①。」

陳賈②曰：「王無患焉。王自以為與周公孰仁且智？」

王曰：「惡！是何言也！」

曰：「周公使管叔監殷，管叔以殷畔③。知而使之，是不仁也；不知而使之，是不智也。仁智，周公未之盡也，而況於王乎？賈請見而解之。」

見孟子，問曰：「周公何人也？」

曰：「古聖人也。」

曰：「使管叔監殷，管叔以殷畔也，有諸？」

曰：「然。」

曰：「周公知其將畔而使之與？」

曰：「不知也。」

「然則聖人且有過與？」

曰：「周公，弟也；管叔，兄也。周公之過，不亦宜乎？且古之君子，過則改之；今之君子，過則順之。古之君子，其過也，如日月之食，民皆見之；及其更也，民皆仰之。今之君子，豈徒順之，又從為之辭。」

## 【注釋】

①齊國佔領燕國時，孟子曾向齊宣王提出，為燕立一君主而後撤離。齊王不聽。兩年內，燕人不服；趙國等諸侯國也反對齊吞併燕，怕齊國因此而變得更強大，於是立燕昭王，燕人擁護，迫使齊軍敗退撤回。

②陳賈：齊國大夫。

③周武王滅商後，封紂王之子武庚於其舊都，派其弟管叔、蔡叔、霍叔去監視殷的遺民。武王死後，成王幼，周公執政，管叔等和武庚反叛，後周公平定了叛亂。

## 【譯文】

燕國人反抗（齊國的佔領）。齊王說：「對孟子我感到很慚愧。」

陳賈說：「大王不必發愁。大王如果在仁和智方面與周公相比較，自己覺得誰強一些？」

齊王說：「咳！這是什麼話！」

陳賈說：「周公派管叔去監察殷人，管叔卻帶著殷人叛亂。（如果周公）知道他會反叛還派他去，這是不仁；如果不知道他會反叛而派他去，這是不智。仁和智，周公還未能完全具備，何況您大王呢？請允許我見到孟子時向他做些解釋。」

陳賈見到孟子，問道：「周公是怎樣一個人？」

孟子說：「古代的聖人。」

陳賈說：「他派管叔監察殷人，管叔卻帶著殷人叛亂，有這回事嗎？」

孟子說：「是這樣。」

陳賈說：「周公是知道他會反叛而派他去的嗎？」

孟子說：「（周公）不知道。」

「既然這樣，那麼（豈不是）聖人也會有過錯嗎？」

孟子說：「周公是弟弟，管叔是哥哥，（誰能料到哥哥會背叛呢？）周公的過錯，不也是情有可原的嗎？況且，古代的君子，犯了過錯就改正；現在的君子，犯了過錯卻照樣犯下去。古代的君子，他的過錯就像日食、月食一樣，人民都能看到；等他改正後，人民都仰望著他。現在的君子，豈只是堅持錯誤，竟還為錯誤做辯解。」

【原文】

孟子致為臣而歸。王就見孟子，曰：「前日願見而不可得，得侍同朝，甚喜；今又棄寡人而歸，不識可以繼此而得見乎？」

對曰：「不敢請耳，固所願也。」

他日，王謂時子①曰：「我欲中國而授孟子室，養弟子以萬鍾②，使諸大夫國人皆有所矜式。子盍為我言之？」

時子因陳子③而以告孟子，陳子以時子之言告孟子。

孟子曰：「然，夫時子惡知其不可也？如使予欲富，辭十萬而受萬，是為欲富乎？季孫④曰：『異哉子叔疑⑤！使己為政，不用，則亦已矣，又使其子弟為卿。人亦孰不欲富貴？而獨於富貴之中有私龍斷焉。』古之為市也，以其所有易其所無者，有司者治之耳。有賤丈夫焉，必求龍斷而登之，以左右望，而罔市利。人皆以為賤，故從而征之。征商自此賤丈夫始矣。」

【注釋】

①時子：齊國大夫。

②鍾：古代容量單位，一鍾合古代的六石四斗。

③陳子：即陳臻，孟子弟子。
④季孫：人名，事蹟不詳。
⑤子叔疑：人名，事蹟不詳。

## 【譯文】

孟子辭掉齊國的官職要回鄉。齊王到孟子住處去見他，說：「過去想見您而不可能，（後來）能在一個朝廷裡共事，我非常高興；現在您要撇下我回去了，不知今後還能見到您不？」

孟子回答道：「我不敢要求（與大王相見）罷了，這本來就是我所希望的。」

過後的某一天，齊王對時子說：「我打算在都城裡給孟子一所房屋，用一萬鍾糧食供養他的弟子，讓大夫和百姓都有個效法的榜樣。你何不替我去對孟子談談這件事呢？」

時子透過陳子把（齊王的打算）告訴給孟子，陳子就把時子的話告訴了孟子。

孟子說：「是啊，時子哪知道這件事是不能做的呢？如果我想富，辭掉了十萬鍾的俸祿卻來接受這一萬鍾的賞賜，這是想要富嗎？季孫說：『真奇怪啊！子叔疑這個人！想讓自己做官，沒被任用，那也就算了，卻又叫他的子弟去做卿。人們誰不想富貴？而偏偏在富貴之中有人想獨自壟斷。』古時候做買賣，是拿自己所有的東西交換所沒有的東西，有關部門的官吏管理這種事罷了。有個下賤的漢子，總要找塊高地登上去，用來左右張望，（企圖）把市集貿易的好處都撈到。人人都認為他卑鄙，於是就對他徵稅。對商人徵稅就是從這個下賤的漢子開始的。」

【原文】

孟子去齊，宿於晝①。有欲為王留行者，坐而言。不應，隱几而臥。

客不悅曰：「弟子齊②宿而後敢言，夫子臥而不聽，請勿復敢見矣。」

曰：「坐！我明語子。昔者魯繆公無人乎子思之側，則不能安子思③；泄柳、申詳無人乎繆公之側，則不能安其身④。子為長者慮，而不及子思；子絕長者乎？長者絕子乎？」

【注釋】

①晝：齊國邑名，在今山東臨淄附近。

②齊：同「齋」，齋戒。古人在有重大事情前，沐浴更衣，不飲酒，不吃葷，以示誠敬，稱齋戒。

③魯繆公是魯國國君，名顯，西元前四〇九年～西元前三七七年在位。子思，名孔伋，孔子之孫。魯繆公尊敬子思，常派人在子思身邊伺候致意，使子思安心。

④泄柳、申詳：同為魯繆公時賢人。泄柳亦稱子柳；申詳，孔子弟子子張之子。他們二人認為，如果沒有賢者在左右維護君主，自身就感到不安。

## 【譯文】

孟子離開齊國，在晝邑宿夜。有個想為齊王挽留孟子的人，恭敬地坐著跟孟子說話。孟子不搭理他，靠著小桌子打盹。

客人不高興地說：「我先齋戒了一天，然後才敢來與您說話，您卻睡覺不聽我說，今後再不敢來見您了。」（說完，起身要走。）

孟子說：「坐下，我明白地告訴你，從前，魯繆公要是沒有人在子思身邊（伺候致意），就不能使子思安心留下；要是沒有賢人在魯繆公身邊，就不能使泄柳、申詳（在魯國）自己安心。你替我這個長輩著想，卻想不到為子思考慮的那些賢人；（光勸我留下而不去勸齊王改變態度，）這是你跟我這個長輩絕情了呢？還是我這個長輩跟你絕情了呢？」

【原文】

孟子去齊。尹士①語人曰：「不識王之不可以為湯武，則是不明也；識其不可，然且至，則是干②澤也。千里而見王，不遇故去，三宿而後出晝，是何濡滯也？士則茲不悅。」

高子③以告。

曰：「夫尹士惡知予哉？千里而見王，是予所欲也；不遇故去，豈予所欲哉？予不得已也。予三宿而出晝，於予心猶以為速，王庶幾改之，王如改諸，則必反予。夫出晝，而王不予追也，予然後浩然有歸志。予雖然，豈舍王哉？王由足用為善。王如用予，則豈徒齊民安，天下之民舉安。王庶幾改之！予日望之！予豈若是小丈夫然哉？諫於其君而不受，則怒，悻悻然見於其面，去則窮日之力而後宿哉？」

尹士聞之，曰：「士誠小人也。」

【注釋】

①尹士：齊國人。

②干：求。

③高子：齊國人，孟子弟子。

## 【譯文】

孟子離開齊國。尹士對人說：「不知道齊王不能成為商湯、周武王那樣的君主，那就是不明智；知道齊王不可能，然而還是到齊國來，那就是為著來求好處。不遠千里地來見齊王，不相投合而離開，在晝邑住了三夜才走，為什麼這樣滯留遲緩呢？我對（孟子）這一點很不高興。」

高子把這番話告訴了孟子。

孟子說：「那尹士哪會懂得我（的想法）呢？千里迢迢來見齊王，這是我自己願意的；不相投合而離開，難道也是我希望的嗎？我是不得已罷了。我住了三夜才離開晝邑，在我心裡還覺得太快了，（心想）齊王或許會改變態度的，齊王如果改變了態度，一定會召我回去。（等到）離開了晝邑，齊王沒有（派人）追我回去，我這才毅然下定決心回老家去。我雖然這麼做了，難道肯捨棄齊王嗎？齊王還是完全可以行善政的。齊王如果任用我，那豈只是齊國的百姓得到安寧，天下的百姓都能得到安寧。齊王或許會改變態度的！我天天期望著他能改變！我難道像那種氣度狹小的人嗎？向君主進諫不被接受，就怒氣沖沖，臉上顯露出不滿的表情，離開時就非得拼盡一天的氣力趕路，然後才歇宿嗎？」

尹士聽了這話，說：「我真是個小人啊！」

## 【原文】

孟子去齊，充虞①路問曰：「夫子若有不豫色然。前日虞聞諸夫子曰：『君子不怨天，不尤人。』②」

曰：「彼一時，此一時也。五百年必有王者興，其間必有名世者。由周而來，七百有餘歲矣。以其數，則過矣；以其時考之，則可矣。夫天未欲平治天下也，如欲平治天下，當今之世，舍我其誰也？吾何為不豫哉？」

## 【注釋】

①充虞：孟子弟子。

②此句是孔子之語，見《論語．憲問》。

## 【譯文】

孟子離開齊國，充虞在路上問道：「老師似乎有些不愉快的樣子。以前我聽您說過：『君子不抱怨天，不責怪人。』」

孟子說：「那是一個時候，現在又是一個時候。每過五百年必定會有聖王出現，這期間也必定會有聞名於世的賢才。從周以來，已經七百多年了。按年數說，已經超過了；按時勢來考察，該出現聖君賢臣了。上天還不想讓天下太平罷了，如果想讓天下太平，在當今這個時代，除了我，還有誰（能擔當這個重任）呢？我為什麼不愉快呢？」

【原文】

孟子去齊，居休①。公孫丑問曰：「仕而不受祿，古之道乎？」曰：「非也。於崇②，吾得見王，退而有去志，不欲變，故不受也。繼而有師命，不可以請。久於齊，非我志也。」

【注釋】

①休：地名，在今山東滕縣北，距孟子家約百里。

②崇：地名，不可考。

【譯文】

孟子離開齊國，停住在休地。公孫丑問道：「做了官卻不接受俸祿，這是古代的規矩嗎？」孟子回答道：「不是的。在崇地，我見到了齊王，回來後就有了離開齊國的想法，我不想改變（這個想法），所以不接受（俸祿）。接著齊國有戰事，不便請求離開。長時間待在齊國，不是我的意願。」

【故事】

## 諸葛亮七擒孟獲有道義

劉備是一個很講義氣的人，西元221年7月，他率領軍隊征伐東吳，為好兄弟關羽報仇。因為準備不充分，行動倉促，身邊缺少有力的幹將，於西元222年7月敗北，退到永安進行修養生息。在永安，劉備的病一天比一天重，他知道自己的日子不多了，於是把諸葛亮從成都召到了永安，囑咐完後事沒多久就死了。諸葛亮趕緊回到了成都，扶助劉禪繼承了帝位，歷史上稱為蜀漢後主。劉禪雖然當了皇帝，但朝廷的大小事都由諸葛亮來決定。諸葛亮治理國家兢兢業業，目的是想使蜀漢興盛起來，這也是先主劉備的最大願望。

蜀國統治的地區位於中國的西南一方，當地有很多少數民族。劉備在位時期，他們歸服於蜀；聽說劉備死了，南中地區的幾個郡就起來鬧事了。當時有一個叫雍闓的人，是益州郡的豪強。他發動了叛變，殺死了益州太守，投靠蜀國的對手吳國，又拉攏一個少數民族的首領孟獲，鼓惑他聯絡西南一些部族起來造反。

當時的情勢較為危急，蜀國一半的領土處於不穩定的狀態。諸葛亮心急如焚，思前想後，認為先要穩住自己的陣腳。在外交上，他主動與東吳講和；在國內，他獎勵生產，興修水利，積蓄糧食，訓練兵馬。兩三年之後，蜀國的局面已經穩定，諸葛亮決定出兵南征。

在西元225年的3月，諸葛亮率領大軍出發。參軍馬謖一直送行了幾十里地。在最後臨別的時候，諸葛亮誠懇地向他徵求意見。馬謖建議，對待南中的人應以攻心為上，攻城為下，只有讓他們從內心敬服，才能夠一勞永逸的征服那裡。他的一番話正合諸葛亮的心意。

在征伐叛亂的初期，蜀軍節節勝利，四個郡的叛亂很快就平定了。但是酋長孟獲收集了一些散兵游勇，繼續與蜀國對抗。孟獲並非等閒之輩，他驍勇善戰，在當地各族民眾中很有威望。對付這樣的人，採取強硬的方式效果並不好。諸葛亮想起馬謖說過的話，就決心讓孟獲歸服於自己。為了達到這個目的，諸葛亮下令要活捉孟獲，不許傷害他。

與孟獲的軍隊交戰，蜀軍故意敗退下來。孟獲一看蜀軍也不過如此，於是就仗著人多一股勁向前衝，結果中了蜀軍的埋伏。孟獲的軍隊被打得四處逃散，孟獲也被俘虜了。

孟獲剛一被押進蜀軍的大營，諸葛亮就叫人給他鬆綁，並好言歸勸他歸服蜀國。孟獲對這次交戰的結果很不服氣，說：「我這次輸了，是因為不小心中了你們的計。」諸葛亮看他不服輸，就陪他在軍營外轉了一圈，讓孟獲看看蜀軍的軍營和陣容。

看完之後，諸葛亮問他：「你覺得我們的軍隊怎麼樣？」

孟獲說：「以前沒有弄清虛實就與你們打仗，結果敗了。承蒙你讓我看了你們的軍隊，也不過如此，打贏你們不成問題。」

諸葛亮笑道：「既然你不服氣，你就回去，好好準備一下，擇日再戰。」

孟獲回到自己的部落重整旗鼓，但他是一個有勇少謀之人，所以第二回又被蜀軍捉住了。然後又有第三回、第四回……捉了放，放了捉，如此這般，一直到了第七次。

孟獲第七次被捉住的時候，諸葛亮還要放他走，這次孟獲卻再也不願走了。他被諸葛丞相的誠意所打動，流著眼淚說：「丞相七擒七縱，待我仁至義盡。我從心底裡敬服，今後再也不敢造反了。」回去之後，孟獲不但不造反，還說服其他部落的人歸服蜀漢。

諸葛亮讓孟獲和各部落的首領照舊管理他們原來的地區。有人不理解，就問他：「征服南中地區多不容易啊！為什麼朝廷不派官吏來，而讓這些頭領來管理呢？」

諸葛亮說：「如果我們派官吏來管理，不但沒有好處，而且非常不方便。要派官，就要在當地駐紮軍隊。剛剛打完仗，當地需要休養生息，要減少不必要的負擔。讓各部落自己管理自己，漢人與他們平安相處，不是非常好嗎？」諸葛亮的一番話讓眾人敬佩不已。

安排妥當之後，諸葛亮率領蜀軍回到成都。七擒孟獲讓諸葛亮很好地穩住了自己的大後方。自此，諸葛亮廣積財富，訓練軍隊，準備大舉北伐。

**【評論】**

諸葛亮是一個奇才，他上知天文，下曉地理，熟悉兵法，用兵如神，有安邦治國的雄才大略。他在與孟獲打仗時非常明白：以德服人，才能讓人真正心服；以力服人，必有後患。七擒孟獲的事是不是民間傳說不重要，重要的是我們從中明白了一個道理：寬容待人才能獲得別人的真心。為人處事講道義，結果自然會朝著最好的方向發展。

# 第五篇

## 騰文公（上）——心中要有善念

## 【原文】

滕文公為世子①，將之楚，過宋而見孟子。孟子道性善，言必稱堯、舜。

世子自楚反，復見孟子。孟子曰：「世子疑吾言乎？夫道一而已矣。成覸②謂齊景公曰：『彼，丈夫也；我，丈夫也，吾何畏彼哉？』顏淵曰：『舜，何人也？予，何人也？有為者亦若是。』公明儀③曰：『文王，我師也；周公豈欺我哉？』今滕，絕長補短，將五十里也，猶可以為善國。《書》④曰：『若藥不瞑眩，厥疾不瘳⑤。』」

## 【注釋】

①世子：即太子，天子或諸侯的嫡長子。

②成覸（ㄐㄧㄢˋ）：齊國勇士。

③公明儀：曾參弟子。

④《書》：《尚書》之《逸》篇。

⑤瘳：病痊癒。

**【譯文】**

騰文公做太子時，（有一次）到楚國去，路過宋國時會見了孟子。孟子給他講人性天生善良的道理，句句都要提到堯、舜。

太子從楚國返回，又來見孟子。孟子說：「太子懷疑我的話嗎？道理就這麼一個罷了。成覸對齊景公說：『他，是個大丈夫；我，也是個大丈夫，我怕他什麼呢？』顏淵說：『舜是什麼樣的人？我是什麼樣的人？（但是）有作為的人也能像他這樣。』公明儀說：『文王，是我的老師；（說這話的）周公難道會欺騙我嗎？』現在滕國的土地，如果截長補短，將近五十里見方，仍然可以治理成一個好國家。《尚書》上說：『如果藥力不能使病人頭暈目眩，那病是治不好的。』」

【原文】

滕定公①薨②。世子謂然友③曰：「昔者孟子嘗與我言於宋，於心終不忘。今也不幸至於大故④，吾欲使子問於孟子，然後行事。」

然友之鄒問於孟子。

孟子曰：「不亦善乎！親喪，固所自盡⑤也。曾子曰：『生，事之以禮；死，葬之以禮，祭之以禮，可謂孝矣⑥。』諸侯之禮，吾未之學也；雖然，吾嘗聞之矣。三年之喪⑦，齊疏之服⑧，飦粥⑨之食，自天子達於庶人，三代共之。」

然友反命，定為三年之喪。父兄百官皆不欲，曰：「吾宗國⑩魯先君莫之行，吾先君亦莫之行也，至於子之身而反之，不可。且《志》⑪曰：『喪祭從先祖。』曰：『吾有所受之也。』」

謂然友曰：「吾他日未嘗學問，好馳馬試劍。今也父兄百官不我足也，恐其不能盡於大事。子為我問孟子！」

然友復之鄒問孟子。

孟子曰：「然。不可以他求者也。孔子曰：『君薨，聽於冢宰⑫；歠⑬粥，面深墨，即位而哭，百官有司莫敢不哀，先之也。』上有好者，下必有甚焉者矣。君子之德，風也；小人之德，草也。草尚之風，必偃⑭。』是在世子。」

然友反命。

世子曰：「然。是誠在我。」

五月居廬⑮，未有命戒。百官族人可，謂曰知。及至葬，四方來觀之，顏色之戚，哭泣之哀，弔者大悅。

**【注釋】**

①滕定公：滕文公的父親。

②薨：ㄏㄨㄥ，死。古代稱侯王死叫「薨」，唐朝以後用於指二品以上官員的死。

③然友：人名，太子的老師。

④大故：重大的事故，指大喪、凶災之類。

⑤自盡：盡自己最大的心力。

⑥曾子曰：這幾句話在《論語．為政》中是孔子歡欣鼓舞樊遲說的。

⑦三年之喪：指子女為父母、臣下為君主守孝三年。

⑧齊（ㄗ）疏之服：用粗布做的縫邊的喪服。齊，指衣服縫邊。古代的喪服叫做衰（ㄘㄨㄟ），不縫衣邊的叫「斬衰」，縫衣邊的叫「齊衰」。

⑨飦（ㄍㄢ）粥：飦，指稠的粥；粥，指稀的粥。這裡是偏義複詞，指稀粥。

⑩宗國：魯、滕諸國的始封祖都是周文王的兒子，而周公封魯，於行輩較長，所以其餘姬姓諸國都以魯為宗國。

⑪《志》：記國家世系等的一種書。

⑫塚宰：官名。在君王居喪期間代理朝政。

⑬歠：ㄔㄨㄛˋ，飲。

⑭君子之德……必偃：這幾句出自《論語．顏淵》篇孔子的話。「尚」與「上」同；偃，倒下。

⑮五月居廬：居住在喪廬中五個月。

## 【譯文】

滕定公死了，太子對老師然友說：「上次在宋國的時候孟子和我談了許多，我記在心裡久久不忘。今天不幸父親去世，我想請您先去請教孟子，然後才辦喪事。」

然友便到鄒國去向孟子請教。

孟子說：「好得很啊！父母的喪事本來就應該盡心竭力。曾子說：『父母活著的時候，依照禮節侍奉他們；父母去世，依照禮節安葬他們，依照禮節祭祀他們，就可以叫做孝了。』諸侯的禮節，我不曾專門學過，但卻也聽說過。三年的喪期，穿著粗布做的孝服，喝稀粥，從天子一直到百姓，夏、商、周三代都是這樣的。」

然友回國報告了太子，太子便決定實行三年的喪禮。滕國的父老官吏都不願意。他們說：「我們的宗國魯國的歷代君主沒有這樣實行過，我們自己的歷代祖先也沒有這樣實行過，到了您這一代便改變祖先的做法，這是不應該的。而且《志》上說過：『喪禮、祭祖一律依照祖先的規矩。』還說：『道理就在於我們有所根據的。』」

太子對然友說：「我過去不曾做過什麼學問，只喜歡跑馬舞劍。現在父老官吏們都對我實行三年喪禮不滿，恐怕我處理不好這件大事，請你再去替我問問孟子吧！」

然友再次到鄒國請教孟子。

孟子說：「要這樣做，但這是不能強求別人的。孔子說過：『君王死了，太子把一切政務都交給塚宰代理，自己每天喝稀粥，臉色深黑，臨孝子之位便哭泣，大小官吏沒有誰敢不悲哀。』領導人的德行是風，老百姓的德行是草。草受風吹，必然隨風倒。所以，這件事完全取決於太子。」

太子說：「是啊，這件事確實取決於我。」

於是太子在喪廬中住了五個月，沒有頒佈過任何命令和禁令。大小官吏和同族的人都很贊成，認為太子知禮。等到下葬的那一天，四面八方的人都來觀看，太子面容的悲傷、哭泣的哀痛，使前來弔喪的人都非常滿意。

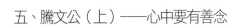

【原文】

滕文公問為國。

孟子曰：「民事不可緩也。《詩》云：『晝爾於茅，宵爾索綯；亟其乘屋，其始播百穀①。』民之為道也，有恆產者有恒心，無恆產者無恒心。苟無恒心，放辟邪侈，無不為已。及陷於罪，然後從而刑之，是罔民也。焉有仁人在位罔民而可為也？是故賢君必恭儉禮下，取於民有制。陽虎②曰：『為富不仁矣，為仁不富矣。』

「夏后氏五十而貢，殷人七十而助，周人百畝而徹，其實皆什一也。徹者，徹也③；助者，藉也④。龍子⑤曰：『治地莫善於助，莫不善於貢。』貢者，挍數歲之中以為常。樂歲，粒米狼戾，多取之而不為虐，則寡取之；凶年，糞⑥其田而不足，則必取盈焉。為民父母，使民盻盻然，將終歲勤動，不得以養其父母，又稱貸而益之，使老稚轉乎溝壑，惡在其為民父母也？夫世祿，滕固行之矣。《詩》云：『雨我公田，遂及我私⑦。』惟助為有公田。由此觀之，雖周亦助也。」

「設為庠、序、學、校以教之。庠者，養也；校者，教也；序者，射也。夏曰校，殷曰序，周曰庠，學則三代共之，皆所以明人倫也。人倫明於上，小民親於下。有王者起，必來取法，是為王者師也。《詩》云：『周雖舊邦，其命惟新⑧。』文王之謂也。子力行之，亦以新子之國。」

使畢戰問井地⑨。

孟子曰：「子之君將行仁政，選擇而使子，子必勉之！夫仁政，必自經界始。經界不正，井地不鈞，穀祿不平，是故暴君汙吏必慢其經界。經界既正，分田制祿可坐而定也。」

「夫滕，壤地褊小，將為君子焉，將為野人焉。無君子，莫治野人；無野人，莫養君子。請野九一而助，國中什一使自賦。卿以下必有圭田，圭田五十畝，餘夫二十五畝。死徙無出鄉，鄉田同井，出入相友，守望相助，疾病相扶持，則百姓親睦。方里而井，井九百畝，其中為公田。八家皆私百畝，同養公田；公事畢，然後敢治私事，所以別野人也。此其大略也；若夫潤澤之，則在君與子矣。」

**【注釋】**

①以上四句出自《詩經．豳風．七月》。

②陽虎：又作陽貨，春秋末魯國大夫季氏的家臣。

③徹者，徹也：徹，通也。是說這種稅制在周是天下通行的稅制。

④助者，藉也：藉，借也。意思是藉助民力來耕種公田。

⑤龍子：古代賢人。

⑥糞：掃除。

⑦以上兩句出自《詩經．小雅．大田》。

⑧以上兩句出自《詩經．大雅．文王》。

⑨畢戰：滕國的臣子。井地：即井田，相傳為古代奴隸社會的一種土地制度。以方九百畝的地為一個單位，劃成九區，其中為公田，八家均私田百畝，同養公田。因形如井字，故名。參見下文所述。

## 【譯文】

滕文公問怎樣治理國家。

孟子說：「治理百姓的事是不能鬆勁的。《詩經》上說：『白天去割茅草，晚上把繩搓好；趕緊上房修屋，就要播種百穀。』老百姓中形成這樣一條準則，有固定產業的人會有穩定不變的思想，沒有固定產業的就不會有穩定不變的思想。如果沒有穩定不變的思想，那麼違禮犯法、為非作歹的事，沒有不去做的了。等到他們陷入犯罪的泥坑，然後便用刑罰處置他們，這就像是佈下羅網陷害百姓。哪有仁人做了君主卻做陷害百姓的事的呢？所以賢明的君主必定要恭敬、節儉，以禮對待臣下，向百姓徵收賦稅有一定的制度。陽虎曾說：『要發財就顧不上仁愛，要仁愛就不能發財。』」

「夏朝每戶五十畝地，賦稅採用『貢』法；商朝每戶七十畝地，賦稅採用『助』法；周朝每戶一百畝地，賦稅採用『徹』法。其實稅率都是十分抽一。『徹』是『通』的意思，『助』是『藉』的意思。龍子說：『管理土地的稅法，沒有比助法更好的，沒有比貢法更差的。』貢法是比較若干年的收成，取平均數做為常數，按常數收稅。豐年，糧食多得狼籍滿地，多徵些糧不算暴虐，（相對說來）貢法卻徵收得少；荒年，即使把落在田裡的糧粒掃起來湊數，也不夠繳稅的，而貢法卻非要足數徵收。（國君）做為百姓的父母，卻使百姓一年到頭勞累不堪，結果還不能養活父母，還得靠借貸來補足賦稅，使得老人孩子四處流亡，死在溝壑，（這樣的國君）哪能算是百姓的父母呢？做官的世代享受俸祿，滕國本來就實行了，（何不再實行助法，使百姓也得到好處呢？）《詩經》上說：『雨下到我們的公田裡，於是也下到我們的私田裡。』只有助法才有公田。由此看來，就是周朝也實行助法的。」

「要設立庠、序、學、校來教導百姓。『庠』是教養的意思；『校』是教導的意思；『序』是習射的意思。（地方學校，）夏朝稱『校』，商朝稱『序』，周朝稱『庠』；『學』（是中央的學校），三代共用這個名稱。（這些學校）都是用來教人懂得倫理關係的。在上位的人明白了倫理關係，百姓在下自然就會相親相愛。（您要這麼做了，）如果有聖王出現，必然會來效法的，這樣就成了聖王的老師了。《詩經》上說：『歧周雖是古老的諸侯國，卻新接受了天命。』這講是的文王。您努力實行吧！也以此來使您的國家面貌一新。」

（騰文公）派畢戰來問井田的問題。

孟子說：「您的國君打算施行仁政，選派你（到我這裡來），你一定要努力啊！行仁政，一定要從劃分、確定田界開始。田界不正，井田（的面積）就不均，做為俸祿的田租收入就不公平，因此暴君、污吏必定會弄亂田地的界限。田界劃分正確了，那麼分配井田，制訂俸祿標準，就可輕而易舉地辦妥了。」

「滕國雖然土地狹小，但也要有人做君子，也要有人做農夫。沒有（做官的）君子，就沒有人來治理農夫；沒有農夫，就沒有人來供養君子。請考慮在農村實行九分抽一的助法，在都市自行繳納十分抽一的賦稅。卿以下（的官吏）一定要有可供祭祀費用的五十畝田，對家中未成年的男子，另給二十五畝。（百姓）喪葬遷居都不離鄉。鄉里土地在同一井田的各家，出入相互結伴，守衛防盜相互幫助，有病相互照顧，那麼百姓之間就親近和睦。一里見方的土地定為一方井田，每一井田九百畝地，中間一塊是公田。八家都有一百畝私田，（首先）共同耕作公田；公田農事完畢，才敢忙私田上的農活，這就是使君子和農夫有所區別的辦法。這是井田制的大概情況；至於如何改進完善，那就在於你的國君和你（的努力）了。」

【原文】

有為神農之言者許行①，自楚之滕，踵門而告文公曰：「遠方之人聞君行仁政，願受一廛而為氓。」

文公與之處。其徒數十人，皆衣褐，捆屨織席以為食。

陳良②之徒陳相與其弟辛，負耒耜③而自宋之滕，曰：「聞君行聖人之政，是亦聖人也，願為聖人氓。」

陳相見許行而大悅，盡棄其學而學焉。

陳相見孟子，道許行之言曰：「滕君則誠賢君也；雖然，未聞道也。賢者與民並耕而食，饔飧④而治。今也，滕有倉廩府庫，則是厲民而以自養也，惡得賢？」

孟子曰：「許子必種粟而後食乎？」

曰：「然。」

「許子必織布而後衣乎？」

曰：「否，許子衣褐。」

「許子冠乎？」

曰：「冠。」

曰：「奚冠？」

曰：「冠素。」
曰：「自織之與？」
曰：「否，以粟易之。」
曰：「許子奚為不自織？」
曰：「害於耕。」
曰：「許子以釜甑爨⑤，以鐵耕乎？」
曰：「然。」
「自為之與？」
曰：「否，以粟易之。」
「以粟易械器者，不為厲陶冶；陶冶亦以其械器易粟者，豈為厲農夫哉？且許子何不為陶冶，舍，皆取諸其宮中而用之？何為紛紛然與百工交易？何許子之不憚煩？」
曰：「百工之事，固不可耕且為也。」
「然則治天下獨可耕且為與？有大人之事，有小人之事。且一人之身而百工之所為備，如必自為而後用之，是率天下而路也。故曰：或勞心，或勞力。勞心者治人，勞力者治於人；治於人者食人，治人者食於人。天下之通義也。」
「當堯之時，天下猶未平，洪水橫流，氾濫於天下，草木暢茂，禽獸繁殖，五穀不登，禽獸逼人，獸蹄鳥跡之道，交於中國。堯獨憂之，舉舜而敷治焉。舜使益⑥掌火，益烈山澤而焚之，禽獸逃匿。禹疏九河，瀹濟、漯而注諸海；決汝、漢，排淮、泗而注之江。然後中國可得而食也。當是時也，禹八年於外，三過其門而不入，雖欲耕，得乎？

「後稷⑦教民稼穡，樹藝五穀；五穀熟而民人育。人之有道也：飽食暖衣、逸居而無教，則近於禽獸。聖人有憂之，使契⑧為司徒，教以人倫——父子有親，君臣有義，夫婦有別，長幼有敘，朋友有信。放勳⑨曰：『勞之來之，匡之直之，輔之翼之，使自得之，又從而振德之。』聖人之憂民如此，而暇耕乎？」

「堯以不得舜為己憂，舜以不得禹、皋陶⑩為己憂。夫以百畝之不易為己憂者，農夫也。分人以財謂之惠，教人以善謂之忠，為天下得人者謂之仁。是故以天下與人易，為天下得人難。孔子曰：『大哉，堯之為君！惟天為大，惟堯則之。蕩蕩乎，民無能名焉！君哉，舜也！巍巍乎，有天下而不與焉！』堯、舜之治天下，豈無所用其心哉？亦不用於耕耳。」

「吾聞用夏變夷者⑪，未聞變於夷者也。陳良，楚產也，悅周公、仲尼之道，北學於中國，北方之學者，未能或之先也，彼所謂豪傑之士也。子之兄弟事之數十年，師死而遂倍之。昔者，孔子沒，三年之外，門人治任將歸，入揖於子貢，相向而哭，皆失聲，然後歸。子貢反，築室於場，獨居三年，然後歸。他日，子夏、子張、子游以有若似聖人，欲以所事孔子事之，強曾子。曾子曰：『不可。江、漢以濯之，秋陽⑫以暴之，皓皓乎不可尚已！』今也，南蠻鴃舌之人，非先王之道，子倍子之師而學之，亦異於曾子矣！吾聞『出於幽谷，遷於喬木』者，未聞下喬木而入於幽谷者。《魯頌》曰：『戎狄是膺，荊舒是懲⑬。』周公方且膺之，子是之學，亦為不善變矣。」

「從許子之道，則市賈不貳，國中無偽；雖使五尺之童適市，莫之或欺。布帛長短同，則賈相若；麻縷絲絮輕重同，則賈相若；五穀多寡同，則賈相若；屨大小同，則賈相若。」

曰：「夫物之不齊，物之情也。或相倍蓰，或相什百，或相千萬。子比而同之，是亂天下也。巨屨小屨同賈，人豈為之哉？從許子之道，相率而為偽者也，惡能治國家？」

**【注釋】**

①神農：上古傳說中的人物，相傳他首先製造農具，教導人民種田。戰國時，提倡重視農業的學派標榜自己奉行神農學說。許行：戰國時農家學派的代表人物。

②陳良：楚國的儒者。

③耒耜（ㄌㄟˇ　ㄙˋ）：古代一種像犁的農具，木柄叫「耒」，犁頭叫「耜」。

④饔飧（ㄩㄥ　ㄙㄨㄣ）：早飯叫「饔」，晚飯叫「飧」，這裡用做動詞，做飯。

⑤甑（ㄗㄥˋ）：古代做飯用的一種陶器。爨（ㄘㄨㄢˋ）：燒火做飯。
⑥益：舜的臣子。
⑦後稷：古代周族的始祖，名棄。善於種植各種糧食作物，曾在堯、舜時代做農官，教民耕種。
⑧契：ㄑㄧㄝˋ傳說中商的始祖，曾任舜的司徒，掌管教化。
⑨放勳：堯的稱號。
⑩皋陶：ㄍㄠ　ㄧㄠˊ，相傳是舜時掌管刑法的官。
⑪夏：指當時居住中原地區的民族。夷：古代對東部各族的統稱，這裡泛指居住於中原地區以外的部族。
⑫秋陽：秋天的太陽。周曆比現在的農曆早兩個月，故「秋陽」相當於農曆夏季的太陽。
⑬以上兩句出自《詩經．魯頌．閟宮》。

**【譯文】**

有一個奉行神農氏學說的人叫許行的，從楚國來到滕國，登門謁見滕文公，說：「我這個遠方來的人，聽說您施行仁政，願能得到一處住所，做您的百姓。」

文公給了他一處住所。他的門徒有幾十個人，都穿粗麻布衣，靠編草鞋織席子為生。

陳良的弟子陳相和他的弟弟陳辛，背著農具從宋國來到滕國，（對騰文公）說：「聽說您施行聖人的政治，這樣，您也就是聖人了，我願做聖人的百姓。」

陳相見到許行後大為高興，就完全拋棄了自己原來所學的東西，改向許行學習。

陳相見到了孟子，轉述許行的話說：「騰文公倒確實是賢明的君主；雖然如此，他還不懂得（賢君治國的）道理。賢君與人民一起耕作養活自己，一面燒火做飯，一面治理天下。現在，滕國有堆滿糧食錢財的倉庫，這是侵害百姓來供養自己，哪能稱得上賢明呢？」

孟子問：「許子一定是自己種了糧食才吃飯的嗎？」

陳相說：「是的。」

孟子問：「許子一定是自己織了布才穿衣的嗎？」

答道：「不是，許子穿粗麻編織的衣服。」

孟子問：「許子戴帽子嗎？」

答道：「戴的。」

孟子問：「戴什麼樣的帽子？」

答道：「戴生絲織的帽子。」

孟子問：「自己織的嗎？」

答道：「不，用糧食換來的。」

孟子問：「許子為什麼不自己織呢？」

答道：「會妨礙農活。」

孟子又問：「許子用鍋、甑燒飯，用鐵農具耕田嗎？」

答道：「是的。」

孟子問：「自己造的嗎？」

答道：「不是，用糧食換來的。」

孟子說：「農夫拿糧食交換（生活、生產所需的）器具，不算是侵害陶工冶匠；陶工冶匠也拿他們的器具交換糧食，難道就是侵害了農夫利益了嗎？再說，許子為什麼不自己製陶冶鐵，停止交換，樣樣東西都從自家屋裡取來用？為什麼要忙忙碌碌與各種工匠交換呢？為什麼許子這樣不怕麻煩呢？」

陳相答道：「各種工匠的活計本來就不可能邊耕作邊做的。」

孟子說：「既然是這樣的道理，那麼治理天下的事偏能邊耕作邊做的嗎？有官吏們的事，有小民們的事。再說一個人身上（所需的用品）要靠各種工匠來替他製備，如果一定要自己製作而後使用，這是導致天下的人疲於奔走。所以說：有些人動用心思，有些人動用體力。動用心思的人治理別人，動用體力的人被人治理；被人治理的人養活別人，治理人的人靠別人養活。這是天下通行的道理。」

「在堯的時代，天下還不太平，洪水橫流，到處氾濫，草木遍地叢生，禽獸大量繁殖，莊稼沒有收成，禽獸威逼人類，印滿獸蹄鳥跡的道路遍佈中原各地。堯為此獨自憂慮，提拔舜來全面治理。舜派益掌管用火，益在山崗沼澤燃起大火，燒掉草木，禽獸逃竄躲藏。大禹疏通九條河道，治理濟水、漯水，將它們導流入海；開通汝水、漢水，疏浚淮水、泗水，將它們導入長江。這樣，中原百姓才能（耕種收穫）吃到飯。在那時候，大禹八年在外，三次經過自己家的門口都沒有進去，即使想親自耕種，能辦到嗎？」

「後稷教人民各種農事，種植五穀；五穀成熟了，人民才能養育。人類生活的天性是：吃飽、穿暖、安居而沒有教育，便與禽獸差不多。聖人又憂慮這件事，任命契擔任司徒，把倫理道理教導人民——父子講親愛，君臣講禮義，夫婦講內外之別，長幼講尊卑次序，朋友講真誠守信。放勳說：『慰勞他們，糾正他們，幫助他們，使他們自得其所，隨後引導他們給他們恩惠。』聖人為人民操心到這般程度，還有空閒耕作嗎？」

「堯把得不到舜當作自己的憂慮，舜把得不到禹、皋陶當作自己的憂慮。把耕種不好百畝田地當作自己憂慮的，是農夫。把財物分給人叫惠，教人行善叫忠，為天下物色賢才叫仁。因此，把天下讓給別人是容易的，為天下物色到賢才是困難的。孔子說：『堯做為君主真是偉大啊！只有天是偉大的，只有堯能效法天。（堯的功德）浩蕩無邊啊！人民簡直無法用言語來形容！真是個好君主啊！帝舜！多麼崇高啊！擁有天下卻毫不利己！』堯、舜治理天下，難道是無所用心的嗎？只是不用在耕作上罷了。」

「我只聽說過用中原的文明去改變蠻夷的，沒聽說過被蠻夷改變的。陳良出生於楚國，愛好周公、孔子的學說，到北邊的中原地區來學習，北方的學者沒有人超過他的，他真稱得上是傑出人物了。你們兄弟拜他為師幾十年，老師一死就背叛了他。從前，孔子逝世，（弟子們服喪）三年後，收拾行李將要各自回去，走進子貢住處行禮告別，相對痛哭，泣不成聲，這才回去。子貢又回到墓地，在祭場上搭了間房子，獨居三年，然後才回家。後來的某一天，子夏、子張、子遊認為有若像孔子，要用侍奉孔子的禮節侍奉有若，硬要曾子同意。曾子說：『不行！（老師的人品）如同經江漢之水洗滌過，盛夏的太陽曝曬過一般，潔白明亮得無人可以比得上的了！』現在，那個話語難聽得像伯勞鳥叫似的南方蠻子，攻擊先王之道，你卻背叛自己的老師去向他學習，這跟曾子相差太遠了。我聽說『（鳥雀）從幽暗的山谷飛出來遷到高樹上』的，沒聽說從高樹遷下來飛進幽暗山谷的。《詩經．魯頌》上說：『征討戎狄，懲罰荊舒。』周公尚且要防範楚國人，你卻還向楚國人學習，也真是不懂得用中國來改變蠻夷的道理啊！」

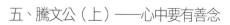

陳相說：「（如果）依照許子的學說實行，那麼市場上物價就不會有兩樣，國中就沒有弄虛作假的；哪怕叫小孩上市場（買東西），也不會有人欺騙他。布和綢長短相同，價錢就一樣；麻線絲綿輕重相同，價錢就一樣；各種糧食多少相同，價錢就一樣；鞋子大小相同，價錢就一樣。」

孟子說：「物品千差萬別，這是客觀情形。（它們的價值）有的相差一倍、五倍，有的相差十倍、百倍，有的相差千倍、萬倍。你把它們放在一起等同看待，這是擾亂天下罷了。做工粗糙的鞋與做工精細的鞋同一個價錢，人們難道還肯做（做工好的鞋）嗎？依從了許子的主張，便會使大家一個跟著一個地做虛假欺騙的勾當，哪還能治理好國家？」

【原文】

墨者夷之因徐辟①而求見孟子。孟子曰：「吾固願見，今吾尚病，病癒，我且往見，夷子不來。」

他日，又求見孟子。孟子曰：「吾今則可以見矣。不直，則道不見，我且直之。吾聞夷子墨者，墨之治喪也，以薄為其道也。夷子思以易天下，豈以為非是而不貴也？然而夷子葬其親厚，則是以所賤事親也。」

徐子以告夷子。

夷子曰：「儒者之道，古之人若保赤子②，此言何謂也？之則以為愛無差等，施由親始。」

徐子以告孟子。

孟子曰：「夫夷子信以為人之親其兄之子為若親其鄰之赤子乎？彼有取爾也。赤子匍匐將入井，非赤子之罪也。且天之生物也，使之一本，而夷子二本故也。蓋上世嘗有不葬其親者，其親死，則舉而委之於壑。他日過之，狐狸食之，蠅蚋姑嘬之。其顙有泚，睨而不視。夫泚也，非為人泚，中心達於面目，蓋歸反虆梩而掩之。掩之誠是也，則孝子仁人之掩其親，亦必有道矣。」

徐子以告夷子。夷子憮然為間，曰：「命之矣。」

## 【注釋】

①墨者：墨家學派的人。墨家學派的創始人是墨翟。墨家主張「兼愛」、「尚同」、「尚同」等，提倡「節用」、「節葬」，反對「厚葬」。墨家學說反映了當時小生產者的利益。夷之：姓夷名之。徐辟：孟子弟子。

②「若保赤子」一語見於《尚書．康誥》。

## 【譯文】

墨家學派的夷之透過徐辟求見孟子。孟子說：「我本來願意接見，可是現在我還病著，等病好了，我將去見他，夷子不必來。」

過了些日子，夷之又來求見孟子。孟子說：「我現在可以接見他了。（不過，）說話不直接了當，道理就顯現不出來，我直接了當地說吧！我聽說夷子是墨家學者，墨家辦理喪事是以薄葬做為原則的。夷子想用它來改變天下的習俗，豈不是認為不薄葬就不值得稱道嗎？然而夷子卻厚葬自己的父母，那是用他自己所鄙薄的方式來對待雙親了。」

徐辟把孟子的話告訴了夷子。

夷子說：「按儒家的說法，古代的聖人（愛護百姓）就像愛護初生的嬰兒，這句話什麼意思呢？我認為是說，對人愛是不分差別等級的，只是施行起來是從自己的父母開始。」

徐辟又把這話轉告給孟子。

孟子說：「夷子真認為愛自己的姪子就像愛鄰人的嬰兒一樣嗎？他只抓住了這一點：嬰兒在地上爬，就要掉進井裡了，這不是嬰兒的過錯，（所以人人去救。他以為這就是愛不分差別等級。）再說天生萬物，使它們只有一個本源，（人只有父母一個本源。）然而夷子（主張愛不分差別等級，）是他認為有兩個本源的緣故。大概上古曾有個不安葬父母的人，父母死了，就抬走拋棄在山溝裡。後來的一天路過那裡，看見狐狸在啃他父母的屍體，蒼蠅、蚊蟲叮吮著屍體。那人額頭上不禁冒出汗來，斜著眼不敢正視。那汗，不是流給人看的，而是內心的悔恨表露在臉上，因此他就回家拿來筐和鍬把屍體掩埋了。掩埋屍體確實是對的，那麼孝子仁人掩埋他們亡故的父母，也就必然有（講究方式的）道理了。」

徐子把這番話轉告給夷子。夷子悵惘了一會兒，說：「我受到教誨了。」

## 【故事】

### 心中永存善意的郭林宗

東漢末年，特別是東漢末桓、靈二帝時期，皇帝昏庸無能，導致大權旁落，宦官專權。當時政局混亂，人民生活困苦。

就是在這樣黑暗的時代，也有一些人能夠秉承人生的信條，始終心存善念。他們如蓮花般

「出淤泥而不染，濯清漣而不妖」。郭泰（西元一二八年～西元一六九年）就是這樣的人，他字林宗，東漢太原介休（今屬山西）人。

面對黑暗時局，一些有志之士與腐敗的宦官集團進行了激烈的鬥爭。郭林宗是士人中的著名代表，也是太學生的主要首領之一。郭林宗與其他太學生一起，對當時的宦官專權、肆行無道的腐敗朝政進行了大力的鞭撻。他不願意到腐敗的朝廷當官，被當時的人稱為「有道先生」。

在關心時局的同時，郭林宗還提攜和幫助一些被稱為「不仁」的人。當時有一個人叫左原，因為犯了法，被眾人排斥，沒人願意與他交往。左原感到非常苦悶，到哪裡都是一個人，顯得很孤獨落寞。看到這樣的情景，郭林宗用美酒佳餚款待他，並好言相勸，要左原痛改前非。一些人不理解郭林宗的做法，甚至還譏笑他。

面對這樣的情景，郭林宗感嘆說：「對於犯錯誤的人理應熱情說明，勸其從善。若對他們疏遠甚至忌恨，那無異於在促使惡行的發生。」透過這件事，就能夠感受到郭林宗心中的善意。

因世道黑暗，郭林宗於是選擇不做官，回到家鄉專心教學。在教學方面，郭林宗繼承和發展了孔子「有教無類」的思想。他的弟子有數千之多，身分五花八門。不管身分高低，郭林宗都平等相待，悉心培養。這種不計出身、獎掖後輩的精神，在今天也顯得彌足珍貴。

郭林宗沒有士人的架子，與鄉民平等相處、交流，把文化學術、道德文章的影響力滲透到民間。介休的當地人稱呼他，都親切地稱他的字「郭林宗」，而不叫他的名「郭泰」。從這種現象

中，也能推斷出他有多麼受當地人的愛戴和歡迎。

在建寧二年（西元一六九年），漢靈帝被專政的宦官挾持，被迫下令捕殺當時的一些名士，陸續被殺的有幾百人之多。郭林宗在家鄉講學，因此躲過了這場災難。但是，他聽說了這件事後，心中異常悲痛。再加上又得了病，於是，在四十二歲那年，郭林宗去世了。他的死訊傳出後，海內的名士、四方的文人都紛紛前來弔唁，送葬的人達到了一千多人。

與郭林宗同時代的蔡邕是大學士，而且是聞名海內的文學家兼書法家，他在為郭林宗撰寫碑文後感嘆說：「我這一輩子為別人撰寫的碑文很多，但多是一些虛誇之詞，只有為『郭有道』寫的碑文，是文如其人，我寫起來絲毫沒有愧疚。」

做為東漢著名學者、思想家及教育家，郭林宗的一生熠熠生輝，他與春秋時晉國的介子推、宋朝時的宰相文彥博，被後人合稱「介休三賢」。

**【評論】**

在東漢末年的動盪與黑暗中，郭林宗心中的善意有如一顆暗夜裡的星星，憑藉著執著與信念，讓與他同時代和之後的人都感受到了溫暖。「有道先生」也為我們年輕人指明了人生的方向：心懷正義和善念，用不懈的努力去實現人生的目標。

# 第六篇

## 騰文公（下）——為人有大丈夫風範

## 【原文】

陳代①曰：「不見諸侯，宜若小然；今一見之，大則以王，小則以霸。且《志》曰：『枉尺而直尋』，宜若可為也。」

孟子曰：「昔齊景公田，招虞人以旌，不至，將殺之。志士不忘在溝壑，勇士不忘喪其元。孔子奚取焉？取非其招不往也②。如不待其招而往，何哉？且夫枉尺而直尋者，以利言也。如以利，則枉尋直尺而利，亦可為與？昔者趙簡子使王良與嬖奚③乘，終日而不獲一禽。嬖奚反命曰：『天下之賤工也。』或以告王良。良曰：『請復之。』強而後可，一朝而獲十禽。嬖奚反命曰：『天下之良工也。』簡子曰：『我使掌與女乘。』謂王良。良不可，曰：『吾為之範我馳驅，終日不獲一；為之詭遇，一朝而獲十。《詩》云：『不失其馳，舍矢如破。』我不貫與小人乘，請辭。』御者且羞與射者比；比而得禽獸，雖若丘陵，弗為也。如枉道而從彼，何也？且子過矣：枉己者，未有能直人者也。」

## 【注釋】

①陳代：孟子弟子。

②古代君子召喚臣下，按規定要有相當的物件做象徵，如齊景公召管園囿的小吏應以打獵的皮冠，他不遵守規定，小吏就不應召。

③趙簡子：晉國大夫，名趙鞅。王良：春秋末年著名的駕車能手。奚：人名。

## 【譯文】

陳代說：「您不願謁見諸侯，似乎氣量小了些；如果現在謁見一下諸侯，大則憑藉他們推行仁政使天下歸服，小則憑藉他們稱霸天下。何況《志》上說：『委屈一尺卻能伸直八尺』，好像是值得去做的。」

孟子說：「從前，齊景公打獵，用旌旗召喚看護園囿的小吏，小吏不來，景公要殺他。志士不怕棄屍山溝，勇士不怕丟掉腦袋。孔子（稱讚那個小吏，）取他哪一點呢？取的是，不是他應該接受的召喚象徵他就是不去。如果我不等諸侯的召聘就主動去謁見，那算什麼呢？而且所謂委屈一尺可以伸直八尺，是根據利益來說的。如果只講利益，那麼假使委屈了八尺能伸直一尺而獲利，也可以去做嗎？從前趙簡子派王良給自己寵幸小臣奚駕車去打獵，一整天打不到一隻鳥。奚回來報告說：『（王良）是天下最無能的駕車人。』有人把這話告訴了王良。王良說：『請讓我再駕一次。』經強求後奚才同意，結果一個早晨就獵獲了十隻鳥。奚回來報告說：『王良是天下最能幹的駕車人。』簡子說：『我就叫他專門給你駕車。』也對王良說了。王良不肯，說道：『我為他按規矩駕車，整天打不到一隻；不按規矩駕車，一個早上就打到了十隻。《詩經》上說：『不違反駕車規矩，箭一出手就能射中。』我不習慣給小人駕車，請同意我辭掉這差使。』駕車的人尚且恥於與（不守規矩的）射手合作，即使這樣的合作能獵獲堆積如山的禽獸，也不願去做。如果背離正道去屈從他們諸侯，那算什麼呢？而且你錯了：自己變得不正直，是不能夠使別人正直的。」

【原文】

景春①曰：「公孫衍、張儀②豈不誠大丈夫哉？一怒而諸侯懼，安居而天下熄。」

孟子曰：「是焉得為大丈夫乎？子未學禮乎？丈夫之冠也③，父命之；女子之嫁也，母命之，往送之門，戒之曰：『往之女家，必敬必戒，無違夫子！』以順為正者，妾婦之道也。居天下之廣居，立天下之正位，行天下之大道；得志，與民由之；不得志，獨行其道。富貴不能淫，貧賤不能移，威武不能屈，此之謂大丈夫。」

【注釋】

①景春：戰國時縱橫家。

②公孫衍：魏國人，號犀首，當時著名的說客。張儀：戰國時縱橫家的代表人物，主張連橫，為秦擴張勢力。

③古時男子年二十行加冠禮，表示成年。

【譯文】

景春說：「公孫衍、張儀難道不是真正的大丈夫嗎？他們一發怒，諸侯就害怕，他們安居家

中，天下就太平無事。」

孟子說：「這哪能算是大丈夫呢？你沒有學過禮嗎？男子行加冠禮時，父親訓導他；女子出嫁時，母親訓導她，送她到門口，告誡她說：『到了妳家，一定要恭敬，一定要謹慎，不要違背丈夫！』把順從當作正理，是婦人家遵循的道理。（公孫衍、張儀在諸侯面前竟也像婦人一樣！）居住在天下最寬廣的住宅『仁』裡，站立在天下最正確的位置『禮』上，行走在天下最寬廣的道路『義』上；能實現理想時，就與人民一起走這條正道；不能實現理想時，就獨自行走在這條正道上。富貴不能迷亂他的思想，貧賤不能改變他的操守，威武不能壓服他的意志，這才叫做大丈夫。」

## 【原文】

周霄①問曰：「古之君子仕乎？」

孟子曰：「仕。《傳》曰：『孔子三月無君，則皇皇如也；出疆必載質。』公明儀②曰：『古之人三月無君則吊。』」

「三月無君則吊，不以急乎？」

曰：「士之失位也，猶諸侯之失國家也。《禮》曰：『諸侯耕助③，以供粢盛；夫人④蠶繅，以為衣服。犧牲不成，粢盛不潔，衣服不備，不敢以祭。惟士無田，則亦不祭。』牲殺、器皿、衣服不備，不敢以祭，則不敢以宴，亦不足吊乎？」

「出疆必載質，何也？」

曰：「士之仕也，猶農夫之耕也；農夫豈為出疆舍其耒耜哉？」

曰：「晉國亦仕國也，未嘗聞仕如此其急。仕如此其急也，君子之難仕，何也？」

曰：「丈夫生而願為之有室，女子生而願為之有家；父母之心，人皆有之。不待父母之命、媒妁之言，鑽穴隙相窺，逾牆相從，則父母國人皆賤之。古之人未嘗不欲仕也，又惡不由其道。不由其道而往者，與鑽穴隙之類也。」

**【注釋】**

①周霄：戰國時魏人。

②公明儀：魯國賢人。

③耕助：即「耕藉」。藉，藉田，帝王親耕之田。古代每到開春，都有耕藉之禮，以示重視農業。其禮先由天子親耕，然後三公、九卿、諸侯、大夫等依次躬耕。

④夫人：諸侯的妻子。

**【譯文】**

周霄問道：「古代的君子做官嗎？」

孟子說：「做官。古代的《傳》記載說：『孔子三個月沒有被君主任用，就惶惶不安；離開這個國家時，必定要帶著謁見另一個國家君主的見面禮』。公明儀說過：『古代的人如果三個月不被君主任用，那就要去安慰他。』」

（周霄說：）「三個月不被君主任用，就要去安慰，不是求官太迫切了嗎？」

孟子說：「士人失掉了官位，就像諸侯失掉了國家。《禮》上說：『諸侯親自耕種，用來供給祭品；夫人養蠶繅絲，用來供給祭服。（用作祭祀的）牛羊不肥壯，穀米不潔淨，禮服不齊備，就不敢用來祭祀。士（失掉了官位就）沒有田地俸祿，也就不能祭祀。』（祭祀用的）牲畜、祭器、祭服都不齊備，不敢祭祀，也就不敢宴請，（就像遇到喪事的人一樣，）還不該去安慰他嗎？」

（周霄問道：）「離開一國時，一定要帶著謁見別的國君的禮物，為什麼呢？」

孟子說：「士做官，就像農夫種田；農夫難道會因為離開一個國家就丟棄他的農具嗎？」

周霄說：「我們魏國也是個有官可做的國家，卻不曾聽說想做官這樣急迫的。想做官是這樣急迫，君子卻又不輕易去做官，為什麼呢？」

孟子說：「男孩一出生，就希望給他找妻室，女孩一出生，就希望給她找婆家；父母的這種心情，人人都是有的。（但是，如果）不等父母的同意，媒人的說合，就鑽洞扒門縫互相偷看，翻過牆頭相會，那麼父母和社會上的人都會認為這種人下賤。古代的君子不是不想做官，但又厭惡不從正道求官。不從正道求官，是與鑽洞扒門縫之類行徑一樣的。」

## 【原文】

彭更①問曰：「後車數十乘，從者數百人，以傳食於諸侯，不以泰乎？」

孟子曰：「非其道，則一簞食不可受於人；如其道，則舜受堯之天下，不以為泰，子以為泰乎？」

曰：「否，士無事而食，不可也。」

曰：「子不通功易事，以羨補不足，則農有餘粟，女有餘布；子如通之，則梓、匠、輪、輿②皆得食於子。於此有人焉，入則孝，出則悌，守先王之道，以待③後之學者，而不得食於子，子何尊梓、匠、輪、輿而輕為仁義者哉？」

曰：「梓、匠、輪、輿，其志將以求食也。君子之為道也，其志亦將以求食與？」

曰：「子何以其志為哉？其有功於子，可食而食之矣。且子食志乎？食功乎？」

曰：「食志。」

曰：「有人於此，毀瓦畫墁④，其志將以求食也，則子食之乎？」

曰：「否。」

曰：「然則子非食志也，食功也。」

## 【注釋】

①彭更：孟子弟子。

②梓、匠、輪、輿：分別是製造木器、宮室、車輪、車箱的木匠。這裡代指各類工匠。

③待：通「持」，扶持。

④畫墁：畫，通「劃」。墁：牆壁的粉飾。

## 【譯文】

彭更問道：「跟隨的車子幾十輛，隨從的人員幾百個，從這個諸侯國吃到那個諸侯國，不也太過分了嗎？」

孟子說：「不合道理的，那麼一小竹筐飯也不能接受人家的；如果是合理的，那麼就是舜接受堯的天下，也不能認為是過分，你認為過分了嗎？」

彭更說：「不，士無所事事吃人白食是不可以的。」

孟子說：「假設你不讓各種行當互通有無、交換產品成果，用多餘的彌補不足的，那麼農夫就會有多餘的糧食，織女就會有多餘的布匹；如果你互通有無，那麼各類工匠都能在你這裡（憑工作）換到飯吃。假定這裡有個人，在家孝順父母，在外尊敬兄長，恪守先王之道，以此來教育後輩求學的人，但他在你這裡卻得不到飯吃，你為什麼看重各類工匠而輕視遵行仁義的人呢？」

彭更說：「各種工匠的動機，就是透過工作找口飯吃。君子修行仁義，動機也是找口飯吃嗎？」

孟子說：「你何必討論他們的動機呢？他們為你做事，可以給飯吃才給他們飯吃。再說，你是根據動機給飯吃呢？還是根據他們所做的事給飯吃呢？」

彭更說：「根據動機給飯吃。」

孟子說：「假定有人在這裡毀壞了屋瓦，畫髒了新刷的牆，他的動機是找口飯吃，那麼你給他飯吃嗎？」

彭更說：「不給。」

孟子說：「既然這樣，你就不是根據動機，而是根據所做的事給飯吃的了。」

【原文】

萬章①問曰：「宋，小國也，今將行王政，齊、楚惡而伐之②，則如之何？」

孟子曰：「湯居亳③，與葛為鄰。葛伯放而不祀。湯使人問之曰：『何為不祀？』曰：『無以供犧牲也。』湯使遺之牛羊。葛伯食之，又不以祀。湯又使人問之曰：『何為不祀？』曰：『無以供粢盛也。』湯使亳眾往為之耕，老弱饋食。葛伯率其民，要其有酒食黍稻者奪之，不授者殺之。有童子以黍肉餉，殺而奪之。《書》曰：『葛伯仇餉。』此之謂也。為其殺是童子而征之，四海之內皆曰：『非富天下也，為匹夫匹婦復仇也。』『湯始征，自葛載。』十一征而無敵於天下。東面而征，西夷怨；南面而征，北狄怨，曰：『奚為後我？』民之望之，若大旱之望雨也。歸市者弗止，芸者不變，誅其君，吊其民，如時雨降，民大悅。《書》曰：『徯我後，後來其無罰。』『有攸不惟臣，東征，綏厥士女。篚厥玄黃，紹我周王見休，惟臣附於大邑周。』其君子實玄黃於篚以迎其君子，其小人簞食壺漿以迎其小人。救民於水火之中，取其殘而已矣。《太誓》曰：『我武惟揚，侵於之疆，則取於殘，殺伐用張，於湯有光。』不行王政云爾，苟行王政，四海之內皆舉首而望之，欲以為君；齊、楚雖大，何畏焉？」

## 【注釋】

①萬章：孟子弟子。

②指宋王偃早期想實行仁政以圖強興國的事，後宋發生內亂，諸大國覬覦，宋為齊所滅。

③亳（ㄅㄛˊ）：邑名，在今河南商丘縣境內。

## 【譯文】

萬章問道：「宋國是個小國，現在打算施行仁政，如果齊、楚兩國憎恨它，出兵攻打，那該怎麼辦？」

孟子說：「從前湯居住在亳地，與葛國是鄰國。葛伯放縱無道，不祭祀先祖。湯派人問他：『為什麼不祭祀？』（葛伯）說：『沒有供祭祀用的牲畜。』湯就派人送給他牛羊。葛伯把牛羊吃了，並不用來祭祀。湯又派人問他：『為什麼不祭祀？』（葛伯）說：『沒有供祭祀用的穀物。』湯就叫亳地的群眾去替他耕種，年老體弱的送飯。葛伯帶領自己的人攔截帶有酒肉飯菜的人進行搶奪，不肯給的就殺掉。有個孩子拿著飯和肉去送給耕種的人，（葛伯）殺了孩子，搶走了飯和肉。《尚書》上說：『葛伯仇視送飯的人。』說的就是這件事。因為葛伯殺了這個孩子，湯才去征討他，普天下的人都說：『不是要把天下變為自己的財富，是為了給平民百姓報仇。』『湯王征討，從葛國開始。』征討十一次，天下無敵。向東征討，西面的民族就埋怨；向南征討，北面的民族就埋怨。（他們埋怨）說：『為什麼把我們這裡放在後面？』人民盼望他來，就像大旱之年盼望下雨一樣。（湯所到之處，）趕集的人絡繹不絕，種田的人照常工作，殺掉那裡的暴君，安撫那裡的人民，就像及時雨從天而降，人民萬分喜悅。《尚書》上又說：『等待我們君王，君王來了我們不再受折磨。』（又說：）『攸國不稱臣，（周武王）向東征討它，安撫那裡的人們。（人們）用竹筐裝著黑色、黃色的絹帛迎接周王，願意侍奉周王而受他恩澤，稱臣歸附大周國。』那裡的官吏用筐裝滿黑色、黃色的絹帛迎接周王的官吏，那裡的百姓抬著飯筐提著酒壺迎接周王的士卒。（就因為周王）把那裡的人民從水深火熱中拯救出來，除掉他們的暴君罷了。《太誓》上說：『我軍威武要發揚，攻到於國疆土上，誅除暴君去兇殘，殺伐之功震四方，偉績輝煌勝成湯。』不行仁政便罷了，如果行仁政，普天下的人都將仰起頭來盼望他，要擁護他做自己的君主；齊、楚兩國儘管強大，有什麼可怕的呢？」

**【原文】**

孟子謂戴不勝①曰：「子欲子之王之善與？我明告子。有楚大夫於此，欲其子之齊語也，則使齊人傅諸？使楚人傅諸？」

曰：「使齊人傅之。」

曰：「一齊人傅之，眾楚人咻之，雖日撻而求其齊也，不可得矣。引而置之莊嶽②之間數年，雖日撻而求其楚，亦不可得矣。子謂薛居州③，善士也，使之居於王所。在於王所者，長幼卑尊皆薛居州也，王誰與為不善？在王所者，長幼卑尊皆非薛居州也，王誰與為善？一薛居州，獨如宋王何？」

**【注釋】**

①戴不勝：宋國大夫。

②莊嶽：莊，街名；嶽，裡名，都在齊都城臨淄城內。這裡代指齊都中的鬧市區。

③薛居州：宋國人。

## 【譯文】

孟子對戴不勝說：「你希望你的君王學好嗎？我明白地告訴你。假定有個楚國大夫在這裡，想讓他的兒子學齊國話，那麼請齊國人教他呢？還是請楚國人教他呢？」

戴不勝說：「請齊國人教他。」

孟子說：「一個齊國人教他，許多楚國人哇啦哇啦干擾他，即使天天鞭打他，逼他學會齊國話，也不可能學會的了。如果帶他到齊國都城的鬧市上住上幾年，即使天天鞭打他，要他講楚國話，也不可能的了。你說薛居州是個好人，讓他住在宋王宮中。如果在王宮中的人，不論年齡大小、地位高低，都是薛居州那樣的人，宋王還能與誰一起做壞事呢？如果在王宮中的人，不論年齡大小、地位高低，都不是薛居州那樣的人，宋王又能與誰一起做好事呢？僅僅一個薛居州，能對宋王發揮什麼作用呢？」

## 【原文】

公孫丑問曰：「不見諸侯何義？」

孟子曰：「古者不為臣不見。段干木①窬垣而辟之，泄柳②閉門而不納，是皆已甚。迫，斯可以見矣。陽貨欲見孔子而惡無禮。大夫有賜於士，不得受於其家，則往拜其門。陽貨瞰孔子之亡也，而饋孔子蒸豚；孔子亦瞰其亡也，而往拜之。當是時，陽貨先，豈得不見？曾子曰：『脅肩諂笑③，病於夏畦。』子路曰：『未同而言，觀其色赧赧④然，非由之所知也。』由是觀之，則君子之所養，可知已矣。」

## 【注釋】

①段干木：戰國初期人，孔子弟子子夏的弟子，曾做過魏文侯的老師。

②泄柳：魯繆公時的賢者。

③脅肩：聳起肩來故作恭敬的樣子。諂笑：勉強裝出討好的笑容。

④赧赧：羞慚得滿面漲紅的樣子。

【譯文】

公孫丑問道：「您不去求見諸侯，有什麼道理嗎？」

孟子說：「古時候，不是諸侯的臣下，就不去謁見諸侯。段干木越牆躲避（魏文侯的來訪），泄柳關門不接待（魯穆公），這麼做都太過分了。如果對方主動來見，這樣也是可以見的。陽貨想要孔子來見他，又怕被說成不懂禮數。（按禮節規定，）大夫贈賜禮物給士，（士因故）不能在家接受禮物，（事後）就應該前往大夫家拜謝。陽貨探聽到孔子不在家時，給孔子送一隻蒸熟的小豬；孔子也探聽到陽貨不在家時，才上門拜謝。當時，陽貨先（送了禮物來），孔子哪能不去見他呢？曾子說：『聳起肩膀，裝出笑臉，去巴結人，真比大熱天在田裡工作還難受。』子路說：『明明合不來還要交談，看他臉色羞慚得通紅的樣子，這不是我能理解的。』由此看來，君子所要培養的道德操守，就可以知道了。」

**【原文】**

戴盈之①曰：「什一，去關市之征，今茲未能，請輕之，以待來年，然後已，何如？」

孟子說：「今有人日攘其鄰之雞者，或告之曰：『是非君子之道。』曰：『請損之，月攘一雞，以待來年，然後已。』如知其非義，斯速已矣，何待來年？」

**【注釋】**

①戴盈之：宋國大夫。

**【譯文】**

戴盈之說：「地租實行十分抽一的稅率，免去關卡和市場上對商品的徵稅，今年不能實行了，就先減輕一些，等到明年再廢止（現行的稅制），怎麼樣？」

孟子說：「假定有個人天天偷鄰居的雞，有人正告他說：『這不是君子的行為。』那人卻說：『請允許少偷一些，每月偷一隻雞，等到明年再停止偷雞。』如果知道那樣事是不該做的，就該趕快停止，為什麼要等到明年？」

【原文】

公都子①曰：「外人皆稱夫子好辯，敢問何也？」

孟子曰：「予豈好辯哉？予不得已也！天下之生久矣，一治一亂。當堯之時，水逆行，氾濫於中國，蛇龍居之，民無所定；下者為巢，上者為營窟。《書》曰：『洚水警餘。』洚水者，洪水也。使禹治之。禹掘地而注之海；驅蛇龍而放之菹；水由地中行，江、淮、河、漢是也。險阻既遠，鳥獸之害人者消，然後人得平土而居之。

「堯、舜既沒，聖人之道衰，暴君代作。壞宮室以為汙池，民無所安息；棄田以為園囿，使民不得衣食。邪說暴行又作，園囿、汙池、沛澤多而禽獸至。及紂之身，天下又大亂。周公相武王誅紂，伐奄②三年討其君，驅飛廉③於海隅而戮之。滅國者五十。驅虎、豹、犀、象而遠之，天下大悅。《書》曰：『丕顯哉，文王謨！丕承者，武王烈！佑啟我後人，鹹以正無缺。』

「世衰道微，邪說暴行有作，臣弒其君者有之，子弒其父者有之。孔子懼，作《春秋》。《春秋》，天子之事也。是故孔子曰：『知我者其惟《春秋》乎！罪我者其惟《春秋》乎！』

「聖王不作，諸侯放恣，處士橫議，楊朱④、墨翟之言盈天下。天下之言不歸楊，則歸墨。楊氏為我，是無君也；墨氏兼愛，是無父也。無父無君，是禽獸也。公明儀曰：『庖

有肥肉，廄有肥馬，民有饑色，野有餓莩，此率獸而食人也！』楊墨之道不息，孔子之道不著，是邪說誣民，充塞仁義也。仁義充塞，則率獸食人，人將相食。吾為此懼，閑先聖之道，距楊墨，放淫辭，邪說者不得作。作於其心，害於其事；作於其事，害於其政。聖人復起，不易吾言矣。」

「昔者禹抑洪水而天下平，周公兼夷狄，驅猛獸而百姓寧，孔子成《春秋》而亂臣賊子懼。《詩》云：『戎狄是膺，荊舒是懲，則莫我敢承。』無父無君，是周公所膺也。我亦欲正人心，息邪說，距詖行，放淫辭，以承三聖者，豈好辯哉？予不得已也。能言距楊墨者，聖人之徒也。」

**【注釋】**

①公都子：孟子弟子。

②奄：國名，原附屬商，其地在今山東省曲阜附近。周公伐奄是周成王時的事。

③飛廉：商紂王的寵臣。此處所記驅殺飛廉事，與《史記‧秦本紀》所記不同。

④楊朱：戰國初期思想家，魏國人，字子居，又稱楊子、陽子或陽生。他主張「為我」、「全性葆真」一毛以利天下，與墨翟的「兼愛」主張相反。

## 【譯文】

公都子說：「外面的人都說老師您喜歡辯論，請問，這是為什麼呢？」

孟子說：「我難道是喜歡辯論嗎？我是不得已而辯論啊！天下有人類很久了，總是一時安定，一時動亂。在堯的時候，水勢倒流，在中國氾濫，蛇龍到處盤踞，人們無處居住；地勢低的地方，就在樹上搭窩棲身，地勢高的地方，就打相連的洞穴。《尚書》上說：『洚水警戒我們。』洚水，就是洪水。堯派禹治水。禹開挖河道，讓洪水流注進大海；驅逐蛇龍，把它們趕進荒草叢生的沼澤；水都順著地中間的河道流瀉，這就是長江、淮河、黃河和漢水。險阻排除了，危害人類的鳥獸消滅了，然後人們才能夠在平地上居住。」

「堯、舜去世後，聖人之道衰微了，暴君相繼出現。毀壞民房開挖成深池，使人民無處安身；廢棄農田改作園林，使人民斷了衣食來源。這時荒謬的學說、暴虐的行為紛紛出現，園林、深池、沼澤多了，禽獸又聚集來了。到了商紂時，天下又大亂了。周公輔佐武王殺掉紂王，討伐奄國，三年後除掉了奄君，把飛廉驅逐到海邊殺掉。消滅的國家達五十個。把老虎、豹子、犀牛、大象驅趕到很遠的地方，普天之下人心大快。《尚書》上說：『多麼輝煌啊！文王的謀略！後繼有人啊！武王的功業！庇佑、啟迪我們後人，都正確完美沒有欠缺。』」

「太平盛世和聖人之道又一次衰微了，荒謬的學說、暴虐的行為又紛紛出現了，有臣子殺君主的，有兒子殺父親的。孔子感到憂懼，編寫了《春秋》。《春秋》，（糾正君臣父子的名份，

褒貶諸侯大夫的善惡，）這是天子的職權。所以孔子說：『了解我的，恐怕就在於這部《春秋》吧！怪罪我的，恐怕也就在於這部《春秋》吧！』」

「（如今）聖王不出現，諸侯放縱恣肆，隱居不仕的人橫發議論，楊朱、墨翟的言論充塞天下。天下的言論，不是歸向楊朱一派，就是歸向墨翟一派。楊朱宣揚一切為自己，這是心目中沒有君王；墨翟宣揚對人一樣地愛，這是心目中沒有父母。心目中無父無君，這就成了禽獸。公明儀說過：『廚房裡有肥肉，馬棚裡有肥馬，而百姓面黃肌瘦，野外有餓死的屍體，這好比率領著野獸來吃人啊！』楊朱、墨翟的學說不滅亡，孔子的學說就不能光大，這會使邪說矇騙人民，堵塞仁義。仁義的道路被堵塞了，就等同率領野獸吃人，人與人將互相殘食。我為此憂懼，決心捍衛古代聖人的思想，批駁楊朱、墨翟的學說，抵制荒誕的言論，使邪說不能產生。邪說從心裡產生，就會危害事業；在事業上發揮了作用，就會危害政治。如果再有聖人出現，也不會改變我這話的。」

「從前大禹制服了洪水而使天下太平，周公兼併了夷狄，趕跑了猛獸而使百姓安寧，孔子編寫了《春秋》而使犯上作亂的人畏懼。《詩經》上說：『打擊戎狄，嚴懲荊舒，就沒有誰能抵禦我。』目無父母、君主的人，正是周公所要討伐的。我也想端正人心，撲滅邪說，批判放縱、偏激的行為，排斥荒誕的言論，以此來繼承（禹、周公、孔子）三位聖人的事業，我難道是喜歡辯論嗎？我是不得已啊！能夠用言論批駁楊朱、墨翟的，才是聖人的信徒啊！」

## 【原文】

匡章①曰：「陳仲子②豈不誠廉士哉？居於陵③，三日不食，耳無聞，目無見也。井上有李，螬④食實者過半矣，匍匐往，將⑤食之，三咽，然後耳有聞，目有見。」

孟子曰：「於齊國之士，吾必以仲子為巨擘⑥焉。雖然，仲子惡能廉？充仲子之操，則蚓而後可者也。夫蚓，上食槁壤，下飲黃泉。仲子所居之室，伯夷之所築與？抑亦盜蹠⑦之所築與？所食之粟，伯夷之所樹與？抑亦盜蹠之所樹與？是未可知也。」

曰：「是何傷哉？彼身織屨，妻辟纑⑧，以易之也。」

曰：「仲子，齊之世家也，兄戴，蓋⑨祿萬鍾。以兄之祿為不義之祿而不食也，以兄之室為不義之室而不居也，辟兄離母，處於於陵。他日歸，則有饋其兄生鵝者，己頻顣⑩：『惡用是鶂鶂⑪者為哉？』他日，其母殺是鵝也，與之食之。其兄自外至，曰：『是鶂鶂之肉也！』出而哇⑫之。以母則不食，以妻則食之；以兄之室則弗居，以於陵則居之。是尚為能充其類也乎？若仲子者，蚓而後充其操者也。」

## 【注釋】

①匡章：齊國名將，其言行見於《戰國策．齊策．燕策》和《呂氏春秋．不屈．愛類》。

②陳仲子：齊國人，又稱田仲、陳仲、於（ㄨ）陵仲子等。

③於陵：地名，在今山東長山縣南，距臨淄約兩百里。
④螬：ㄘㄠˊ，即蠐螬，俗稱「地蠶」、「大蠶」，是金龜子的幼蟲。
⑤將：拿．取。
⑥巨擘（ㄅㄛˋ）：大拇指，引申為在某一方面傑出的人或事物。
⑦盜蹠：所說是春秋時有名的大盜，柳下惠的兄弟。
⑧辟纑（ㄌㄨˊ）：績麻練麻。績麻為辟，練麻為纑。
⑨蓋：ㄍㄜ，地名，是陳戴的封邑。
⑩頻顣（ㄘㄨˋ）：即顰蹙，不愉快的樣子。
⑪鶃鶃（ㄧˋ）：鵝叫聲。
⑫哇：吐。

## 【譯文】

匡章說：「陳仲子難道不是一個真正廉潔的人嗎？住在於陵這個地方，三天沒有吃東西，餓得耳朵沒有了聽覺，眼睛沒有了視覺。井上有個李子，被金龜子的幼蟲已經吃掉了一大半，他爬過去，拿過來吃，吞了三口，耳朵才恢復了聽覺，眼睛才恢復了視覺。」

孟子說：「在齊國人之中，我一定把仲子看成大拇指。但是，他怎能叫做廉潔？要推廣仲子的操守，那只有把人變成蚯蚓之後能辦到。蚯蚓，在地面上吃乾土，在地面下喝泉水。可是仲子所住的房屋，是像伯夷那樣廉潔的人所建築的呢？還是像盜蹠那樣的強盜所建築的呢？他所吃的糧食，是像伯夷那樣廉潔的人所種植的呢？還是像盜蹠那樣的強盜所種植的呢？這個還是不知道的。」

匡章說：「那有什麼關係呢？他親自編草鞋，他妻子績麻練麻，用這些去交換其他生活用品。」

孟子說：「仲子是齊國的宗族世家，他的哥哥陳戴在蓋邑的俸祿便有幾萬石之多。可是他卻認為他哥哥的俸祿是不義之財而不去吃，認為他哥哥的住房是不義之產而不去住，避開哥哥，離開母親，住在於陵這個地方。有一天他回家裡去，正好看到有人送給他哥哥一隻鵝，他皺著眉頭說：『要這種呃呃叫的東西做什麼呢？』過了幾天，他母親把那隻鵝殺了給他吃，他的哥哥恰好從外面回來，看見後便說：『你吃的正是那呃呃叫的東西的肉啊！』他連忙跑出門去，『哇』地一聲便嘔吐了出來。母親的食物不吃，卻吃妻子的；哥哥的房屋不住，卻住在於陵，這能夠算是推廣他的廉潔的操守嗎？像他那樣做，只有把人變成蚯蚓之後才能夠辦到。」

【故事】

## 蘇武牧羊有氣節

西漢王朝與北方的匈奴接壤，在衛青、霍去病擊敗匈奴之後，雙方有好幾年沒有再打仗。這時候的匈奴表面上跟漢朝和好，但還是準備著隨時進犯中原。

當時，漢朝和匈奴之間的關係比戰爭時有了較大的緩和，經常互派使者。可是漢朝的使者到了匈奴，有的卻被扣留了。於是，漢朝也扣留了一些匈奴的使者。雙方之間經常有一些小摩擦。

隨著國力的不斷強盛，西元前100年，漢武帝想出兵攻打匈奴。匈奴聽到消息後，趕緊派使者來求和，還把漢朝的使者都放回來。漢武帝見匈奴的行為很有誠意，就派當時任中郎將的蘇武出使匈奴。蘇武帶著副手張勝和隨員常惠，拿著旌節出發了。他沒有想到的是：這一次出使竟然極大地改變了他的命運。

蘇武來到匈奴，順利完成了預定的任務：送回扣留的使者，送上禮物。做完這些，蘇武就等著單于寫回信好回去交差。就在這個時候，出了一件意外的事情。

當時有一個人叫衛律，是匈奴人，卻生長在漢朝。他在一次出使匈奴時就投靠了匈奴。匈奴的首領單于特別重用他，封他為王。衛律有一個部下叫虞常，對衛律心懷不滿。這個人跟蘇武的副手張勝原來是朋友，他偷偷地去找張勝商量，想要殺了衛律，劫持單于的母親，然後一起逃回中原去。

張勝同情虞常的處境，就支持了他。只是沒想到，虞常的計畫沒有成功，反而被匈奴人逮住了。單于對此大怒，叫衛律仔細審問虞常，還要他查問出同謀的人來。

張勝聽聞消息，內心既害怕又懊悔。因怕受到牽連，不得不將實情告訴蘇武。

蘇武聽後說：「事情發展到了這個地步，我一定會受到牽連。如果讓人家審問之後再處死，不是更給朝廷丟臉嗎？」於是就拔出刀來要自刎。張勝和隨員常惠趕緊奪去他手裡的刀，好言相勸，才讓蘇武暫時斷了自盡的念頭。

虞常雖然遭受了各種酷刑，但只承認跟張勝是朋友，拼死也不承認張勝是同謀。衛津沒有辦法，就向單于報告。單于大怒，想殺死蘇武，被大臣勸阻了。單于轉念一想，覺得不殺蘇武而讓他為自己效力也不錯，於是又叫衛律去逼迫蘇武投降。

蘇武一聽衛律叫他投降，就氣憤地說：「我是大漢王朝的使者，如果投降匈奴、違背使命，那就是喪失氣節，還有什麼臉活下去？」於是拔出刀來再次自刎。衛津慌忙阻攔，但蘇武已受重傷昏了過去。衛律馬上叫人搶救，終於讓蘇武甦醒過來。

單于聽說後，覺得蘇武是個有氣節的好漢，更想讓他歸順於自己了。於是，蘇武傷癒後，單于又派衛律來逼他投降。

衛律讓蘇武坐在旁邊觀看審訊：先是把虞常定了死罪後殺了，接著又舉劍威脅張勝。張勝恐懼不已，就投降了。只有蘇武，面對衛律的種種威逼利誘，始終不肯投降，並且怒斥衛律的變節行為。衛律碰了一鼻子灰，只得回去向單于報告。

單于把蘇武關在地窖裡，不給他食物和水，想以此逼他屈服。當時已經入冬，下起了鵝毛大雪。蘇武渴了就以雪當水喝，餓了就吃皮帶、羊皮片充飢。就這樣過了幾天，居然沒有餓死。

單于見折磨他沒用，就把他一個人送到北海邊（現在的貝加爾湖一帶）去放羊。當時的北海是個荒蕪之地，荒無人煙，只有那根代表朝廷的旌節和蘇武為伴。日子一久，旌節上的穗子也都全掉了。旌節是古代使者所持的節，以為憑信。蘇武在任何時候都努力保全它，並且自始至終都沒有失去生的信念。

到了西元前85年，匈奴的首領單于死了，匈奴發生內亂，最終分成了三個國家。新的單于再也沒有力量與漢朝打仗，於是就派使者來求和。那時候，漢武帝也已經死去了，他的兒子漢昭帝即位。漢昭帝聽說蘇武還在匈奴，就派使者到匈奴，要求單于釋放蘇武。匈奴謊說蘇武已經死了，使者信以為真，就沒有再提起這件事。於是，蘇武在匈奴又多待了幾年。

當年跟隨蘇武出使的隨從常惠也一直在匈奴。漢朝使者再次到匈奴時，常惠買通了匈奴人，私下和漢朝的使者見了面，把蘇武在北海牧羊的情況告訴了使者。使者大吃一驚，立即去見單于，嚴厲地說：「匈奴既然存心與漢朝和好，就不應該欺騙漢朝。我們的皇上在御花園射下了一隻大雁，大雁的腳上拴著一條綢子，上面寫著蘇武還活著！你怎麼說他死了呢？」單于聽了之後，以為是蘇武的忠義感動了上天，連大雁也替他送消息，既驚又怕地向使者道歉說：「蘇武確實還活著。我們立刻就放他回去。」至此，離蘇武當年出使時，已過去了整整十九年。

蘇武終於踏上長安的土地時，內心異常激動。長安城的百姓聽說了蘇武的故事後，都非常敬佩，夾道迎接他。蘇武當年離開長安城時才四十歲，手中的旌節鮮豔奪目，一派風光；而在遭受了十九年的困苦、折磨後，再次出現在長安城門外的蘇武，已經是個鬚髮皆白的老人了，手裡拿著的旌節也只剩下了光杆子。但是，所有人都認為，這位老人是凱旋的英雄，是一個真正有氣節的大丈夫。

**【評論】**

「富貴不能淫，貧賤不能移，威武不能屈，此之謂大丈夫。」將孟子的這句話用在蘇武的身上再合適不過了。蘇武為了國家大義，始終堅守心靈的聖地。他歷盡磨難，十九年之後終於回國。蘇武身上的堅強不屈、忠貞不渝的精神一直被後人傳誦，他崇高的氣節也成為中國倫理人格的好榜樣。

# 第七篇

## 離婁（上）——有規矩成方圓

## 【原文】

孟子曰：「離婁①之明，公輸子②之巧，不以規矩，不能成方圓；師曠③之聰，不以六律④，不能正五音⑤；堯、舜之道，不以仁政，不能平治天下。今有仁心仁聞而民不被其澤，不可法於後世者，不行先王之道也。故曰，徒善不足以為政，徒法不能以自行。《詩》云：『不愆不忘，率由舊章⑥。』遵先王之法而過者，未之有也。聖人既竭目力焉，繼之以規矩準繩，以為方員平直，不可勝用也；既竭耳力焉，繼之以六律正五音，不可勝用也；既竭心思焉，繼之以不忍人之政，而仁覆天下矣。故曰，為高必因丘陵，為下必因川澤；為政不因先王之道，可謂智乎？是以惟仁者宜在高位。不仁而在高位，是播其惡於眾也。上無道揆也，下無法守也，朝不通道，工不信度，君子犯義，小人犯刑，國之所存者幸也。故曰，城郭不完，兵甲不多，非國之災也；田野不辟，貨財不聚，非國之害也。上無禮，下無學，賊民興，喪無日矣。《詩》曰：『天之方蹶，無然泄泄⑦。』泄泄猶遝遝也。事君無義，進退無禮，言則非先王之道者，猶遝遝也。故曰，責難於君謂之恭，陳善閉邪謂之敬，吾君不能謂之賊。」

## 【注釋】

①離婁：相傳是黃帝時一個視力特別好的人。

②公輸子：即公輸班（或作公輸般、公輸盤），春秋末年魯國人，所以又叫他魯班，是古代著名的建築工匠。

③師曠：春秋時晉平公的樂師，名曠，相傳他的辨音能力特別強。

④六律：指十二律中的六個陽律。十二律是古人用十二根律管所定的十二個標準音，分為陰陽兩類，陰律又叫六呂，陽律又叫六律。這裡的六律代指十二律。

⑤五音：中國古代音樂所定的五個音階，具體名稱是：宮、商、角、徵、羽。

⑥這兩句出自《詩經．大雅．假樂》。

⑦這兩句出自《詩經．大雅．板》。

## 【譯文】

孟子說：「即使有離婁那樣的眼力，公輸子那樣的巧技，但如果不靠圓規和曲尺，也畫不出（標準的）方形和圓形；即使有師曠那樣的聽力，不靠六律，不能校正五音；即使有堯、舜之道，不行仁政，不能使天下太平。如果有了仁愛之心和仁愛的名聲，百姓卻沒有受到他的恩澤，但他也不能被後世效法，是因為他沒有實行先王之道。所以說，光有善心不足以弄好政治，光有好的法度不會自動運行。《詩經》上說：『不犯錯誤，不要遺忘，完全遵循舊規章。』遵循先王的法度而犯錯誤，這是從來沒有的事。聖人竭盡了目力，接著用圓規、曲尺、水平器、墨線，來製作方的、圓的、平的、直的東西，這些東西就用不盡了；聖人竭盡了耳力，接著用六律來校正五音，這些音階就運用無窮了；聖人竭盡了心思，接著又施行仁政，仁德就遍佈天下了。所以說，要建高台，一定要憑藉山陵，要想挖深池，一定要憑藉河澤；執掌國政不憑藉先王之道，能說是聰明嗎？因此，只有仁人才應該處在高位。不仁的人處在高位，這會使他把邪惡傳播給眾人。在上的不依照義理度量事物，在下的不用法度約束自己，朝廷不信仰道義，工匠不相信尺度，官員觸犯理義，小人觸犯刑律，國家還能生存的，只是由於僥倖罷了。所以說，城牆不堅固，軍隊不夠多，不是國家的災難；土地沒有擴大，財富沒有積聚，不是國家的禍害。在上的不講禮義，在下的不學禮義，作惡的百姓日益增多，國家的滅亡就沒有幾天了。《詩經》上說：『上天正在震動，群臣不要吵吵鬧鬧。』吵吵鬧鬧，就是說話放肆隨便。侍奉君主不講義，一舉一動不合禮，張口就詆毀先王之道，便是放肆隨便。所以說，要求君王施行仁政，這叫恭敬；向君王陳述好的意見，抑制他的謬論，這叫尊重；認為自己的君王不能行善，這叫『賊』。」

**【原文】**

孟子曰：「規矩，方員之至也；聖人，人倫之至也。欲為君，盡君道；欲為臣，盡臣道。二者皆法堯、舜而已矣。不以舜之所以事堯事君，不敬其君者也；不以堯之所以治民治民，賊其民者也。孔子曰：『道二，仁與不仁而已矣。』暴其民甚，則身弒國亡；不甚，則身危國削，名之曰『幽』、『厲』①，雖孝子慈孫，百世不能改也。《詩》云：『殷鑒不遠，在夏後之世②。』此之謂也。」

**【注釋】**

①幽、厲：謚號名。《逸周書・謚法解》說：「動祭亂常曰幽，殺戮無辜曰厲。」

②這兩句出自《詩經・大雅・蕩》。

**【譯文】**

孟子說：「圓規、曲尺，是方和圓的最高標準；聖人，是做人的最高典範。想成為好君主，就要盡到做君主的道理；想成為好臣子，就要盡到做臣子的道理。二者都效法堯、舜就行了。不用舜侍奉堯的態度來侍奉君主，就是不敬重他的君主；不用堯治理百姓的方法來治理百姓，就是殘害他的百姓。孔子說：『道路只有兩條，仁和不仁罷了。』對百姓殘暴太嚴重，就會自身被殺、國家滅亡；即使不太嚴重，也會自身危險、國家削弱，死後被加上『幽』、『厲』這類惡諡，即使他有孝順的子孫，一百代也無法更改了這個壞名聲。《詩經》上說：『殷朝的借鏡不遠，就在前代的夏朝。』說的就是這種情況。」

**【原文】**

孟子曰：「三代之得天下也以仁，其失天下也以不仁。國之所以廢興存亡者亦然。天子不仁，不保四海；諸侯不仁，不保社稷；卿大夫不仁，不保宗廟；士庶人不仁，不保四體。今惡死亡而樂不仁，是猶惡醉而強酒。」

**【譯文】**

孟子說：「夏、商、周三代的得天下，是由於仁；他們失掉天下，是由於不仁。國家衰敗、興盛、生存、滅亡的原因，也是這樣。天子不仁，不能保住天下；諸侯不仁，不能保住國家；卿大夫不仁，不能保住宗廟；士人和百姓不仁，不能保住自身。如果害怕死亡，卻又樂意做不仁的事，這就像害怕喝醉卻硬要多喝酒一樣。」

## 【原文】

孟子曰：「愛人不親，反其仁；治人不治，反其智；禮人不答，反其敬。行有不得者皆反求諸己，其身正而天下歸之。《詩》云：『永言配命，自求多福①。』」

## 【注釋】

①這兩句出自《詩經．大雅．文王》。

## 【譯文】

孟子說：「愛別人，別人卻不來親近，就要反問自己仁的程度；治理別人卻治理不好，就要反問自己智的程度；禮貌待人，別人卻不理睬，就要反問自己恭敬的程度。行為有得不到預期效果的，都要反過來求問自己。自身端正了，天下的人就會來歸向他。《詩經》上說：『永遠配合天命，自己求來眾多的幸福。』」

【原文】

孟子曰：「人有恆言，皆曰，『天下國家。』天下之本在國，國之本在家，家之本在身。」

【譯文】

孟子說：「人們有句常說的話，都這麼說，『天下國家。』天下的根本在於國，國的根本在於家，家的根本在於自身。」

【原文】

孟子曰：「為政不難，不得罪於巨室。巨室之所慕，一國慕之；一國之所慕，天下慕之；故沛然德教溢乎四海。」

【譯文】

孟子說：「弄好政治不難，不得罪賢明的卿大夫就行了。他們所愛慕的，全國都會愛慕；全國所愛慕的，天下都會愛慕；因而道德教化就會浩浩蕩蕩充溢於天下了。」

【原文】

孟子說：「天下有道，小德役大德，小賢役大賢；天下無道，小役大，弱役強。斯二者，天也。順天者存，逆天者亡。齊景公曰：『即不能令，又不受命，是絕物也。』涕出而女於吳①。今也小國師大國而恥受命焉，是猶弟子而恥受命於先師也。如恥之，莫若師文王。師文王，大國五年，小國七年，必為政於天下矣。《詩》云：『商之孫子，其麗不億。上帝既命，侯於周服。侯服於周，天命靡常。殷士膚敏，祼將於京②。』孔子曰：『仁不可為眾也。夫國君好仁，天下無敵。』今也欲無敵於天下而不以仁，是猶執熱而不以濯也。《詩》云：『誰能執熱，逝不以濯③？』」

【注釋】

①事見《說苑．權謀》記載。齊景公懼怕吳王闔廬伐齊，不得已把女兒嫁給闔廬。送別女兒時，哭著說：「余死不汝見矣」又說：「余有齊國之固，不能以令諸侯，又不能聽，是生亂也。寡人聞之，不能令，則莫若從。」

②這八句出自《詩經．大雅．文王》。祼（ㄍㄨㄢˋ），宗廟祭祀的一種儀式，把鬱鬯（ㄔㄤˋ）酒淋在地上以迎接鬼神。將，助。

③這兩句出自《詩經．大雅．柔桑》。

## 【譯文】

孟子說：「天下有道時，道德低的受道德高的役使，才智少的受才智多的役使；天下無道時，力量小的受力量大的役使，勢力弱的受勢力強的役使。這兩種情況，符合天理。順從天理的生存，違逆天理的滅亡。齊景公說過：『我既不能命令別人，又不願聽別人命令，這就與別人斷絕了關係。』景公不得已哭著把女兒嫁到吳國去。現在，小國效法大國，卻又恥於接受大國命令，這就好比學生恥於接受老師的命令一樣。如果真的感到羞恥，那就不如效法文王。效法文王，大國不出五年，小國不出七年，一定能在天下掌權。《詩經》上說：『商朝子子孫孫，不下十萬餘人。上帝既有命令，都向周朝歸順。都向周朝歸順，就因天命沒有固定。殷朝的臣子，不論是漂亮的聰明的，都行裸獻之禮，助祭在周王京城。』孔子說：『仁的力量，不在於人多。國君愛好仁德，就能天下無敵。』如果想無敵於天下而又不憑藉仁，這就像熱得受不了而又不肯洗澡一樣。《詩經》上說：『誰能熱得受不了，不去洗個澡？』」

**【原文】**

孟子曰：「不仁者可與言哉？安其危而利其菑①，樂其所以亡者。不仁而可與言，則何亡國敗家之有？有孺子歌曰：『滄浪之水清兮，可以濯我纓②；滄浪之水濁兮，可以濯我足。』孔子曰：『小子聽之！清斯濯纓，濁斯濯足矣。自取之也。』夫人必自侮，然後人侮之；家必自毀，而後人毀之；國必自伐，而後人伐之。《太甲》③曰：『天作孽，猶可違；自作孽，不可活。』此之謂也。」

**【注釋】**

①利：有利於。菑（ㄗㄞ）：同「災」。

②滄浪：水名。纓：繫帽子的絲帶。濯，洗。

③《太甲》：《尚書．太甲篇》。

**【譯文】**

孟子說：「不仁的人還能與他講什麼嗎？別人面臨危險，他安然不動，別人災禍臨頭他以為可以得利，把別人亡國敗家的事當作快樂。不仁的人如果還能與他談什麼，哪還會有亡國敗家的事呢？從前有個孩子唱道：『滄浪的水碧清喲，可以洗我的帽帶；滄浪的水渾濁喲，可以洗我的腳。』孔子說：『弟子們聽著！水清就洗帽帶，水濁就洗腳了。這是取決於水自己本身啊！』一個人必然是有自取侮辱的原因，人家才來侮辱他；一個家必然是自己招致毀敗，人家才來毀敗它；一個國必然是自己招致討伐，別人才來討伐它。《太甲》上說：『上天降災，還可以躲；自己作孽，別想再活。』說的就是這個意思。」

## 【原文】

孟子說：「桀、紂之失天下也，失其民也；失其民者，失其心也。得天下有道：得其民，斯得天下矣；得其民有道：得其心，斯得民矣；得其心有道：所欲與之聚之，所惡勿施爾也。民之歸仁也，猶水之就下、獸之走壙①也。故為淵驅魚者，獺也；為叢驅爵②者，鸇③也；為湯、武驅民者，桀與紂也。今天下之君有好仁者，則諸侯皆為之驅矣。雖欲無王，不可得已。今之欲王者，猶七年之病求三年之艾④也。苟為不畜，終身不得。苟不志於仁，終身憂辱，以陷於死亡。《詩》云：『其何能淑，載胥及溺⑤。』此之謂也。」

## 【注釋】

①壙：同「曠」，曠野。

②爵：同「雀」。

③鸇：ㄓㄢ，一種像鷂鷹的猛禽。

④艾：即陳艾，常用於炙病，存放時間越久，療效越好。

⑤其何能淑，載胥及溺：這兩句出自《詩經．大雅．柔桑》。淑，善、好的意思。載，句首語氣助詞，無意義。溺，落水的意思。

## 【譯文】

孟子說：「桀和紂失天下，是由於失去了人民；失去人民，是由於失去了民心。得天下有辦法：得到人民支持，就能得到天下了；得人民支持有辦法：贏得民心，就能得到人民支持了；得民心有辦法：他們想要的，就給他們積聚起來；他們厭惡的，不加給他們，如此罷了。人民歸服於仁，如同水往下方流、野獸奔向曠野一樣。所以，替深水趕來魚的是水獺；替樹叢趕來鳥雀的是鸇鷹；替湯王、武王趕來百姓的，是夏桀和商紂。如果現在天下的國君有愛好仁德的，那麼諸侯們就會替他把人民趕來。哪怕他不想稱王天下，也不可能了。現在想稱王天下的人，好比害了七年的病要找存放多年的艾來治。如果平時不積存，那就終身得不到。如果不立志在仁上，必將終身憂愁受辱，以致於死亡。《詩經》上說：『那怎能把事辦好，只有一塊兒淹死了。』說的就是這種情況。」

**【原文】**

孟子曰：「自暴者，不可與有言也；自棄者，不可與有為也。言非禮義，謂之自暴也；吾身不能居仁由義，謂之自棄也。仁，人之安宅也；義，人之正路也。曠安宅而弗居，舍正路而不由，哀哉！」

**【譯文】**

孟子說：「自己戕害自己的人，不可能與他有什麼話說；自己拋棄自己的人，不可能與他有所作為。說話詆毀禮義，這叫自己戕害自己；自認為不能守仁行義，這叫自己拋棄自己。仁是人們最安全的住所，義是人們最正確的道路。空著安全的住所不住，捨棄正確的道路不走，真可悲啊！」

【原文】

孟子曰：「道在邇而求諸遠，事在易而求諸難：人人親其親、長其長，而天下平。」

【譯文】

孟子說：「道路就在眼前，卻向遠處去尋找；事情本來容易，卻找難的去做：只要人人愛父母、敬長輩，天下就會太平。」

**【原文】**

孟子曰：「居下位而不獲於上，民不可得而治也。獲於上有道：不信於友，弗獲於上矣。信於友有道：事親弗悅，弗信於友矣。悅親有道：反身不誠，不悅於親矣。誠身有道：不明乎善，不誠其身矣。是故誠者，天之道也；思誠者，人之道也。至誠而不動者，未之有也；不誠，未有能動者也。」

**【譯文】**

孟子說：「身居下位而又不被上司信任，是不可能治理好百姓的。要取得上司信任有辦法：如果不被朋友信任，也就不會得到上司信任了。要被朋友信任有辦法：如果侍奉父母得不到父母歡心，也就不會被朋友信任了。要父母歡心有辦法：如果反省自己不誠心誠意，也就得不到父母歡心了。要使自己誠心誠意有辦法：如果不明白什麼是善行，也就不會使自己誠心誠意了。所以，誠是天然的道理，追求誠是做人的道理。極端誠心而不能使人感動，是從來不會有的事；不誠心是沒有誰會被感動的。」

## 【原文】

孟子曰：「伯夷辟紂，居北海之濱①，聞文王作，興曰：『盍歸乎來！吾聞西伯②善養老者。』太公③辟紂，居東海之濱④，聞文王作，興曰：『盍歸乎來！吾聞西伯善養老者。』二老者，天下之大老也，而歸之，是天下之父歸之也。天下之父歸之，其子焉往？諸侯有行文王之政者，七年之內，必為政於天下矣。」

## 【注釋】

①北海之濱：其地在今瀕臨渤海的河北昌黎一帶。

②西伯：即周文王。

③太公：即姜太公，因祖先曾封於呂地，故又姓呂，名尚，字子牙，號太公望。曾輔佐文王、武王滅商建立周朝。

④東海之濱：其地在今山東莒縣東部。

## 【譯文】

孟子曰：「伯夷躲避紂王，隱居在北海邊，聽說文王興盛起來了，高興地說：『何不去投奔西伯呢！我聽說西伯善於奉養老人。』太公躲避紂王，隱居在東海邊，聽說文王興盛起來了，高興地說：『何不去投奔西伯呢！我聽說西伯善於奉養老人。』這兩位老人，是天下最有聲望的老人，（他們）投奔了西伯，這就使天下做父親的都去投奔西伯了。天下做父親的都投奔了西伯，他們的兒子還能往哪裡去呢？諸侯中如果有施行文王那樣的仁政的，不出七年，一定能在天下執掌政權。」

【原文】

孟子曰：「求也為季氏宰①，無能改於其德，而賦粟倍他日。孔子曰：『求非我徒也，小子鳴鼓而攻之可也。』由此觀之，君不行仁政而富之，皆棄於孔子者也，況於為之強戰？爭地以戰，殺人盈野，爭城以戰，殺人盈城，此所謂率土地而食人肉，罪不容於死。故善戰者服上刑，連諸侯者次之，辟草萊、任土地者次之。」

【注釋】

①季氏宰：求，冉求，孔子弟子。季氏，指季康子，魯國卿。

【譯文】

孟子說：「冉求當了季氏的家臣，不能改變季氏的德行，徵收田賦反而比過去增加一倍。孔子說：『冉求不是我的學生，弟子們，你們可以擂起鼓來聲討他！』由此看來，君主不施行仁政，反而去幫他聚斂財富的人，都是孔子所鄙棄的，更何況為他賣命打仗的人呢？為爭奪一塊地方打仗而殺人遍野，為爭奪一座城池打仗而殺人滿城，這就叫做帶領著土地來吃人肉，罪惡之大，將他處死都嫌不夠的。所以好打仗的人該受最重的刑罰，唆使諸侯拉幫結夥打仗的人，該受次一等的刑罰，強令百姓墾荒耕種分土授田的人該受再次一等的刑罰。」

【原文】

孟子曰：「存乎人者，莫良於眸子。眸子不能掩其惡。胸中正，則眸子瞭焉；胸中不正，則眸子眊焉。聽其言也，觀其眸子，人焉①廋哉？」

【注釋】

①廋：隱藏。

【譯文】

孟子說：「觀察一個人，最好的辦法莫過於觀察他的眼睛。眼睛掩藏不了他（內心）的邪惡。心胸正直，眼睛就明亮；心術不正，眼睛就濁暗。聽他說話，同時觀察他的眼睛，這個人的善惡還能隱藏到哪裡去呢？」

【原文】

孟子曰：「恭者不侮人，儉者不奪人。侮奪人之君，唯恐不順焉，惡得為恭儉？恭儉豈可以聲音笑貌為哉？」

【譯文】

孟子說：「恭敬的人不欺侮別人，節儉的人不掠奪別人。欺侮人、掠奪人的君主，唯恐別人不順從，怎麼能做到恭敬和節儉？恭敬和節儉這兩種品德難道可以靠聲音笑貌強裝出來的嗎？」

**【原文】**

淳于髡①曰：「男女授受不親，禮與？」

孟子曰：「禮也。」

曰：「嫂溺，則援之以手乎？」

曰：「嫂溺不援，是豺狼也。男女授受不親，禮也；嫂溺，援之以手者，權②也。」

曰：「今天下溺矣，夫子之不援，何也？」

曰：「天下溺，援之以道；嫂溺，援之以手。子欲手援天下乎？」

**【注釋】**

①淳于髡（ㄎㄨㄣ）：姓淳於，名髡，戰國時齊國有名的辯士，曾在齊威王、齊宣王時做官。

②權：變通。

**【譯文】**

淳于髡說：「男女之間不能親手遞接東西，是禮法的規定嗎？」

孟子說：「是禮法的規定。」

淳于髡又問：「如果嫂子落水了，那麼能用手拉她嗎？」

孟子說：「嫂子落水了而不去拉，這就如同豺狼了。男女之間不親手遞接東西，這是禮法的規定；嫂子落水而用手去拉，這是對禮法的變通。」

淳于髡說：「現在，天下的人都掉落水中了，您不去救，為什麼呢？」

孟子說：「天下的人都落水了，要用道去救；嫂子落水了，要用手去救。你難道想用手去救天下的人嗎？」

**【原文】**

公孫丑曰：「君子之不教子，何也？」

孟子曰：「勢不行也。教者必以正；以正不行，繼之以怒。繼之以怒，則反夷矣。『夫子教我以正，夫子未出於正也。』則是父子相夷也。父子相夷，則惡矣。古者易子而教之，父子之間不責善。責善則離，離則不祥莫大焉。」

**【譯文】**

公孫丑說：「君子不親自教育自己的兒子，為什麼呢？」

孟子說：「因為情理上行不通。（父親）教育（兒子）必然要用正確的道理；用正確的道理行不通，接著便會動怒。一動怒，就反而傷了感情。（兒子會說：）『你用正確的道理教育我，而你自己的做法就不正確。』這樣，父子之間就傷了感情。父子之間傷了感情，就壞事了。古時候相互交換兒子進行教育，父子之間不求全責備對方。相互求全責備，會使父子關係疏遠，父子疏遠，那就沒有比這更不幸的了。」

【原文】

孟子曰：「事，孰為大？事親為大；守，孰為大？守身為大。不失其身而能事其親者，吾聞之矣；失其身而能事其親者，吾未之聞也。孰不為事？事親，事之本也；孰不為守？守身，守之本也。曾子①養曾皙，必有酒肉。將徹，必請所與；問有餘，必曰『有』。曾皙死，曾元養曾子，必有酒肉。將徹，不請所與；問有餘，曰『亡矣』，將以復進也。此所謂養口體者也。若曾子，則可謂養志也。事親若曾子者，可也。」

【注釋】

①曾子：即曾參，春秋時魯國人，與他的父親曾皙同為孔子的弟子。

【譯文】

孟子說：「哪一種侍奉最重要？侍奉父母最重要；哪一種守護最重要？守護自身（的善性）最重要。不喪失自身（善性）而能侍奉好父母的，我聽說過；喪失了自身（善性）而能侍奉好父母的，我從來沒聽說過。哪個長者不該侍奉？但侍奉父母才是侍奉的根本；哪種好品德不該守

護？但守護自身（的善性）是守護的根本。曾子奉養他的父親曾晳，每餐必定有酒肉。撤除食物時，必定要請示（剩下的酒肉）給誰；如果父親問有沒有剩餘，必定說『有』。曾晳死後，曾元奉養他的父親曾子，每餐也必定有酒肉。撤除時，不請示剩餘的給誰；父親問有沒有剩餘，就回答說『沒有了』，是準備拿吃剩的下一餐再進奉給父親。這叫做對父母的口體奉養。像曾子那樣，就可以稱為對父母心意的奉養了。侍奉父母能像曾子那樣就可以了。」

【原文】

孟子曰：「人不足與適①也，政不足間②也。唯大人為能格君心之非。君仁，莫不仁；君義，莫不義；君正，莫不正。一正君而國定矣。」

【注釋】

①適：同「謫」，譴責，指責。

②間：非議。

【譯文】

孟子說：「那些在位的小人，不值得去指責，他們的政事不值得去非議。只有大仁大德的人才能糾正君主思想上的錯誤。君主仁，沒有誰不仁；君主義，沒有誰不義；君主正，沒有誰不正。一旦使君主端正了，國家就安定了。」

【原文】

孟子曰：「有不虞①之譽，有求全之毀。」

【注釋】

①虞：預料。

【譯文】

孟子說：「有意想不到的讚譽，也有吹毛求疵的非議。」

【原文】

孟子曰：「人之易其言也，無責耳矣。」

【譯文】

孟子說：「一個人說話隨隨便便，是因為他不必負說話的責任。」

【原文】

孟子曰：「人之患在好為人師。」

【譯文】

孟子說：「人們的毛病在於喜歡充當別人的老師。」

【原文】

樂正子從於子敖之齊。

樂正子見孟子。孟子曰：「子亦來見我乎？」

曰：「先生何為出此言也？」

曰：「子來幾日矣？」

曰：「昔者。」

曰：「昔者，則我出此言也，不亦宜乎？」

曰：「舍館未定。」

曰：「子聞之也，舍館定，然後求見長者乎？」

曰：「克有罪。」

## 【譯文】

樂正子跟隨子敖來到齊國。

樂正子去見孟子。孟子說：「你也來看我嗎？」

樂正子說：「先生為什麼要說這樣的話呢？」

孟子問：「你來了幾天了？」

樂正子說：「昨天就來了。」

孟子說：「昨天就來了，那麼我說這話，不也是應該的嗎？」

樂正子說：「（因為）住所沒有定下來。」

孟子說：「你聽說過，（非要）住所定下來了，才去求見長輩的嗎？」

樂正子說：「我有過錯。」

【原文】

孟子謂樂正子曰：「子之從於子敖來，徒餔啜也。我不意子學古之道而以餔啜也。」

【譯文】

孟子對樂正子說：「你跟著子敖來，只是為了混飯吃罷了。我沒有想到，你學習古人之道，竟是用它來混飯吃。」

【原文】

孟子曰：「不孝有三，無後為大。舜不告而娶，為無後也，君子以為猶告也。」

【譯文】

孟子說：「不孝的情況有三種，其中以沒有後代的罪過為最大。舜沒有稟告父母就娶妻，為的就是怕沒有後代。所以，君子認為他雖然沒有稟告，但實際上和稟告了一樣。」

**【原文】**

孟子曰：「仁之實，事親是也；義之實，從兄是也；智之實，知斯二者弗去是也；禮之實，節文斯二者是也；樂之實，樂斯二者，樂則生矣①；生則惡可已也，惡可已，則不知足之蹈之手之舞之。」

**【注釋】**

①「樂之實」三句：前一「樂」，讀ㄩㄝˋ，後二「樂」，讀ㄌㄜˋ。

**【譯文】**

孟子說：「仁的實質是侍奉父母；義的實質是順從兄長；智的實質是明白這兩方面的道理而不背離；禮的實質是在這兩方面不失禮節、態度恭敬；樂的實質是樂於做這兩方面的事，快樂就產生了；快樂一產生就抑制不住，抑制不住，就會不知不覺地手舞足蹈起來。」

【原文】

孟子曰：「天下大悅而將歸己，視天下悅而歸己，猶草芥也，惟舜為然。不得乎親，不可以為人；不順乎親，不可以為子。舜盡事親之道而瞽瞍厎豫①，瞽瞍厎豫而天下化，瞽瞍厎豫而天下之為父子者定。此之謂大孝。」

【注釋】

①瞽瞍（ㄍㄨˇ　ㄙㄡˇ）：舜的父親，其事可參《萬章上》二、四章。厎（ㄓˇ）：致。豫：樂。

【譯文】

孟子說：「天下的人都很高興地要來歸附自己，把這種情景看得如同草芥的，只有舜是這樣。不能得到父母的歡心，不可以做人；不能順從父母的心意，不能做兒子。舜竭盡全力侍奉父母，終於使他的父親瞽瞍高興了；瞽瞍高興了，天下的人由此受到感化；瞽瞍高興了，天下父子之間應有的關係由此確定了。這叫做大孝。」

【故事】

## 孫武斬寵立規矩

中國古代流傳下來的軍事文化遺產不多，《孫子兵法》是其中的璀璨瑰寶。它被後世的兵法家、軍事家廣泛推崇，成為國際最著名的兵學典範。《孫子兵法》的作者是孫武，字長卿，春秋時期齊國樂安人，是著名的軍事家。

孫武生活的年代處於春秋的末期，那個時代諸侯征伐，社會動盪。孫武的父親孫憑為了逃避禍亂，率領全家到了南方的吳國，那時的孫武只有二十多歲。

西元前515年，吳王僚趁著楚平王駕崩、楚國國內動盪之時興兵伐楚。在此期間，闔閭加大策動政變的步伐。在吳王僚班師回朝的慶功宴上，他派勇士專諸將劍藏在魚腹中，趁上菜之機刺殺了吳王僚。這就是歷史上有名的「專諸刺王僚」的故事。闔閭因此奪得了吳國的王位，史稱為「吳王闔閭」。

當時的吳國國勢強大，但也存在著很多問題，比如：常受江河海水的侵害，軍事防禦設施不完備，荒地未充分開墾，建立的糧倉不多……等等。西面的楚國和南面的越國都實力強大，已經對吳國構成威脅。正是在這種背景之下，吳王闔閭大力搜羅人才，任用賢能，聽取民聲，採納良策。他重用楚國的亡臣伍子胥，在伍子胥的推薦下，又召見了孫武。

吳王闔閭想重用孫武，就對他說：「先生寫的十三篇兵法，我都看過了，實在是太好了。你能否在我面前小試一下，讓寡人開開眼界？」

孫武回答說：「可以。」

吳王想要給孫武出難題，就笑著問：「可以讓女子來試嗎？」

沒想到，孫武點點頭說：「可以。」

吳王就派人去後宮挑選了一百八十名美貌的嬪妃。這些嬪妃聽說吳王要看她們練兵，覺得既新鮮又高興，個個塗脂抹粉、身著羅裙地來到校場上，簡直是把練兵當成了走秀。

但這群花枝招展的嬪妃在孫武的眼中只是士兵。孫武命令她們排成兩列，讓兩名吳王的寵妃擔任隊長，傳達軍令。列隊完畢後，孫武大聲地問道：「妳們知道心、背和左右手的方位嗎？」

嬪妃們說：「知道。」

孫武又說：「我命令妳們向前看，就注視心的前方；向右看，注視右手的前方；向左看，注視左手的前方。鼓聲為號，懂了嗎？」

嬪妃們忍著笑齊聲道：「懂啦！」

一聲號令，右邊的戰鼓擂響了。這個時候，這些俏麗的嬪妃們再也忍不住，一起哈哈大笑起來，簡直笑得直不起腰。

「靜！」孫武皺起了眉，喊道，「軍令傳達不明，是將軍的過錯。好，我再講一遍。」於是，他又將規定說了一遍，然後命令擂響左邊的戰鼓，並在一旁設下軍隊行刑的斧鉞。

可是鼓聲一響，妃子們又都開始笑了起來。這時，孫武聲色俱厲地喝道：「軍令已明，知法

不行，乃是士官的罪責！」說罷，命令衛兵將兩個當隊長的寵妃推出去斬首。

吳王正坐在閱兵臺上看得眉開眼笑，忽見孫武要殺掉他的寵妃，大吃一驚，慌忙說：「寡人已經知道先生會用兵了。請先生不要殺寡人的愛妃。」

孫武回道：「臣既已受大王之命擔任將軍，就請大王不要干涉軍中執法。」吳王只好看著孫武將那兩個寵妃斬首示眾了。

孫武又派兩名妃子來擔任隊長。兩名寵妃的被斬，讓這些嬪妃們嚇得發抖，再也沒有人敢嘻笑了。她們非常規矩地隨著戰鼓聲進退操練，每個動作都符合規定的標準。

透過斬姬練兵，孫武獲得了吳王闔閭的賞識。吳國在伍子胥、孫武的治理下，內政和軍事都大有起色。孫武率領吳軍打仗時，將士們無不嚴守軍令，奮勇殺敵。

西元前506年，吳王闔閭率師大敗楚軍，僅用十天就進入了楚國國都郢，創造了春秋時期攻佔大國都城的先例。第二年，闔閭又親自帶軍出征，大敗越軍。西元前504年，吳軍再次伐楚，這次迫使楚國遷都於鄀。經過這幾次戰鬥，吳國威震中華。

## 【評論】

孟子的「不以規矩，不能成方圓」說法之所以能流傳至今，就是因為無論在生活中還是社會裡，沒有規矩就會沒有秩序，就無法找到做事遵循的標準，就會亂成一團。社會發展到今天，種類繁多的「規矩」已經劃定了各個領域的「疆界」，大到國家制訂的法律，小到家庭生活中的道德修養，都必須遵循「規矩」。正是因為有了「規矩」，我們的社會和家庭才得以井然有序。

# 第八篇

## 離婁（下）——有所為有所不為

## 【原文】

孟子曰：「舜生於諸馮，遷於負夏，卒於鳴條①，東夷之人也。文王生於岐周②，卒③於畢郢④，西夷之人也。地之相去⑤也千有餘里，世之相後也，千有餘歲，得志行乎中國，若合符節⑥。先聖後聖，其揆一⑦也。」

## 【注釋】

①諸馮，負夏，鳴條：皆古地名，具體所在已無法確指，傳説都在現今山東省。

②岐周：岐，即今陝西岐山縣東北的岐山；「周」是國名。

③卒：死。

④畢郢：地名，在今陝西咸陽市東部。文王葬在這裡。

⑤相去：相距。去，離開。

⑥符節：古代朝廷用作憑證的信物，用金、玉、竹、銅、木等製作，形狀不一，上寫文字，剖分為二，雙方各執一半，使用時將兩半相合以驗真假。

⑦其揆一：這裡是說兩位聖人雖然生活的年代距離有先後遠近的不同，然而他們遵循推行的道理和準則卻是一致的。揆：ㄎㄨㄟˊ，尺度，準則。

## 【譯文】

孟子說：「舜出生在諸馮，遷居到負夏，最後死在鳴條，是東方人。文王生在岐周，最後死在畢郢，是西方人。兩地相距一千多里，時代相隔一千多年，但他們得志後在中國所推行的，像符節一樣吻合。可見古代的聖人和後代的聖人，他們（所遵循的）道德標準是一樣的。」

【原文】

子產①聽②鄭國之政，以其乘輿③濟人於溱、洧④。孟子曰：「惠⑤而不知為政。歲十一月，徒杠⑥成；十二月，輿梁⑦成，民未病涉也。君子平其政，行辟⑧人可也，焉得人人而濟之？故為政者，每人而悅之，日亦不足矣。」

【注釋】

①子產：春秋時鄭國的賢相，姓公孫，名僑，字子產。

②聽：處理，判斷。

③乘輿：乘坐的車。

④溱（ㄓㄣ）、洧（ㄨㄟˇ）：鄭國的兩條河。

⑤惠：指私恩小利。

⑥徒杠（ㄍㄤ）：簡陋的獨木便橋，可讓人步行通過。《說文解字》注：凡獨木者曰杠，駢木者曰橋。

⑦輿梁：可通行車馬的大橋。

⑧辟：同避。

## 【譯文】

子產主持鄭國的政事，他用自己乘坐的車子幫助徒步行走的人渡過溱水和洧水。孟子說：「這只是小恩小惠，他並不懂治理國家的方法。如果十一月份修成能夠走人的橋，十二月份修成能通車的橋，那麼百姓就不必再為渡河發愁了。在上位的人能把政治弄好，即便出行時讓百姓讓讓路都是可以的，哪用的著一個個地去幫他們渡河呢？所以治理政事的人，對每個人都一一私行小惠去討他們歡心，那麼時間是不夠用的。」

## 【原文】

孟子告齊宣王曰：「君之視臣如手足，則臣視君如腹心；君之視臣如犬馬，則臣視君如國人；君之視臣如土芥，則臣視君如寇讎①。」

王曰：「禮，為舊君有服，何如斯可為服矣？」

曰：「諫行言聽，膏澤下於民；有故而去，則君使人導之出疆②，又先於其所往③；去三年不反，然後收其田裡。此之謂三有禮焉。如此，則為之服矣。今也為臣，諫則不行，言則不聽，膏澤不下於民；有故而去，則君搏執之，又極④之於其所往；去之日，遂收其田裡。此之謂寇讎。寇讎，何服之有？」

## 【注釋】

①寇讎（ㄔㄡˊ）：仇敵。

②導之出疆：派人引導他離開邊境，是為保護他防止被搶劫之類。

③先於其所往：國君使人提前到他要去的地方做安排鋪路，使之生活順利。

④極：窮。去百姓們要投奔的地方故意製造困難。

## 【譯文】

孟子告訴齊宣王說：「君主看待臣下如同自己的手足，臣下看待君主就會如同自己的心腹；君主看待臣下如同狗馬，臣下看待君主就會如同不相識的人；君主看待臣下如同泥土草芥，臣下看待君主就會如同仇敵。」

宣王說：「禮制規定，（已經離職的臣下）要為先前侍奉過的君主服孝，君主怎樣做，才能讓臣下願意為他服孝呢？」

孟子說：「（臣下在職時）有勸諫，君主就聽從，有建議，君主就採納，使君主恩澤遍及百姓；（臣子）有原因離職（到別國去），君主就派人護送他出境，並且派人先到他要去的地方做好安排；離開三年還不回來的，這才收回他的封地、房屋。這叫三次有禮。這樣做，臣下就願意為舊日的君主服孝了。可是如今，做臣下的，有勸諫，君主不接受，有建議，君主不肯採納，（因此）恩澤不能遍及百姓；有舊臣離去，君主就要捉拿他，還想方設法使他在所去的地方陷入困境；離開的當天，就沒收了他的封地、房屋。這樣就叫做仇敵。對於仇敵，還能願意為他服孝嗎？」

【原文】

孟子說：「無罪而殺士，則大夫可以去；無罪而戮民，則士可以徙。」

【譯文】

孟子說：「沒有罪過而隨意殺害士人，那麼卿大夫就可以離開；沒有罪過而隨意屠殺百姓，那麼士人就可以遷走。」

【原文】

孟子曰：「君仁，莫不仁；君義，莫不義。」

【譯文】

孟子說：「君主仁，就沒有誰不仁；君主義，就沒有誰不義。」

【原文】

孟子曰：「非禮之禮，非義之義，大人弗為。」

【譯文】

孟子說：「不符合禮儀的禮，不符合道義的義，有道德的人是不遵行的。」

## 【原文】

孟子曰：「中①也養②不中，才③也養不才，故人樂有賢④父兄也。如中也棄不中，才也棄不才，則賢不肖之相去，其間不能以寸⑤。」

## 【注釋】

①中：行為符合中庸之道的人，即賢德的人。中，無過無不及的意思。
②養：教育薰陶。
③才：有才能的人。
④賢：既賢德又有才能的人。
⑤其間不能以寸：他們之間的距離或差別比寸還要小。

## 【譯文】

孟子說：「賢德的人教育、薰陶不賢德的人，有才能的人教育、培養沒有才能的人，所以人人都樂意自己有賢能的父親和兄長。如果賢德的人厭棄不賢德的人，有才能的人厭棄沒有才能的人，那麼好和不好的距離，就微小得不能用分寸來度量了。」

【原文】

孟子曰：「人有不為也，而後可以有為。」

【譯文】

孟子說：「一個人有所不為，然後才能有所作為。」

【原文】

孟子曰：「言人之不善，當如後患何？」

【譯文】

孟子說：「宣揚人家的缺點，同時該想想招來了後患怎麼辦？」

【原文】

孟子曰：「仲尼不為已甚者。」

【譯文】

孟子說：「仲尼不做過頭的事。」

【原文】

孟子曰：「大人者，言不必信，行不必果，惟義所在。」

【譯文】

孟子說：「有德行的君子，說話不一定都兌現，做事不一定都果斷，只要落實在『義』上就行。」

**【原文】**

孟子曰：「大人者，不失其赤子之心者也。」

**【譯文】**

孟子說：「有德行的君子，是不失掉嬰兒般純真天性的人。」

**【原文】**

孟子曰：「養生者不足以當大事，惟送死可以當大事。」

**【譯文】**

孟子說：「奉養父母還算不上大事，只有給他們送終才算得上大事。」

【原文】

孟子曰：「君子深造之以道，欲其自得之也。自得之，則居之安；居之安，則資之深；資之深，則取之左右逢其原，故君子欲其自得之也。」

【譯文】

孟子說：「君子按照正確的方法加深自身的造詣，是想使他自己自覺地獲得學問道理。自覺地獲得學問道理，就能牢固地掌握它；牢固掌握了它，就能累積深厚；累積深厚，就能在日常生活中左右逢源，取之不盡信手拈來運用自如，所以君子希望自己能自覺地獲得學問道理。」

【原文】

孟子曰：「博學而詳說之，將以反說約也。」

【譯文】

孟子說：「廣博地學習並詳盡地解說這些道理，是要由此返回到能夠簡單扼要闡明它大義的境界。」

【原文】

孟子曰：「以善服人者，未有能服人者也；以善養人，然後能服天下。天下不心服而王者，未之有也。」

【譯文】

孟子說：「用自己的善來制服人，沒有能使人心服的；用自己的善來教育感化人，就能使天下的民眾心服。天下的民眾不心服卻能統治好天下的，是從來沒有過的事。」

【原文】

孟子曰：「言無實不祥。不祥之實，蔽賢者當之。」

【譯文】

孟子說：「說話沒有事實根據是不好的。不好的後果是阻礙了進用賢能的人。」

【原文】

徐子①曰：「仲尼亟稱於水②，曰『水哉水哉③！』何取於水也？」

孟子曰：「源泉④混混⑤，不舍晝夜⑥，盈⑦科⑧而後進，放乎四海。有本者如是，是之取爾。苟為無本，七八月之間雨集，溝澮⑨皆盈，其涸也，可立而待也。故聲聞過情⑩，君子恥之。」

【注釋】

①徐子：姓徐，名辟，孟子弟子。

②亟稱於水：屢次稱道於水。

③水哉水哉：讚嘆之詞。

④源泉：有源頭的水。

⑤混混：水流湧出的樣子，「滾滾」的意思。

⑥不舍晝夜：指水流永不停息。

⑦盈：滿。

⑧科：低窪的地方。

⑨澮：ㄎㄨㄞˋ，田間水道。

⑩聲聞過情：名聲超出了實際情況。

**【譯文】**

徐子說：「孔子多次稱讚水，說道『水啊，水啊！』孔子認為水有什麼可取之處呢？」

孟子說：「源頭裡的泉水滾滾湧出，日夜不停地奔流，注滿窪坑後繼續前進，最後流入大海。有本源的事物都是這樣，孔子所取的正是這一點啊！如果是沒有源頭的水，就像每年七、八月間的大雨，下得很集中，大小溝渠都積滿了水，但它們的乾涸卻只要很短的時間。所以，聲望超過了實際情況，君子認為是可恥的。」

## 【原文】

孟子曰：「人之所以異於禽獸者幾希①，庶②民去之③，君子存之。舜明於庶物④，察於人倫，由仁義行⑤，非行仁義⑥也。」

## 【注釋】

①幾希：幾乎很少。希，少。
②庶：眾人。
③去之：除去，指背棄天理。
④庶物：指萬物。
⑤由仁義行：指的是仁義已經在內心紮根，所作所為自然而然都由仁義出發。
⑥非行仁義：並不是覺得仁義是美好的而勉強遵從推行。

## 【譯文】

孟子說：「人與禽獸不同的地方只有很少一點點，可是普通百姓還是丟棄了這些區別，只有高尚的君子保留了它。舜明白萬事萬物的道理，明察人倫關係，因此他能夠從仁義出發行事，而不是勉強地把仁義當作工具來施行使用。」

## 【原文】

孟子曰：「禹惡旨酒而好善言。湯執中，立賢無方①。文王視民如傷，望道而未之見。武王不泄邇②，不忘遠。周公思兼三王，以施四事；其有不合者，仰而思之，夜以繼日；幸而得之，坐以待旦。」

## 【注釋】

①方：義同「常」。

②泄邇：泄，狎；邇，近。

## 【譯文】

孟子說：「禹不喜歡美酒而喜歡善言。湯堅持中庸之道，舉薦選拔賢人不拘泥於一成不變的常規。文王看待百姓，如同他們受了傷一樣（總是同情撫慰），愛民至深；按照正道行事卻又像沒有看見一樣（總是不斷追求）。武王不輕慢身邊的臣子，不忘懷四方的諸侯。周公希望兼學夏、商、周三代聖王的功業，實踐（上述）四個方面的美德；要是有與他們不符合的，就仰首思索，日夜推敲；一旦想通了，就坐盼天亮（以便立即實行）。」

【原文】

孟子曰：「王者之跡①熄而詩亡，詩亡然後《春秋》②作。晉之《乘》③，楚之《檮杌》，魯之《春秋》，一也：其事則齊桓、晉文，其文則史。孔子曰：『其義則丘竊取之矣。』」

【注釋】

①跡：古之遒人，遒人是古代採集歌謠的官吏。

②《春秋》：魯國的史書。後來孔子依據魯國史官所編《春秋》，加以整理修訂而成編年體魯《春秋》。據上下文，這裡的《春秋》似指前者。

③《乘》：晉史書名。下文《檮杌》（ㄊㄠˊ ㄨˋ）、《春秋》分別是楚國、魯國史書名。

【譯文】

孟子說：「聖王採集歌謠的做法廢止後，詩就沒有了；詩沒有之後，就出現了《春秋》一類史書。晉國的《乘》，楚國的《檮杌》，魯國的《春秋》，都是一樣的：上面記載的是齊桓公、晉文公稱霸之類的事，所使用的筆法，都是史官的風格。孔子說：『各國史書（褒貶善惡）的原則，我私下取來（運用到《春秋》中）了。』」

【原文】

孟子曰：「君子之澤五世而斬，小人之澤五世而斬。予未得為孔子徒也，予私淑諸人也。」

【譯文】

孟子說：「君子道德風尚的影響，五代以後就斷絕了；小人道德風尚的影響，五代以後也就斷絕了。我沒能（趕上）做孔子的門徒，我是私下從別的賢人那裡學習（孔子的道德學問）的。」

【原文】

孟子曰：「可以取，可以無取，取傷廉；可以與，可以無與，與傷惠；可以死，可以無死，死傷勇。」

【譯文】

孟子說：「可以拿，可以不拿，拿了就損害了廉潔；可以給，可以不給，給了就損害了恩惠；可以死，可以不死，死了就損害了勇敢。」

【原文】

逢蒙學射於羿①，盡羿之道，思天下惟羿為愈己②，於是殺羿。孟子曰：「是亦羿有罪焉。」

公明儀曰：「宜若無罪焉。」

曰：「薄乎云爾③，惡得無罪？鄭人使子濯孺子④侵衛，衛使庾公之斯⑤追之。子濯孺子曰：『今日我疾作，不可以執弓，吾死矣夫！』問其僕⑥曰：『追我者誰也？』其僕曰：『庾公之斯也。』曰：『吾生矣。』其僕曰：『庾公之斯，衛之善射者也；夫子曰吾生，何謂也？』曰：『庾公之斯學射於尹公之他⑦，尹公之他學射於我。夫尹公之他，端人⑧也，其取友必端矣。』庾公之斯至，曰：『夫子何為不執弓？』曰：『今日我疾作，不可以執弓。』曰：『小人學射於尹公之他，尹公之他學射於夫子，我不忍以夫子之道反害夫子。雖然，今日之事，君事也，我不敢廢。』抽矢，扣輪，去⑨其金，發乘矢⑩而後反。』

**【注釋】**

①逢蒙學射於羿：逢蒙，羿的學生，後背叛羿，幫助有窮國的相寒浞殺死了羿。羿，傳說是古代有窮國的國君，以善射聞名。

②愈己：勝過自己。

③薄乎云爾：不過是罪輕一些罷了。

④子濯孺子：鄭國大夫。

⑤庾公之斯：衛國大夫。

⑥僕：這裡指駕車的人。

⑦尹公之他（ㄊㄨㄛ）：衛國人。

⑧端人：正人君子。

⑨去：除掉。

⑩乘矢：四支箭。

## 【譯文】

逢蒙向羿學射箭，學會了羿的所有技術後，他想到天下只有羿比自己強，於是殺害了羿。孟子說：「這件事羿也有過錯。」

公明儀說：「好像不該有過錯吧！」

孟子說：「只是過錯小一點罷了，怎麼能說沒有過錯？鄭國派子濯孺子侵犯衛國，衛國派庾公之斯追擊他。子濯孺子說：『今天我的舊病發作了，連弓都拉不開，我是必死無疑的了。』回頭問他的駕車人：『追趕我的人是誰啊？』駕車的說：『是庾公之斯。』子濯孺子說：『我不會死了！』駕車人說：『庾公之斯是衛國有名的射箭手；您（反而）說：我不會死了，為什麼這樣說呢？』子濯孺子說：『庾公之斯是跟尹公之他學的射箭，尹公之他是跟我學的射箭。尹公之他是正派人，他看中的朋友一定也是正派的。』庾公之斯追到面前，說：『先生為什麼不張弓？』子濯孺子說：『今天我的舊病發作了，無法張弓。』庾公之斯說：『我向尹公之他學的射箭，尹公之他是向您學的射箭，我不忍心用您傳授的技巧反過來傷害您。雖然這麼說，可是今天這事，是國君交付的公事，我不敢不辦。』說完便抽出箭來，在車輪上敲，敲掉箭頭，射了四箭之後返身回去了。」

**【原文】**

孟子曰：「西子①蒙②不潔，則人皆掩鼻而過之；雖有惡人③，齊④戒沐浴，則可以祀上帝。」

**【注釋】**

①西子：西施，指美麗的女子。

②蒙：遭受。

③惡人：指相貌醜陋的人。

④齊：ㄓㄞ，假借為齋。

**【譯文】**

孟子說：「西施雖然美麗但如果受到了髒東西的玷污，那麼人們走過她面前時也會掩起鼻子；即使長得醜陋的人，只要（誠心）齋戒沐浴，那麼照樣也可以祭祀上帝。」

## 【原文】

孟子曰：「天下之言性也，則故而已矣。故者以利為本。所惡於智者，為其鑿也。如智者若禹之行水也，則無惡於智矣。禹之行水也，行其所無事也。如智者亦行其所無事，則智亦大矣。天之高也，星辰之遠也，苟求其故，千歲之日至①，可坐而致也。」

## 【注釋】

①日至：這裡指冬至。

## 【譯文】

孟子說：「天下之人所說的本性，無非指萬物固有的道理而已。而認識固有的道理是以順乎自然做根本的。我討厭自以為聰明的人，因為他們總是愛穿鑿附會。如果聰明得能像禹使水順勢流瀉那樣，我就不會討厭這種聰明。大禹治水，順勢流瀉，順其自然，一點也不勉強。如果聰明人也能做不用穿鑿而順其自然的事，那聰明也就大得了不起了。天雖然很高，星辰雖然很遠，只要能夠認真地推求它們固有的（運行）規律，那麼一千年後的冬至之日，也是可以坐在家裡推算出來的。」

## 【原文】

公行子①有子之喪。右師②往吊，入門，有進而與右師言者，有就右師之位而與右師言者。孟子不與右師言，右師不悅，曰：「諸君子皆與驩言，孟子獨不與驩言，是簡③驩也。」孟子聞之曰：「禮，朝廷不歷位而相與言，不踰階而相揖也。我欲行禮，子敖以我為簡，不亦異乎？」

## 【注釋】

①公行子：齊國大夫。

②右師：齊國貴臣王驩，字子敖。

③簡：輕慢。

## 【譯文】

公行子為自己的兒子辦喪事。右師王驩前去弔唁。他剛剛走進大門，就有人上前來跟他說話，隨後又有人特意走到他的席位旁邊來與他交談。孟子沒有跟他說話，他心裡很不高興，說：「各位大夫都來與我交談了，只有孟子不與我說話，他這是有意輕慢我。」孟子聽到了這些話，說：「按照禮節，臣子在朝廷裡是不應該越位互相說話的，也不應該越過自己的官階相互作揖行禮。我就是按禮節行事的，子敖卻認為我這樣做是輕慢他，不是很奇怪嗎？」

## 【原文】

孟子曰：「君子所以異於人者，以其存心也。君子以仁存心，以禮存心。仁者愛人，有禮者敬人。愛人者，人恆愛之；敬人者，人恆敬之。有人於此，其待我以橫逆①，則君子必自反②也：我必不仁也，必無禮也，此物③奚宜至哉？其自反而仁矣，自反而有禮矣，其橫逆由是④也，君子必自反也：我必不忠。自反而忠矣，其橫逆由是也，君子曰：『此亦妄人也已矣。如此，則與禽獸奚擇⑤哉？於禽獸又何難焉⑥？』是故君子有終身之憂，無一朝之患也。乃若所憂則有之：舜，人也；我，亦人也。舜為法於天下，可傳於後世，我由未免為鄉人也，是則可憂也。憂之如何？如舜而已矣。若夫君子所患則亡矣。非仁無為也，非禮無行也。如有一朝之患，則君子不患矣。」

## 【注釋】

①橫逆：蠻橫無禮。

②自反：反躬自問，反省自己。

③物：事。

④由是：依然如此。由，猶。

⑤奚擇：何異，有什麼分別。

⑥又何難焉：又何必與他計較呢？

## 【譯文】

孟子說：「君子之所以不同於一般人，是因為他保存在心裡的思想不同。君子把仁牢記在心裡，把禮牢記在心裡。心中有仁愛的人愛人，心中有禮的人尊敬人。愛人的人，別人也一直愛他；尊敬人的人，別人也一直尊敬他。假設有個人，他以粗暴蠻橫的態度對待我，那麼做為君子必定會反省自己：我（對他）一定還有不仁的地方，無禮的地方，要不怎麼會發生這樣的事呢？反省後認為自己做到仁了，反省後認為自己盡到禮了，那個人仍然粗暴蠻橫，做為君子必定再次自我反省：我（待他）一定還沒有盡心竭力。經過反省，認為自己做到了盡心竭力，那人的粗暴蠻橫還是不改，君子就會說：『這不過是個狂妄無知的人罷了。像他這樣，與禽獸又有什麼區別呢？對於禽獸又有什麼可計較的呢？』因此君子有相伴終身的憂慮，沒有一朝一夕的痛苦。至於終身憂慮的事是：舜是人，我也是人；舜給天下的人樹立了榜樣，影響可以流傳到後世，我卻仍然不免是個平庸的人，這是值得憂慮的。憂慮之後又該怎麼辦呢？像舜那樣去做就可以了。至於說到君子（一時）的痛苦，那是沒有的。不仁的事不做，不合禮的事不做。即使有一朝一夕的災難，君子也不會感到痛苦的。」

## 【原文】

禹、稷當①平世，三過其門而不入，孔子賢之。顏子②當亂世，居於陋巷，一簞食，一瓢飲，人不堪其憂，顏子不改其樂，孔子賢之。孟子曰：「禹、稷、顏回同道。禹思天下有溺者，由③己溺之也；稷思天下有饑者，由己饑之也，是以如是其急也。禹、稷、顏子易地則皆然。今有同室之人鬥者，救之，雖被髮纓冠而救④之，可也。鄉鄰有鬥者，被髮纓冠而往救之，則惑也；雖閉戶可也。」

## 【注釋】

①當：值，在。

②顏子：即顏回，孔子弟子，以賢著稱。

③由：猶。

④被髮纓冠：古人戴帽子要先束髮，然後用簪子把帽子固定在頭髮上，再繫好帽帶。披散著頭髮戴帽，這裡是形容情況緊急，來不及像正常時那樣戴帽子。救：止。

## 【譯文】

禹、后稷處於政局穩定的太平時代，三次路過家門都不進去，孔子稱讚他們。顏子處於亂世，居住在僻陋的巷子裡，一個小竹筐裝飯吃，一個瓢子舀水喝，別人忍受不了那種清苦，顏子卻引以為樂，孔子稱讚他。孟子說：「禹、後稷、顏回（遵循）同一個道理。禹一想到天下的人有淹在水裡的，就覺得彷彿是自己淹在水裡似的；后稷一想到天下的人還有挨餓的，就覺得彷彿是自己挨了餓似的，所以才那樣急迫（地去拯救他們）。禹、后稷和顏回如果互換一下所處的位置，表現也都會是一樣的。假設現在有同室的人打架，（為了）阻止他們，即使（匆忙得）披散著頭髮就戴上帽子去阻止，也是可以的。如果鄉鄰中有打架的，也披散著頭髮就戴上帽子去阻止，那就是糊塗了；（對這種事，）即使關起門來（不管它）也是可以的。」

## 【原文】

公都子曰：「匡章①，通國②皆稱不孝焉，夫子與之游，又從而禮貌之，敢問何也？」

孟子曰：「世俗所謂不孝者五：惰其四支，不顧父母之養，一不孝也；博弈好飲酒，不顧父母之養，二不孝也；好貨財，私妻子，不顧父母之養，三不孝也；從耳目之欲，以為父母戮③，四不孝也；好勇鬥很④，以危父母，五不孝也。章子有一於是乎？夫⑤章子，子父責善而不相遇⑥也。責善，朋友之道也；父子責善，賊恩之大者。夫章子，豈不欲有夫妻子母之屬哉？為得罪於父，不得近，出妻屏⑦子，終身不養焉。其設心以為不若是，是則罪之大者，是則章子已矣。」

## 【注釋】

①匡章：齊國人。

②通國：全國的人。

③戮：朱熹《四書集注》：「戮，羞辱也。」

④好勇鬥很：逞強好鬥。很，同「狠」。

⑤夫：發語詞。

⑥不相遇：不合。

⑦屏：拋棄。

## 【譯文】

公都子說：「（齊國的）匡章，全國的人都說他不孝，您卻與他來往，還對他很客氣，請問這是為什麼呢？」

孟子回答說：「世俗所說的不孝，有五種情況：四肢懶惰，不顧父母的生活，這是第一種不孝；喜歡賭博、喝酒，不顧父母的生活，這是第二種不孝；貪圖錢財，偏愛老婆孩子，不顧父母的生活，這是第三種不孝；放縱於尋歡作樂，使父母蒙受羞辱，是第四種不孝；逞勇好鬥，使父母受到連累，是第五種不孝。章子在這五種不孝中犯有哪一種嗎？這位章子，只不過是因為父子之間互相責求善行而不能相處在一塊兒的。責求善行，這是朋友相處的原則；父子之間責求善行，卻是大傷感情的事。章子難道不想有夫妻母子的團聚？只是因為得罪了父親，不能親近他，（不得已）把妻子、兒女趕出了門，終身不養育他們。他心裡設想，不這麼做，就是更大的罪過。這就是章子所做的一切啊！」

## 【原文】

曾子居武城①，有越寇。或曰：「寇至，盍②去諸？」曰：「無寓③人於我室，毀傷其薪木。」寇退，則曰：「修我牆屋，我將反。」寇退，曾子反。左右曰：「待先生如此其忠且敬也，寇至，則先去以為民望；寇退，則反，殆於不可。」沈猶行④曰：「是非汝所知也。昔沈猶有負芻⑤之禍，從先生者七十人，未有與焉。」

子思⑥居於衛，有齊寇。或曰：「寇至，盍去諸？」子思曰：「如伋去，君誰與守？」

孟子曰：「曾子、子思同道。曾子，師也，父兄也；子思，臣也，微⑦也。曾子、子思易地則皆然。」

## 【注釋】

①武城：魯地名，在今山東費縣境內。

②盍：ㄏㄜˊ，何不。

③寓：寄住。

④沈猶行：曾子弟子，姓沈猶，名行。

⑤負芻：人名，或說是背柴草的人。

⑥子思：孔子之孫，名伋。

⑦微：卑賤。

## 【譯文】

曾子居住在武城，有越國軍隊來侵犯。有人說：「敵人要來了，何不離開這裡？」（曾子離開時）說：「不要讓人住到我的房子裡來，不要毀壞了這裡的樹木。」敵人一撤退，曾子就說：「修好我的牆屋，我要回來了。」敵人退走後，曾子就回來了。他身邊的人議論說：「（武城人）對我們先生這樣忠誠而恭敬，可是一旦敵人來了，先生卻先離開，給百姓做了這麼個榜樣；現在敵人一退走他就回去，（這麼做）恐怕不太妥當。」沈猶行說：「這不是你們所能明白的。從前，（先生曾住在我們那裡，）沈猶家遭遇負芻作亂的禍事，跟隨先生的七十個弟子，沒有一個出事的，（因為他們是老師和客人，讓他們先離開）。」

子思居住在衛國，有齊國軍隊來侵犯。有人說：「敵人要來了，您何不離開這裡？」子思說：「如果我也離開，國君與誰來守城呢？」孟子說：「曾子和子思遵行的道理是一樣的。曾子是老師，是長輩；子思當時是臣子，是下屬。如果曾子、子思互換了地位，也都會像對方一樣的做事。」

【原文】

儲子①曰：「王使人瞯②夫子，果有以異於人乎？」

孟子曰：「何以異於人哉？堯、舜與人同耳。」

【注釋】

①儲子：齊國人，曾任齊相。

②瞯：ㄐㄧㄢˋ，窺視。

【譯文】

儲子說：「齊王派人來窺探先生，（您）果真有與常人不一樣的地方嗎？」

孟子說：「哪有什麼與別人不一樣的呢？堯、舜都是與普通人一樣的嘛。」

【原文】

齊人有一妻一妾而處室者，其良人①出，則必饜②酒肉而後反。其妻問所與飲食者，則盡富貴也。其妻告其妾曰：「良人出，則必饜酒肉而後反；問其與飲食者，盡富貴也，而未嘗有顯者③來，吾將瞷良人之所之也。」

蚤④起，施⑤從良人之所之，遍國中無與立談者。卒之東郭墦⑥間，之祭者，乞其餘；不足，又顧而之他，此其為饜足之道也。

其妻歸，告其妾，曰：「良人者，所仰望而終身也，今若此！」與其妾訕⑦其良人，而相泣於中庭。而良人未之知也，施施⑧從外來，驕其妻妾。

由君子觀之，則人之所以求富貴利達者，其妻妾不羞也而不相泣者，幾⑨希⑩矣。

【注釋】

①良人：丈夫。

②饜：飽，足。

③顯者：富貴之人。

④蚤：通「早」。

⑤施：ㄧˊ，斜行，這裡形容暗暗尾隨著別人走的樣子。

⑥墦：ㄈㄢˊ，墳墓。
⑦訕：羞恥。
⑧施施（ㄧˋ　ㄧˋ）：得意的樣子。
⑨幾：幾乎。
⑩希：少。

## 【譯文】

齊國有一個人，家裡有一妻一妾。她們的丈夫每次出門，必定是喝足了酒、吃飽了肉之後才回家。妻子問與他一起吃喝的是什麼人，他就說都是有錢有勢的人。妻子告訴他的妾說：「丈夫每次出去，總是酒足肉飽後回來；問他與誰一起吃喝，他就說都是有錢有勢的人，可是從來沒見有顯貴的人來過家裡，我打算暗暗地察看他到什麼地方去。」

（第二天）一早起來，（妻子）暗中跟著丈夫到他要去的地方，走遍全城沒有一個站住了跟他說話的。最後走到了東門外的一塊墓地中間，（見他）跑到祭墳的人那裡，討些殘剩的酒菜吃；沒吃飽，又東張西望上別處去乞討，這就是他吃飽喝足的辦法。

妻子回家後，（把情況）告訴了妾，並說道：「丈夫，是我們指望終身依靠的人，現在才知道他竟是這樣的人！」（說罷）與妾一起嘲罵丈夫，在庭中相對而泣。而丈夫還不知道這一切，

得意洋洋地從外面回來，向妻妾擺架子耍威風。

在君子看來，人們用來追求升官發財的手段，能使他們的妻妾不感到羞恥、不至於相對而泣的，恐怕是很少的。

## 【故事】

### 周公吐哺，天下歸心

商朝的最後一個君主商紂王昏庸暴虐，周文王、周武王父子率領天下百姓奮起討伐，最終滅掉殷商，建立了周朝。在此過程中，文王的第四個兒子一直在武王身邊追隨輔佐，他就是武王的同母弟弟，也是武王最得力的一個助手，姓姬名旦。因為他的采邑在周地，後人尊稱他為周公，或者周公旦。

商紂王死後，武王在如何處置殷商遺民和上層貴族的問題上猶豫不決。他分別向幾位最重要的臣子徵詢意見。

姜太公說：「我聽說人們如果特別喜歡一棟房屋，就會連屋頂上的烏鴉都一同喜歡。反過來也一樣，如果一個人是不值得別人愛的，那麼連他的籬笆、圍牆也不必保留。」意思是要把曾經敵對的殷人統統殺掉。

召公說：「把有罪的人殺掉，沒有罪的就留下。」

周公則說：「讓殷朝的百姓們繼續在他們原來的住處安居，在他們原來的土地上耕種。漸漸爭取讓殷人當中那些有仁德有威望的人支持我們。」

周公的政策深得武王讚許。於是，武王下令：釋放被囚禁關押的貴族；修整殷朝著名賢人比干的墳墓；散發紂王積聚在鹿台的錢財；打開紂王的糧倉，賑濟飢餓的百姓；為那些受殷紂殘害的人平反昭雪……這些舉措大力爭取了殷人，也表明周王室要實行的是仁政。

伐紂滅商之後僅僅兩年，武王就去世了。他在臨終前想把王位傳給德才兼備的周公，並且說這事不須卜問鬼神，可以當面決定。周公不肯接受。

武王死後，太子誦繼位，就是成王。周朝本就屬於國家初立，根基未穩，此時更是內憂外患接踵而至。而成王此時年紀還很小，根本無法應對如此複雜的局勢。於是，由周公攝政，來治理國家。文王的另外兩個兒子管叔和蔡叔心中不服，又覬覦權力，於是開始散佈流言，說周公有篡奪王位的野心。周公知道後，便對姜太公和召公說：「我不顧個人名譽而承擔攝政的重任，就是怕天下不穩。如果國家動盪了，我怎麼對得起武王呢？」

他的兒子伯禽要到魯國封地居住，以繼承他的爵位。臨行前，周公囑咐他說：「我身為文王之子、武王之弟、成王之叔父，論身分地位，在國中是很高的了。但是我仍然時刻注意保持勤奮儉樸，謙誠待士，唯恐失去天下的賢人。你到魯國去，千萬不要驕狂無忌。」

當初武王滅商之時，把商王朝直接統治的地方分成了三個部分，分別交給管叔、蔡叔和紂的兒子武庚掌管，稱為「三叔」，也稱「三監」。周公攝政之後不久，三監就聯合東夷部族反叛了周朝，是為「三監之亂」。周公隨即奉成王之命，率師東征。經過三年的艱苦作戰，終於在西元前1022年平息了叛亂。首惡管叔鮮被殺掉，北逃的武庚被捉回來後殺掉，罪過較輕的蔡叔度被流放。蔡叔度死後，周公聽說他的兒子胡「率德馴善」，便提拔他做魯國的卿士。後來看胡把魯國治理得很好，周公就又把胡封到新蔡。

周公討平管蔡之後，乘勝向東方進軍，滅掉了尚未歸順的五十多個國家。從此，周朝的勢力延伸到了海邊。

為了加強對東方的控制，周公建議成王把國都遷到洛邑（今洛陽），並把俘獲的大批商朝貴族遷居洛邑，以便對他們加強監督。

東都洛邑被選定在洛水之濱，只用了一年時間便建成了。周公召集天下諸侯舉行了盛大的慶典，並正式冊封天下諸侯，開始封邦建國。周公建置了71個封國，武王的15個兄弟和16位功臣被封去做諸侯，以此來捍衛周王室的勢力。周公還在封國內推行井田制，統一規劃土地，鞏固和加強了周王朝的經濟基礎。

在周公的東征和分封後，周朝才真正成為了東至海，南至淮河流域，北至遼東的泱泱大國。

為了進一步鞏固周朝政權，周公發佈了各種文告，總結夏殷的統治經驗，制訂出各種政策，還制訂和推行了一套維護君臣宗法和上下等級的典章制度，嚴格規定了君臣、父子、兄弟、親疏、尊卑、貴賤的禮儀，調整了中央和地方、王侯與臣民的關係，這就是禮樂制度，是孔子一生追求的有秩序的社會的典範。

周公制禮作樂的第二年，也就是周公攝政的第七年，成王已經長大，周公決定把王位徹底交還給成王。周公以殷商的滅亡為前車之鑑，作《無逸》，告誡成王要知「稼穡之艱難」，不要縱情於聲色玩樂，貪圖安逸。然後，「北面就臣位」。

周公旦退位後，將主要精力用在制禮作樂上，不斷完善典章和法規。

三年之後，在豐京養老的周公得了重病。在死之前，他說：「我死之後一定葬在成周，以示臣服於成王。」他死後，成王將他葬於文王墓地旁邊，說：「這表示我不敢以周公為臣。」

周公為政時不僅日夜操勞、勤於政事，還深知治理天下需要賢德的人才，只要聽說有賢人來訪，哪怕正在吃飯，也會連忙把飯吐出來去接待。常常洗一次頭髮，吃一頓飯，都會被打斷好幾次。因此，後世懷才不遇的士人們就更是格外推崇、懷念他。

【評論】

在國家危難時，周公不避嫌疑，挺身而出當攝政王，不辭辛勞的操持政務；當國家轉危為安，開始順利發展後，他又主動讓出了王位。周公之所以能如此為政事操勞，又完全不計名利，根源在於他對天下百姓懷有仁愛之心和強烈的責任感。這種正直無私、寬宏忘我的精神，這種近乎完美的理想人格，幾千年來一直被後人懷念。

# 第九篇

# 萬章（上）——處事要尊禮儀

【原文】

萬章問曰：「舜往於田，號泣於旻天①，何為其號泣也？」

孟子曰：「怨慕也。」

萬章曰：「『父母愛之，喜而不忘；父母惡之，勞②而不怨。』然則舜怨乎？」

曰：「長息③問於公明高④曰：『舜往於田，則吾既得聞命矣；號泣於旻天，於父母，則吾不知也。』公明高曰：『是非爾所知也。』夫公明高以孝子之心，為不若⑤是恝⑥：我竭力耕田，共⑦為子職而已矣，父母之不我愛，於我何哉？帝⑧使其子九男二女⑨，百官牛羊倉廩備，以事舜於畎畝⑩之中，天下之士多就⑪之者，帝將胥⑫天下而遷之⑬焉。為⑭不順於父母，如窮人無所歸。天下之士悅之，人之所欲也，而不足以解憂；好色，人之所欲，妻帝之二女⑮，而不足以解憂；富，人之所欲，富有天下，而不足以解憂；貴，人之所欲，貴為天子，而不足以解憂。人悅之、好色、富貴，無足以解憂者，惟順於父母可以解憂。人少⑯，則慕父母；知好色，則慕少艾⑰；有妻子，則慕妻子；仕則慕君，不得⑱於君則熱中⑲。大孝終身慕父母。五十而慕者，予於大舜見之矣。」

【注釋】

①旻天：天空。《說文．日部》：「旻，秋天也。」

②勞：憂愁。

③長息：公明高的弟子。

④公明高：曾參的弟子。

⑤若：如，像。

⑥恝：ㄐㄧㄚˊ，無憂無愁的樣子。

⑦共：通「恭」，恭敬。

⑧帝：堯。

⑨九男二女：二女妻之，以觀其內；九男事之，以觀其外。

⑩畎畝：田間。

⑪就：歸，趨向，跟從。

⑫胥：皆。

⑬遷之：移交給舜。

⑭為：因為。

⑮妻帝之二女：傳說堯把自己兩個女兒娥皇和女英嫁給了舜。

⑯人少：人在年幼之時。

⑰少艾：年輕貌美的女子。也說「幼艾」。
⑱不得：失意。
⑲熱中：心中焦躁。

【譯文】

萬章問孟子說：「舜走到田裡，仰望著秋日的天空大聲訴說、哭泣著，他為什麼要這樣訴說、哭泣呢？」

孟子回答說：「因為他怨恨自己不得父母喜歡，又眷念思慕著父母。」

萬章說：「（有人說）『父母喜歡自己，自己高興而不忘記做兒子的責任；父母討厭自己，自己憂愁但並不怨恨父母。』（按照您這麼說，）那麼舜是怨恨自己的父母嗎？」

孟子說：「（以前）長息曾問過公明高：『舜到田裡的事，我聽您解說過理解了；可是他仰望著秋日的天空大聲哭訴、呼喊父母，這樣我就不理解了。』公明高說：『這不是你所能夠理解的啊。』公明高認為，孝子的心是不能像這樣無所謂：我竭力耕田種地，恭恭敬敬地盡到做兒子的職責就可以了，（要是）父母不喜歡我，我有什麼責任呢？（舜卻不是這樣。）帝堯讓自己的九個兒子和兩個女兒，帶著大小官員、牛羊、糧食，到舜的田野中去為舜效力。後來天下的士人投奔他的也很多，帝堯還把整個天下都讓給了他。（舜卻）因為不能使父母順心，仍然像個走投

無路的人無家可歸似的。受到天下士人的喜歡，這是人人所追求的，卻不足以消除舜的憂愁；漂亮的女子，這是人人想得到的，舜娶了帝堯的兩個女兒，卻不足以消除他的憂愁；財富，是人人想得到的，舜擁有天下的一切，卻不足以消除他的憂愁；尊貴的地位，是人人想得到的，舜尊貴到當了天子，卻不足以消除他的憂愁。人們的熱愛、漂亮的女子、財富和尊貴，沒有一樣足以消除舜的憂愁，只有順了父母心意才能讓他消除憂愁。人在年幼的時候，就依戀父母；到懂得欣賞美色時，就傾慕年輕美貌的女子；結婚之後，就眷念妻子；做了官，就討好自己的君主，得不到君主的信任和賞識，心裡就焦躁不安。具有最大孝心的人，才能終身眷念父母。到了五十歲而眷念父母之心不減，我在偉大的舜的身上看到了。」

## 【原文】

萬章問曰：「《詩》云：『娶妻如之何？必告父母。』信斯言也，宜莫如舜。舜之不告而娶，何也？」

孟子曰：「告則不得娶。男女居室，人之大倫也。如告，則廢人之大倫以懟①父母，是以不告也。」

萬章曰：「舜之不告而娶，則吾既得聞命矣。帝之妻舜而不告，何也？」

曰：「帝亦知告焉則不得妻也。」

萬章曰：「父母使舜完②廩，捐階③，瞽瞍焚廩。使浚井④，出，從而掩⑤之。象曰：『謨蓋都君⑥，咸我績。牛羊，父母；倉廩，父母。干戈，朕；琴，朕；弤，朕；二嫂，使治朕棲⑦。』象往入舜宮，舜在床琴。象曰：『郁陶⑧思君爾。』忸怩⑨。舜曰：『唯茲臣庶，汝其於予治。』不識舜不知象之將殺己與？」

曰：「奚而不知也？象憂亦憂，象喜亦喜。」

曰：「然則舜偽喜者與？」

曰：「否！昔者有饋生魚於鄭子產，子產使校人畜之池。校人烹之，反命曰：『始舍之，圉圉⑩焉；少則洋洋⑪焉，攸然而逝。』子產曰：『得其所哉，得其所哉。』校人出，曰：『孰謂子產智？予既烹而食之，曰：得其所哉！得其所哉！』故君子可欺以其方

⑫，難罔以非其道。彼以愛兄之道來，故誠信而喜之，奚偽焉？」

【注釋】

①懟：ㄉㄨㄟˋ，仇怨。
②完：治理，使完全。
③捐階：除去梯子（想要害死舜）。捐，除去；階，梯子。
④浚井：淘井。
⑤掩：把井蓋上。
⑥都君：舜居住的地方三年成為都城，所以稱他為都君。
⑦棲：床。
⑧郁陶：思念得不到緩解的樣子。
⑨忸怩：慚愧的樣子。
⑩圉圉：ㄩˇ，困頓的樣子。
⑪洋洋：稍微活躍的樣子。
⑫方：類。

## 【譯文】

萬章問：「《詩經》上說：『娶妻應該怎樣做呢？一定要稟告父母。』信從這句話的，沒有人能比得上舜了吧？可是舜並沒有稟告父母就娶了妻子，這怎麼解釋呢？」

孟子說：「他若是稟告父母就娶不成妻子了。男婚女嫁，是做人的倫理之常。舜如果事先稟告父母，這個倫常就會被廢止，進而造成對父母的仇怨，所以他就不稟告父母了。」

萬章說：「舜娶妻之時不稟告父母，我現在理解了。堯帝把自己的女兒嫁給舜也不告訴舜的父母，這又是為什麼呢？」

孟子說：「堯帝也明白如果告知舜的父母那麼女兒就嫁不成了。」

萬章說：「舜的父母要他去修理穀倉，等舜爬上倉頂卻撤走了梯子，舜的父親瞽瞍還放火燒糧倉。後來他們又要舜去淘水井，瞽瞍和象不知道舜已經逃了出來，就把井用土埋住。象以為舜已經死了，就說：『出主意蓋井害舜這都是我的功勞。牛羊，歸父母。糧倉，歸父母。兵器，歸我。琴，歸我。雕弓，歸我。兩位嫂嫂，替我收拾床鋪。』象徑直來到舜的家裡，卻發現舜正坐在床上彈琴。象就說：『我非常想念你啊！』一副手足無措的樣子。舜說：『我正想念眾位臣屬，你替我管理他們吧！』難道舜不知道象是要謀害他的嗎？」

孟子說：「他怎麼會不知道呢？象憂愁他也憂愁，象高興他也高興。」

萬章說：「那如此說來舜的高興都是假裝的？」

孟子說：「不是。從前有人送了一條活魚給鄭國的子產，子產叫主管池塘的人把牠養在池塘裡。那人卻把魚煮來吃了，回來報告說：『剛放進池塘裡時，牠還要死不活的樣子；過了一會兒便搖擺著尾巴活動起來了；接著突然間，一下子就游得不知去向了。』子產說：『牠去了牠應該去的地方啦！牠去了牠應該去的地方啦！』那人從子產那裡出來後說：『誰說子產聰明呢？我明明已經把魚煮來吃了，可是他還說『牠去了牠應該去的地方啦！牠去了牠應該去的地方啦！』所以，誠實的君子可能會被合情合理的方法所欺騙，但難以被不合情理的方法所欺騙。象既然裝出敬愛兄長的樣子來了，舜也就深信不疑並感到高興了，這高興又怎麼會是假裝的呢？」

## 【原文】

萬章問曰：「象日以殺舜為事。立為天子則放①之，何也？」

孟子曰：「封之也，或曰放焉。」

萬章曰：「舜流②共工③於幽州，放驩兜④於崇山，殺三苗⑤於三危，殛⑥鯀⑦於羽山，四罪而天下咸服，誅不仁也。象至不仁，封之有庳⑧，有庳之人奚罪焉？仁人固如是乎？在他人則誅之，在弟則封之。」

曰：「仁人之於弟也，不藏怒⑨焉，不宿怨⑩焉，親愛之而已矣。親之欲其貴也，愛之欲其富也。封之有庳，富貴之也。身為天子，弟為匹夫，可謂親愛之乎？」

「敢問或曰放者何謂也？」

曰：「象不得有為於其國，天子使吏治其國而納其貢稅焉，故謂之放，豈得暴彼民哉！雖然，欲常常而見之，故源源而來⑪，不及貢，以政接於有庳。此之謂也。」

## 【注釋】

①放：流芳。

②流：流放。

③共工：堯帝的臣屬。共工本是官職名。

④驩（ㄏㄨㄢ）兜：堯、舜時的大臣。

⑤三苗：族名。

⑥殛：ㄐㄧˊ，誅殺。

⑦鯀：禹的父親。

⑧有庳（ㄅㄧˋ）：地名。

⑨藏怒：隱藏自己的憤怒。

⑩宿怨：累積的怨恨。

⑪來：來朝覲。

**【譯文】**

萬章問：「象一天到晚想著要謀害舜。舜被立為天子之後，卻僅僅是把象流放，這是為什麼呢？」

孟子說：「實際上是把象封為了諸侯，也有人說是『流放罷了』。」

萬章說：「舜把共工流放到幽州，把驩兜發配到崇山，把三苗的首領驅逐到三危，把鯀處死在羽山：懲罰了這四惡之後天下皆服，因為這是在懲罰不仁。象不仁到極點了吧！卻把有庳封給他。有庳的百姓又有什麼罪過啊？仁人原來是可以這樣做的嗎？對別人的罪惡就懲罰，對自己弟弟的罪惡反而加以封賞？」

孟子說：「仁人對於自己的弟弟，心裡不藏怒，胸中不積怨，只是親他、愛他罷了。親他於是想讓他顯貴，愛他於是想讓他富足。封給他有庳之地，正是為了讓他既顯貴又富足。否則自己身為天子，弟弟卻仍是個平民，這怎麼說是親他愛他呢？」

萬章又問：「請問『有人說這是流放』這句話怎麼理解呢？」

孟子說：「象不能在有庳有所作為，天子派遣官吏管理他的國家並替他繳納貢稅，所以有人說這是『流放』。這樣象難道還能虐待他的百姓嗎？儘管如此，舜還是常想見到象，所以象經常往返於京城。『不待及諸侯朝貢之期，而以政事接見有庳之君。』指的就是這件事。」

## 【原文】

咸丘蒙①問曰：「語云②：盛德之士，君不得而臣，父不得而子。舜南面而立，堯帥諸侯北面而朝之，瞽瞍亦北面而朝之。舜見瞽瞍，其容有蹙③。孔子曰：『於斯時也，天下殆哉，岌岌④乎。』不識此語誠然乎哉？」

孟子曰：「否！此非君子之言，齊東野人⑤之語也。堯老而舜攝也。《堯典》曰：『二十有八載，放勳乃徂落⑥，百姓如喪考妣。三年，四海遏⑦密⑧八音⑨。』孔子曰：『天無二日，民無二王。』舜既為天子矣，又帥天下諸侯以為堯三年喪，是二天子矣。」

咸丘蒙曰：「舜之不臣堯，則吾既得聞命矣。《詩》云：『普天之下，莫非王土⑩。率土之濱，莫非王臣⑪。』而舜既為天子矣，敢問瞽瞍之非臣如何？」

曰：「是詩也，非是之謂也。勞於王事，而不得養父母也。曰：『此莫非王事，我獨賢勞也。』故說詩者不以文害辭⑫，不以辭害志。以意逆志，是為得之，如以辭而已矣，《雲漢》之詩曰：『周餘黎民，靡有孑遺⑬。』信斯言也，是周無遺民也。孝子之至，莫大乎尊親。尊親之至，莫大乎以天下養。為天子父，尊之至也。以天下養，養之至也。詩曰：『永言孝思，孝思惟則。』此之謂也。《書》曰：『祗⑭載⑮見⑯瞽瞍，夔夔齋栗⑰，瞽瞍亦允⑱若⑲。』是為父不得而子也。」

## 【注釋】

①咸丘蒙：孟子弟子。齊國人。

②語云：古代的諺語說。

③蹙：不安的樣子。

④岌岌：不安的樣子。

⑤齊東野人：齊國東部的鄉下人。

⑥二十有八載，放勳乃徂落：是說舜攝位二十八年之後堯死去。放勳，堯的名字。徂落，死亡。徂，通「殂」。

⑦遏：止，停止。

⑧密：無聲，安靜。

⑨八音：指樂器之音。

⑩普天之下，莫非王土：普天之下的土地，都是王室的土地。

⑪率土之濱，莫非王臣：四海之內的民眾，都是王室的臣民。

⑫以文害辭：拘泥於文字而妨礙詞章的理解。

⑬孑（ㄐㄧㄝˊ）遺：遺留，剩餘。

⑭祗：恭敬。

⑮載：事。
⑯見：現。
⑰夔夔（ㄎㄨㄟˊ）齋栗：恭敬恐懼的樣子。
⑱允：信。
⑲若：順。

## 【譯文】

咸丘蒙問道：「俗話說：『品德至高無上的士人，君王不能拿他當臣子看待，父親不能將他當兒子對待。』舜面南當了天子，堯就帶領諸侯面向北朝覲他。瞽瞍也面向北朝覲他。舜看見瞽瞍時，表情有些不安。孔子說：『在這個時候，天下真是非常危險啊！』不知道這話是不是真的呢？」

孟子說：「不是。這不是君子說出來的話，是齊東野人的話。當時堯年紀大了而讓舜代理政事。《堯典》上說：『舜攝位二十八年之久，帝堯方才去世。百姓就像失去了父母。舉國服喪三年，四海音樂止息。』孔子說：『天上沒有兩個太陽，人間沒有兩個天子。』舜如果在堯死前成為天子，又帶領天下諸侯為堯帝服喪三年，這就是同時有兩個天子了。」

咸丘蒙說：「舜沒有把堯當作臣子看待，這個道理我已經懂得了。《詩經》上說：『整個天下，都是天子的土地。四海之內，都是天子的臣民。』舜既已成為天子，請問瞽瞍還不稱臣，這是為什麼？」

孟子回答說：「這首詩，說的不是這個意思。它是說寫詩的人因為忙於政事，不能親自侍奉父母。這首詩的下文還說：『這些事哪一件不是國家大事，為什麼卻偏要我一個人操勞呢？』因此解說《詩經》的人不要拘泥於文字而歪曲了詞句，不要憑個別詞句，誤解了作者本來的意思。用自己的體會揣度詩人的本意，這才對了。如果僅拘泥於詞句，那麼《雲漢》這首詩說：『周朝剩下的百姓，沒有一個人留下來。』相信這句話，就等於周朝一個人也沒有遺留在世。孝子最大的孝順，沒有超過敬重父母的。敬重父母的極點，沒有超過用整個天下來奉養他們的。做為天子的父親，尊貴到了極點。舜用整個天下來奉養他們，奉養到了極點。《詩經》上說：『能長存孝思而不忘，可以為天下法則也。』說的就是這個意思。《尚書》上說：『舜敬事瞽瞍，往而見之，態度謹慎而恐懼，瞽瞍亦確實順理而行了。』這可以說是父親沒有把舜當作兒子看待嗎？」

【原文】

萬章曰：「堯以天下與舜，有諸？」

孟子曰：「否。天子不能以天下與人①。」

「然則舜有天下也，孰與之？」

曰：「天與之。」

「天與之者，諄諄②然命之乎？」

曰：「否，天不言，以行與事示之而已矣。」

曰：「以行與事示之者，如之何？」

曰：「天子能薦人於天，不能使天與之天下；諸侯能薦人於天子，不能使天子與之諸侯；大夫能薦人於諸侯，不能使諸侯與之大夫。昔者，堯薦舜於天，而天受之；暴③之於民，而民受之。故曰，天不言，以行與事示之而已矣。」

曰：「敢問薦之於天，而天受之；暴之於民，而民受之，如何？」

曰：「使之主祭，而百神享之，是天受之；使之主事，而事治，百姓安之，是民受之也。天與之，人與之，故曰，天子不能以天下與人。舜相堯二十有八載，非人之所能為也，天也。堯崩，三年之喪畢，舜避堯之子於南河④之南，天下諸侯朝覲者，不之堯之子而之舜；訟獄者，不之堯之子而之舜；謳歌者，不謳歌堯之子而謳歌舜，故曰，天也。夫然後之中國，踐天子位焉。而居堯之宮，逼堯之子，是篡也，非天與也。《泰誓》⑤曰：『天視自我民視，天聽自我民聽。』此之謂也。」

## 【注釋】

①不能以天下與人：是說天下不是天子一個人私有的，自然沒辦法把它交給別人。

②諄諄：詳細交談的樣子。

③暴：顯露，顯現。

④南河：即漯河，因在堯都濮州的南面，故稱南河。

⑤《泰誓》：《尚書》篇名。下引兩句是《泰誓》逸文。

## 【譯文】

萬章問孟子道：「堯把天下讓給舜，有這樣的事嗎？」

孟子說：「沒有。天子不能把天下讓給別人。」

萬章問：「那麼，舜擁有的天下是誰給的呢？」

孟子說：「是上天給他的。」

萬章問：「所說上天給他，是上天和他詳談之後決定給他的嗎？」

孟子說：「不，上天不說話，只依憑舜的行動和辦事表明是上天給了他天下罷了。」

萬章問：「憑舜的行動和辦事表明上天給了他天下，這怎麼說？」

孟子說：「天子能把人推薦給上天，但不能讓上天把天下給這個人；諸侯能把人推薦給天子，但不能讓天子把諸侯的職位給這個人；大夫能把人推薦給諸侯，但不能讓諸侯把大夫的職位給這個人。從前，堯把舜推薦給上天，上天接受了；把舜介紹給百姓，百姓也接受了他。所以說，上天不說話，只依憑舜的行動和辦事表明上天把天下給了他罷了。」

萬章問：「請問，把舜推薦給上天，上天接受了；把舜介紹給百姓，百姓也接受了，這應該怎樣理解？」

孟子說：「讓舜主持祭祀，各方神明都來享用祭品，這表明上天接受了他；讓舜主持政事，政事辦得妥貼，百姓都安居樂業，這表明百姓接受了他。這是上天給他的，這是百姓給他的，所以說，天子不能把天下讓給別人。舜幫助堯治理天下長達二十八年，這絕不是依靠個人意願所能做到的，這是上天的旨意啊！堯去世了，三年服喪結束後，舜為了讓堯的兒子繼承天下，自己躲到了南河的南面。（可是）天下諸侯來朝拜覲見，卻不到堯的兒子那裡去，而是到舜那裡去；打官司告狀的人，都不到堯的兒子那裡去，而是到舜那裡去；歌功頌德的人，都不歌頌堯的兒子而是歌頌舜。所以說，這是上天的旨意啊！這樣舜才回到了國都，登上天子的位子。而如果舜一開始就搬進堯的宮室，逼迫堯的兒子讓位給他，那就成了篡奪，而不是上天授給他的了。《泰誓》上說：『上天觀察事物是透過百姓的眼睛，上天傾聽聲音是透過百姓的耳朵。』說的就是這個意思。」

**【原文】**

萬章問曰：「人有言，『至於禹而德衰，不傳於賢而傳於子』，有諸？」

孟子曰：「否，不然也。天與賢，則與賢；天與子，則與子。昔者舜薦禹於天，十有七年，舜崩。三年之喪畢，禹避舜之子於陽城①，天下之民從之，若堯崩之後不從堯之子而從舜也。禹薦益於天，七年，禹崩。三年之喪畢，益避禹之子於箕山之陰，朝覲訟獄者不之益而之啟②，曰：『吾君之子也。』謳歌者不謳歌益而謳歌啟，曰：『吾君之子也。』丹朱③之不肖，舜之子亦不肖。舜之相堯，禹之相舜也，歷年多，施澤於民久。啟賢，能敬承繼禹之道。益之相禹也，歷年少，施澤於民未久。舜、禹、益相去久遠，其子之賢不肖，皆天也，非人之所能為也。莫④之為而為者，天也。莫之致而至者，命也。匹夫而有天下者，德必若舜、禹而又有天子薦之者，故仲尼不有天下。繼世而有天下，天之所廢，必若桀、紂者也，故益、伊尹、周公不有天下。伊尹相湯以王於天下，湯崩，太丁⑤未立，外丙二年，仲壬四年。太甲⑥顛覆湯之典刑，伊尹放之於桐三年。太甲悔過，自怨自艾⑦，於桐處仁遷義，三年，以聽伊尹之訓己也，復歸於亳。周公之不有天下，猶益之於夏，伊尹之於殷也。孔子曰：『唐、虞禪，夏後、殷、周繼，其義一也。』」

## 【注釋】

①陽城：箕山之陰。

②啟：禹的兒子。

③丹朱：堯的兒子。

④莫：沒有。

⑤太丁：湯之太子，未立而薨。外丙、仲壬，都是太丁之弟。

⑥太甲：太丁之子，曾被伊尹流放到桐邑。

⑦艾：治。治而改過。

## 【譯文】

萬章問：「有人說『到了禹的時候道德衰微了，天下不傳給賢人卻傳給了自己的兒子』，是這樣嗎？」

孟子說：「不，不是這樣的。上天要給賢人，就傳給賢人；上天要給他的兒子，就傳給兒子。從前舜把禹推薦給上天。十七年後，舜死了。三年的喪期結束，禹為了讓舜的兒子繼承天下自己躲到陽城去了，但天下的百姓都跟隨著他，就像堯死後天下百姓不跟著堯的兒子而跟隨舜一樣。禹把益推薦給上天。七年後，禹死了。三年喪期結束，益為了讓禹的兒子繼承天下自己躲到箕山北邊去了。但朝見的人和打官司告狀的人不到益那裡去而是到啟這裡來，他們說：『你是我們君主的兒子啊！』歌頌的人不歌頌益而歌頌啟，說：『這是我們君主的兒子啊！』堯的兒子丹朱不成器，舜的兒子也不爭氣。舜輔佐堯，禹輔佐舜，經歷的年代多，對百姓施予恩惠的時間長久。啟很賢明，能夠恭恭敬敬地順承禹立下的規矩。益輔佐禹，經歷的年代相對較少，對百姓施予惠的時間也相對較短。舜、禹、益之間相距時間的長短，他們的兒子賢或不賢，這些都是天意，是人的意志無法左右的。沒有人刻意叫他們這樣做，去做而做到了，這是天意。沒有想去爭取竟達到了，這是命運。一個普通百姓能成為擁有天下的君主，他的品德一定要像舜、禹一樣，還要有天子推薦他，所以孔子雖為聖人但因為沒有天子推薦而得不到天下。世代相傳而享有天下的，天卻要廢棄的，一定是像桀、紂那樣無道的人，所以益、伊尹、周公雖為聖人而因他們的君主不像桀、紂那樣無道因而也得不到天下。伊尹輔佐湯統一了天下。湯死後，太丁沒登位就死了，外丙在位兩年，仲壬在位四年。太甲繼位後破壞了湯制訂的常法，宰相伊尹把他放逐到桐邑。三年中太甲悔過自新，在桐邑他謹守仁德接近道義，認真聽取伊尹的教誨，三年後重回亳都。周公沒有得到天下，就像益在夏朝，伊尹在殷朝的情況一樣。孔子說：『唐堯、虞舜實行做天子讓賢，夏、商、周三代傳位給子孫，道理是相同的。』」

## 【原文】

萬章問曰：「人有言『伊尹以割烹要湯』，有諸？」

孟子曰：「否，然。伊尹耕於有莘①之野，而樂堯、舜之道焉。非其義也，非其道也，祿之以天下弗顧也，繫馬千駟②弗視也。非其義也，非其道也。一介③不以與人，一介不以取諸人。湯使人以幣聘之，囂囂然曰：『我何以湯之聘幣為哉？我豈若處畎畝之中，由是以樂堯、舜之道哉？』湯三使往聘之，既而幡然④改曰：『與我處畎畝之中，由是以樂堯、舜之道，吾豈若使是君為堯、舜之君哉！吾豈若使是民為堯、舜之民哉！吾豈若於吾身親見之哉！天之生此民也，使先知覺後知，使先覺覺後覺也。予，天民之先覺者也，予將以斯道覺斯民也，非予覺之而誰也？』思天下之民，匹夫匹婦有不被堯、舜之澤者，若己推而內⑤之溝中，其自任以天下之重如此，故就湯而說之以伐夏救民。吾未聞枉己而正人者也，況辱己以正天下者乎？聖人之行不同也，或遠或近⑥，或去或不去，歸潔其身而已矣。吾聞其以堯、舜之道要湯，未聞以割烹也。《伊訓》曰：『天誅造攻，自牧宮⑦。朕⑧載自亳。』」

## 【注釋】

①有莘：國名。

②千駟：四千匹馬。四匹為一駟。
③一介：也寫作「一芥」。一點點，少量的意思。
④幡然：有所變動的樣子。幡，反。
⑤內：通「納」。
⑥或遠或近：遠，隱遁；近，做官出仕靠近君主。
⑦牧宮：桀的宮殿。
⑧朕：我。

## 【譯文】

萬章問：「有人說『伊尹用給湯當廚師的辦法去求湯』，有這回事嗎？」

孟子說：「沒有，不是這樣的。伊尹在有莘國的郊野耕作，而以堯、舜之道為樂事。如果不合乎義，不合乎道，即使把天下的財富都做為俸祿給他，他也不會看一眼，把四千匹好馬繫在那裡，他也不會望一下。如果不合乎義，不合乎道，他一點點也不給別人，也不向別人索取一點點。湯曾經派人帶著禮物去聘請他。他漫不經心地說：『我為什麼要接受湯的聘禮呢？我為什麼不能住在這壟溝田野之間，把堯、舜之道當作樂事呢？』湯多次派人去聘請他。後來他完全改變了態度說：『我與其住在這壟溝田野之間，以堯、舜之道為樂事，我為什麼不可以使現在的君主

也成為堯、舜那樣的君主呢？我為什麼不可以使現在的民眾也成為堯、舜時代的民眾呢？我為什麼不可以親身實行親眼看見這些盛舉呢？上天養育了這些民眾，就是要讓先知者喚醒後知者，讓先覺者引導後覺者。我，就是民眾中的先覺者。我要用這堯、舜之道喚醒民眾，我不去喚醒他們誰去喚醒他們？』伊尹感到天下的民眾中如果有一個男人或一個女人沒有受到堯、舜之道的恩澤，就像是自己把他們推進深溝裡一樣，他就是這樣把天下的重任當作自己的責任，所以到湯那裡說服湯討伐夏桀拯救百姓。我從來沒有聽說過自己行為不端而能匡正他人的，更何況是自侮其身而能匡正天下的呢？聖人的行為各不相同，有疏遠君主的，有親近君主的，有遠離朝廷的，有在朝做官的，但歸根結蒂要保持自身潔淨才好。我聽說伊尹用堯、舜之道請求湯，沒聽說他要給湯當廚師的事情。《伊訓》上說：『上天討伐夏桀無道是從他的牧宮中開始的，我的行動則是從亳邑開始的。』」

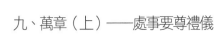

【原文】

萬章問曰：「或謂孔子於衛主①癰疽②，於齊主侍人瘠環③，有諸乎？」

孟子曰：「否，不然也。好事者④為之也。於衛主顏讎由⑤。彌子⑥之妻與子路之妻，兄弟⑦也。彌子謂子路曰：『孔子主我，衛卿可得也。』子路以告，孔子曰：『有命。』孔子進以禮，退以義，得之不得曰『有命』。而主癰疽與侍人瘠環，是無義無命也。孔子不悅⑧於魯、衛，遭宋桓司馬，將要⑨而殺之，微服而過宋。是時孔子當厄⑩，主司城貞子⑪，為陳侯周⑫臣。吾聞觀近臣，以其所為主；觀遠臣，以其所主。若孔子主癰疽與侍人瘠環，何以為孔子？」

【注釋】

①主：寄居在別人家裡，把他當作主人。
②癰疽：ㄩㄥ ㄐㄩ，人名。衛國君主親近的狎人，宦官。
③瘠環：人名，姓瘠名環。當時齊國君主親近的狎人。
④好事者：喜歡造謠生事的人。
⑤顏讎由：衛國的賢大夫。
⑥彌子：衛靈公的幸臣彌子瑕。

⑦兄弟：哥哥和弟弟，這裡指姐妹。古代男女通用。
⑧不悅：不得志。
⑨要：同「腰」，中途，半路上。
⑩厄：困苦之時。
⑪司城貞子：宋國大夫，有賢名。
⑫陳侯周：陳懷公子。

## 【譯文】

萬章問：「有人說孔子在衛國時住在宦官癰疽家裡，在齊國時住在侍人瘠環家裡，有這樣的事嗎？」

孟子說：「不，不是這樣的。這是好事者編造的謠言罷了。孔子在衛國時住在顏讎由家裡。彌子的妻子與子路的妻子是姐妹。彌子對子路說：『孔子如果能住到我家裡，可以得到衛國卿相的官位。』子路把這話告訴了孔子。孔子說：『命中有定。』孔子按照禮而進，依據儀而退，得到官位得不到官位都說『命中有定』。如果他住到宦官癰疽和侍人瘠環家裡，那就是無視禮儀無視命運了。孔子在魯國、衛國不得志，又遇到宋國的司馬桓魋，要攔截殺害他，他只好換上百姓的服裝假扮後離開宋國。那個時候孔子正處在困難的時期，他住在司城貞子家裡，做了陳侯周的臣子。我聽說，觀察在朝的近臣，要看他所接待的是什麼樣的客人；觀察外來的遠臣，就要看他所寄居的人家是什麼樣的主人。如果孔子真的住到癰疽和瘠環的家裡，那他還是孔子嗎？」

【原文】

萬章問曰：「或曰，『百里奚①自鬻②於秦養牲者五羊之皮，食③牛以要④秦穆公⑤』，信乎？」

孟子曰：「否，不然；好事者為之也。百里奚，虞人也。晉人以垂棘之璧⑥與屈產之乘⑦假道於虞以伐虢。宮之奇⑧諫，百里奚不諫。知虞公之不可諫而去。之秦，年已七十矣，曾不知以食牛干⑨秦穆公之為汙也，可謂智乎？不可諫而不諫，可謂不智乎？知虞公之將亡而先去之，不可謂不智也。時舉⑩於秦，知穆公之可與有行也而相之，可謂不智乎？相秦而顯其君於天下，可傳於後世，不賢而能之乎？自鬻以成其君，鄉黨自好者⑪不為，而謂賢者為之乎？」

【注釋】

①百里奚：虞國大夫，後在秦國任相，輔助秦穆公建立霸業。

②自鬻（ㄩˋ）：自賣其身。

③食：通「飼」。

④要：求。

⑤秦穆公：又作秦繆公，秦國國君，西元前六五九年～前六二一年在位。

⑥垂棘之璧：垂棘所產的璧玉。垂棘（ㄐㄧˊ），地名。
⑦屈產之乘：屈地所產的良馬。乘，四匹馬。
⑧宮之奇：虞國大夫。晉國曾兩次向虞國借路以攻打虢國，宮之奇用「唇亡齒寒」的道理勸告虞公拒絕晉的要求，虞公不聽。結果晉滅虢後，接著滅掉了虞國。虞公，虞國國君。
⑨干：求。
⑩舉：舉用。
⑪自好者：自愛其身的人。

## 【譯文】

萬章問道：「有人說，『百里奚用五張羊皮的代價把自己賣給秦國養牲口的人，替他餵牛，以此（尋找機會）求得秦穆公任用』，這是真的嗎？」

孟子說：「不，不是這樣；這是好事者編造的謠言罷了。百里奚是虞國人。當時晉國用垂棘所產的美玉和屈地所產的良馬向虞國借路去攻打虢國。宮之奇竭力勸阻（虞公不要答應），百里奚則不加勸阻。他知道虞公不會聽從勸告，就離開虞國到了秦國，當時已經七十歲高齡了，（如果）竟然還不知道靠替人餵牛求得秦穆公任用是污濁可鄙的，那還能說他明智嗎？（知道虞君）不會聽從勸阻就索性不去勸阻，能說他不明智嗎？知道虞公就要亡國而早早離開，這不能說他不明智吧！一旦在秦國受到舉用提拔，就知道和穆公共事是會有所作為的因而全力輔佐秦穆公，這能說他不明智嗎？全力輔佐秦穆公，而使他的威望顯赫於天下，並且可以流傳到後世，如果不是賢能的人能做到這些嗎？賣掉自己去成全君主，連鄉下潔身自愛的普通人都不願意做，難道說賢明的人肯這麼做嗎？」

【故事】

## 伊尹治大國若烹小鮮

伊尹，名摯，夏末商初人。因為他是有莘氏的女奴在伊水河邊撿來的棄嬰，所以被命之為伊；尹是當時的官名，他做到那個官職後，就被稱伊尹了。

直到三十七歲時，他仍然在有莘國的田野上耕種為生，熱中於堯、舜之道，為當地的百姓做了很多好事。他的賢德名聲漸漸傳揚開，一直傳到了商王成湯那裡。湯於是就派人帶著金錢、禮物來找伊尹，想請他去做官。伊尹拒絕了。湯又第二次、第三次派人來請，伊尹還是都拒絕了。伊尹的故鄉至今還有被稱為「三聘台」的遺址。

伊尹後來想到：既然這麼推崇已成為過去的堯、舜之道，為何不試試推行它，使它再次成為現實呢？於是就去輔佐湯王了。

也有人說，伊尹是做為有莘國公主的陪嫁奴隸來到商都洛陽的。由於他高超的烹調技術，引

起了湯王的注意，他便利用向湯王解釋烹調技巧的機會，論述治國之道。他強調奪取天下最重要的方式就是堯、舜之道，也就是愛護百姓，實行仁政。這一點得到了湯王的讚許。

湯王有一次外出打獵時，手下在獵場周圍張起了四面大網，這樣使得所有的野獸無處可逃。湯王卻讓手下只在一面留網，意思是：三面都有活路，如果還有野獸進網，那就是命中註定要死的。諸侯們聽說了這件事，紛紛議論說：「湯的仁德之心，連禽獸都能照顧到啊！」從此，湯王的仁德形象就建立起了來，與夏桀荒淫暴虐的形象對比鮮明。

湯王在討伐夏桀前，先派伊尹到夏都去，考察那裡的統治狀況。伊尹在夏都待了三年，發現夏桀的暴政已經讓夏朝子民怨聲載道了。伊尹認為夏朝正在走向滅亡，已經無藥可救了。他將夏朝的內部情況和夏朝軍隊的部署狀況都打探明白後，就重新回到亳邑。商湯正式拜他為右相，授予國政。

伊尹認為一個王朝若想統治長久，必須贏得民心。他任右相後，對內大力發展農耕，增強軍隊實力；對外則籠絡各屬國、各部落，使商湯的實力迅速強大起來。

商原本是夏的屬國，國土面積只有方圓70里大小。在政治上、軍事上均處於不利地位。伊尹認為，「治大國，若烹小鮮」。以做菜要掌握火候的道理，來比喻奪取政權應採用的策略，即：耐心等待時機，伺機而動。

到西元前1711年，商湯已按伊尹的計畫和部署，吞併了夏的十幾個小屬國和部落，在方圓數百里的地區建立了穩固的統治；而這時的夏桀因久施暴政，已成眾矢之的，地位岌岌可危。時機已經成熟，在伊尹的勸說下，湯聯合了各路諸侯興師討伐夏桀。

商的軍隊以「討伐暴君，為民除害」為旗號，他們每攻打到一個地方，都得到夏朝百姓的積極歡迎與回應，商軍很快就逼近了夏都，雙方在鳴條展開了一場大戰。商軍勢如破竹不可阻擋，夏朝的軍隊卻是一觸即潰。夏桀帶著妹喜逃出夏都，坐船跑到南巢，最後死在那裡。

商湯的大軍佔領了夏都，商王朝自此建立，湯成了商朝的第一任君王。

商湯死後，伊尹先後輔佐湯的兒子外丙、仲壬為王。他擁有最高的地位和權勢，卻始終勤政愛民，忠心耿耿。仲壬死後，湯的孫子太甲繼位為商王，繼續由伊尹輔佐。

太甲起初還聽從伊尹的話，但即位時間久了，就有些忘乎所以了。太甲繼位一年之後，伊尹便做了《伊訓》，主要內容就是訓誡皇帝的不良行為。然而伊尹多次規勸，太甲根本聽不進去。他無視法規制度，一意孤行。在位三年，昏庸不明，暴虐亂德。於是伊尹把太甲放逐到了桐宮。桐宮在湯墓的附近。臣子放逐了君王，卻只是為天下百姓，並不想篡奪王位，這在中國歷史上是絕無僅有的，這就是著名的「伊尹放太甲」的故事。

放逐太甲之後，伊尹攝政掌管國事，接見諸侯。而太甲在桐宮居住了三年，也沒有辜負伊尹的期望，他悔過自責，一心向善。伊尹知道太甲確實已經變好，就親自攜帶商王的冠冕衣服，到桐宮迎接太甲返回商都，再登王位。太甲汲取教訓，開始勤於執政，修練品德。他體察民情，按

法規制度處理政事，並讓老百姓過著安定的日子。商朝一派繁榮，各諸侯國沒有一個敢作亂。見此，伊尹又寫了《太甲訓》三篇，來稱讚太甲的德政，稱之為太宗。

太甲死後，他的兒子沃丁繼位。伊尹一百歲時去世，沃丁用天子之禮安葬了他。

伊尹做商朝的五世相國，為商王朝延續六百年的統治奠定了堅實的基礎。

## 【評論】

伊尹有超群的政治、軍事才能，蘇軾稱讚他「辨天下之事者，有天下之節者」。他有高尚的品德和完美的人格，所以能夠以臣子身分放逐君王而不遭詬病，反受景仰和讚揚。他還是個卓越的教育家，尤其在帝王教育方面堪稱典範。他是中國歷史上第一個聖人，史稱元聖人。因他的治國理論中引用了很多關於烹飪的技巧，也被後世認作「庖廚」之祖。他還發明了湯劑為百姓治病，因此也被尊為「藥聖」。

# 第十篇

## 萬章（下）——交友看重德行

【原文】

孟子曰：「伯夷，目不視惡色，耳不聽惡聲。非其君不事，非其民不使。治則進，亂則退。橫①政之所出，橫民之所止，不忍居也。思與鄉人處，如以朝衣朝冠②坐於塗炭也。當紂之時，居北海之濱，以待天下之清也。故聞伯夷之風者，頑夫③廉，懦夫有立志。

「伊尹曰：『何事非君，何使非民。』治亦進，亂亦進，曰：『天之生斯民也，使先知覺後知，使先覺覺後覺。予，天民之先覺者也，予將以此道覺此民也。』思天下之民，匹夫匹婦有不與被堯、舜之澤者，若己推而內之溝中。其自任以天下之重也。」

「柳下惠不羞④汙君⑤，不辭小官。進不隱賢，必以其道。遺佚而不怨，阨窮而不憫。與鄉人處，由由然不忍去也。『爾為爾，我為我，雖袒裼裸裎於我側，爾焉能浼⑥我哉？』故聞柳下惠之風者，鄙夫⑦寬，薄夫⑧敦。」

「孔子之去齊，接淅而行；去魯，曰：『遲遲吾行也，去父母國之道也。』可以速而速，可以久而久，可以處⑨而處，可以仕而仕，孔子也。」

孟子曰：「伯夷，聖之清者也；伊尹，聖之任者⑩也；柳下惠，聖之和者也；孔子，聖之時者也。孔子之謂集大成。集大成也者，金聲而玉振⑪之也。金聲也者，始條理也；玉振之也者，終條理也。始條理者，智之事也；終條理者，聖之事也。智，譬則巧也；聖，譬則力也。由射於百步之外也，其至，爾力也；其中，非爾力也。」

【注釋】

①橫：指不循法度。

②朝衣朝冠：上朝時穿戴的禮服、禮帽。

③頑夫：貪得無厭的人。

④羞：感到羞恥。

⑤汙君：昏庸的君主。

⑥浼：污染。

⑦鄙夫：心胸狹隘的人。

⑧薄夫：刻薄尖酸的人。

⑨處：止，隱退的意思。

⑩任者：以天下為己任的人。

⑪金聲而玉振：用鐘發聲，用磬收韻，表示集眾音之大成的意思。金：這裡指青銅所鑄的鎛鐘；鎛鐘是一種形狀似鐘的樂器，演奏時單獨懸掛（有別於編鐘）。玉：這裡指玉製的特磬，一種樂器，演奏時也單獨懸掛（有別於編磬）。

## 【譯文】

孟子說：「伯夷，眼睛不看不好的顏色，耳朵不聽不好的聲音。不符合他理想的君主，不去侍奉，不符合他理想的百姓，不去役使。世道清明了就出來做官，天下混亂的時候就隱居山林。暴政施行的國家，暴民停留的地方，他都不願意居住。他覺得和鄉下人在一起，就像是穿著禮服戴著禮帽坐在泥土炭灰上一樣。在紂王當政時，他隱居到北海岸邊，以等待天下清明。因此，聽說了伯夷的高風亮節後，貪心的人也能變得廉潔，懦弱的人也會產生堅定的信念。」

「伊尹說：『什麼樣的君主不能侍奉？什麼樣的百姓不可役使？』世道清明他在朝做官，世道混亂他也在朝做官，他說：『上天養育了這些民眾，就是要讓先知的人喚醒後知的人，讓先覺的人引導後覺的人。我，就是上天所生民眾中的先覺者，我將用這堯、舜之道使民眾覺悟起來。』每當他感到天下民眾中有一個男人或一個女人還有沒受到堯、舜之道的恩澤，就像是自己把他們推進了深溝一樣。他把天下的重任當成了自己的責任。」

「柳下惠不以侍奉昏庸的君主為羞恥，也不推辭低下的職務。在朝做官不隱藏自己的賢能，並且一定按照原則辦事。遭受冷落遺棄時不怨恨，面臨艱難困苦時不憂愁。和鄉下人在一起時，總是怡然自得的樣子，遲遲不願意離開。他說：『你是你，我是我，即使你赤身露體在我旁邊，你又怎麼能玷污我呢？』因此，聽說了柳下惠的高風亮節後，狹隘的人也變得寬容了，刻薄的人也變得敦厚了。」

「孔子離開齊國的時候，（不等生火做飯，）撈起淘過的濕米就帶著上路了；離開魯國時卻說：『我們慢慢地走吧！這是離開自己的祖國所應有的態度。』該快的時候就快，該慢的時候就慢，該閒居隱退的時候就閒居隱退，該出來做官的時候就出來做官，這就是孔子的為人。」

孟子評論說：「伯夷，是聖人中清高的人，伊尹，是聖人中有責任感的人，柳下惠，是聖人中平和的人，孔子，是聖人中識時務的人。孔子可以說是集大成者。所謂集大成，就像奏樂時先由擊打鎛鐘奏出聲音，最後用敲擊玉磬來收尾一樣。鎛鐘的聲音，是旋律節奏的開始；玉磬收尾，是旋律節奏的終結。把握旋律節奏的開端，是智慧的展現；把握旋律節奏的終結，則是聖德的展現。智慧，好比是一種技巧，聖德，好比是一種力量。就像在百步之外射箭，射到靶位，是靠你的力量；射中靶心，就不能單靠你的力量了。」

【原文】

北宮錡①問曰：「周室班②爵祿也，如之何？」

孟子曰：「其詳不可得聞也。諸侯惡其害己也，而皆去③其籍，然而軻④也嘗聞其略也。天子一位，公一位，侯一位，伯一位，子、男同一位，凡五等也。君一位，卿一位，大夫一位，上士一位，中士一位，下士一位，凡六等。天子之制，地方千里，公侯皆方百里，伯七十里，子、男五十里，凡四等。不能五十里，不達於天子，附於諸侯，曰附庸。天子之卿受地視⑤侯，大夫受地視伯，元士⑥受地視子、男。大國地方百里，君十卿祿，卿祿四大夫，大夫倍上士，上士倍中士，中士倍下士，下士與庶人在官者同祿，祿足以代其耕也。次國地方七十裡，君十卿祿，卿祿三大夫，大夫倍上士，上士倍中士，中士倍下士，下士與庶人在官者同祿，祿足以代其耕也。小國地方五十里，君十卿祿，卿祿二大夫，大夫倍上士，上士倍中士，中士倍下士，下士與庶人在官者同祿，祿足以代其耕也。耕者之所獲，一夫百畝，百畝之糞，上農夫食九人，上次食八人，中食七人，中次食六人，下食五人。庶人在官者，其祿以是為差。」

【注釋】

①北宮錡：人名，衛國人。

②班：按順序排列等級。

③去：藏。

④軻：孟子自稱。

⑤視：比照。

⑥元士：天子之士。與諸侯之士相區分。

## 【譯文】

北宮錡問：「周王室制訂爵位和俸祿等級制度，具體情況是怎麼樣的呢？」

孟子說：「詳細情況已經不可能知道了。諸侯們都厭惡這些典籍妨害了自己的利益，因而把它們全都藏匿或者銷毀了，不過我也粗略地聽說過大概的情況。普天下爵位的制度是，天子是一級，公是一級，侯是一級，伯是一級，子、男同是一級，總共五個等級。按官位的制度是君是一級，卿是一級，大夫是一級，上士是一級，中士是一級，下士是一級，總共六個等級。天子管轄的範圍是方圓一千里，公爵、侯爵的封地各是方圓一百里，伯爵的封地方圓七十里，子爵、男爵的封地方圓五十里，總共四個等級。土地不足方圓五十里的，不能直接隸屬天子，只能附屬於諸侯，叫做附庸。天子朝中的卿所受的封地相當於侯爵，大夫的封地相當於伯爵，上士、中士、下士這三種元士的封地相當於子爵、男爵。大的公、侯國土地方圓百里，國君的俸祿是卿的十倍，卿的俸祿是大夫的四倍，大夫的俸祿是上士的兩倍，上士是中士的兩倍，中士是下士的兩倍，下士與在官府服役的平民相同，所得俸祿足以抵得上種田的收入。次一等的國家土地方圓七十里，國君的俸祿是卿的十倍，卿的俸祿是大夫的三倍，大夫是上士的兩倍，上士是中士的兩倍，中士是下士的兩倍，下士與在官府服役的平民相同，所得俸祿足以抵得上種田的收入。小的國家土地方圓五十里，國君的俸祿是卿的十倍，卿的俸祿是大夫的兩倍，大夫是上士的兩倍，上士是中士的兩倍，中士是下士的兩倍，下士與在官府服役的平民相同，所得俸祿足以抵得上種田的收入。種田人的收入大概是這樣，一個農夫和他的妻子擁有的土地是一百畝；在這一百畝土地上施肥耕作，最能幹的上等的農夫可以供養九個人，稍差一點的可以供養八個人，中等的可以供養七個人，再差一點的可以供養六個人，最下等的可以供養五個人。在官府服務的普通百姓，他們的俸祿也參照按這個來分出不同。」

【原文】

萬章問曰：「敢問友。」

孟子曰：「不挾①長②，不挾貴，不挾兄弟而友。友也者，友其德也，不可以有挾也。孟獻子③，百乘之家也，有友五人焉，樂正裘、牧仲，其三人則予忘之矣。獻子之與此五人者友也，無獻子之家者也；此五人者，亦有獻子之家，則不與之友矣。非惟百乘之家為然也，雖小國之君亦有之。費惠公④曰：『吾於子思，則師之矣；吾於顏般，則友之矣；王順、長息則事我者也。』非惟小國之君為然也，雖大國之君亦有之。晉平公⑤之於亥唐⑥也，入云則入，坐云則坐，食云則食；雖蔬食菜羹，未嘗不飽，蓋不敢不飽也。然終於此而已矣。弗與共天位也，弗與治天職也，弗與食天祿也，士之尊賢者也，非王公之尊賢者也。舜尚見帝，帝館甥於貳室，亦饗舜，迭⑦為賓主，是天子而友匹夫也。用下敬上，謂之貴貴；用上敬下，謂之尊賢。貴貴、尊賢，其義一也。」

【注釋】

①挾：倚仗。

②長：輩分高年紀大的人。
③孟獻子：魯國大夫。
④費（ㄅㄧˋ）惠公：戰國時小國費的國君。
⑤晉平公：春秋時晉國國君，姓姬名彪。
⑥亥唐：晉國的賢人，是個隱士。
⑦迭：更迭，輪流。

## 【譯文】

萬章問道：「請問怎樣結交朋友。」

孟子回答說：「不倚仗自己輩分高年齡大，不倚仗自己地位高，不倚仗自己兄弟（的富貴）去結交朋友。結交朋友，是因為欣賞對方的品德而去結交的，是不可以有所倚仗的。孟獻子是有百輛車馬的大夫，他有五個朋友：一個叫樂正裘、一個叫牧仲，其他三人的名字我忘了。獻子和這五個人交朋友，從未考慮過自己是位大夫；這五個人，也是這樣，要是心裡也有獻子是位大夫的想法，就不會和他交朋友了。不僅是擁有百輛車馬的大夫這樣，就是小國的君主也有這樣的。費惠公曾說：『我對子思，是以老師相待的；我對顏般，是以朋友相待的；王順、長息，則不過是侍奉我的人罷了。』不僅小國的君主是這樣，就是大國的君主也有這樣的。晉平公對於亥唐非

常尊敬，亥唐叫他進去他就進去，叫他坐下他就坐下，叫他吃飯他就吃飯，即使是粗飯菜湯，也沒有不吃飽的時候，因為面對朋友他不敢不吃飽啊！然而晉平公最終也就到這一步罷了。他不與亥唐共有官位，不與亥唐共治政事，不與亥唐共用俸祿。這只是一般士人的尊賢，而不是王公的尊賢。當初舜去謁見堯帝，堯帝把這位女婿安排在副宮住，並且設宴款待他，舜有時也請堯來，兩人輪流充當賓主，這才是天子與平民百姓交朋友的態度啊！地位低的人尊敬地位高的人，這叫做尊重貴人；地位高的人尊敬地位低的人，這叫做敬重賢人。尊重貴人和敬重賢人，其中的道理是一樣的。」

【原文】

萬章問曰：「敢問交際①何心也？」

孟子曰：「恭也。」

曰：「『卻②之卻之為不恭』，何哉？」

曰：「尊者賜之，曰：『其所取之者義乎，不義乎？』而後受之。以是為不恭，故弗卻也。」

曰：「請無以辭卻之，以心卻之，曰：『其取諸民之不義也』，而以他辭無受，不可乎？」

曰：「其交也以道，其接也以禮，斯孔子受之矣。」

萬章曰：「今有禦人於國門之外者，其交也以道，其饋也以禮，斯可受禦與？」

曰：「不可。《康誥》③曰：『殺越④人於貨，閔不畏死，凡民罔不譈⑤。』是不待教而誅者也。殷受夏，周受殷，所不辭也；於今為烈⑥，如之何其受之？」

曰：「今之諸侯取之於民也，猶禦也。苟善其禮際矣，斯君子受之，敢問何說也？」

曰：「子以為有王者作，將比今之諸侯而誅之乎？其教之不改而後誅之乎？夫謂非其有而取之者盜也，充類至義之盡也。孔子之仕於魯也，魯人獵較⑦，孔子亦獵較。獵較猶可，而況受其賜乎？」

曰：「然則孔子之仕也，非事道⑧與？」

曰：「事道也。」

「事道奚獵較也？」

曰：「孔子先簿正祭器，不以四方之食供簿正。」

曰：「奚不去也？」

曰：「為之兆也。兆足以行矣而不行，而後去。是以未嘗有所終三年淹也。孔子有見行可之仕，有際可之仕，有公養之仕。於季桓子⑨，見行可之仕也；於衛靈公⑩，際可之仕也；於衛孝公⑪，公養之仕也。」

**【注釋】**

①交際：指人與人之間的往來接觸。際，接也。

②卻：推辭，不接受。

③《康誥》：《尚書》中的一篇。

④越：顛越。

⑤譈：怨恨。

⑥烈：嚴重。

⑦獵較：古代風俗，打獵時爭奪獵物，以所得用作祭祀。

⑧事道：以推行道義為事業。

⑨季桓子：魯國的正卿。

⑩衛靈公：衛國國君，西元前五三四年～西元前四九三年在位。

⑪衛孝公：不見於史書記載，可能即衛出公輒；輒是衛靈公之孫，繼靈公即位。

## 【譯文】

萬章問道：「請問，對別人交往要抱著什麼樣的心情？」

孟子說：「恭敬的心情。」

萬章問：「常言道『一次次地推辭別人的禮物是不恭敬的』，這是為什麼呢？」

孟子說：「有地位的人賜給的禮物，你先考慮說：『他給我的這些東西是符合道義得來的呢？還是不符合道義得來的呢？』然後才接受。這是不恭敬的，所以不要推辭。」

萬章說：「如果不用言語推辭，而在心裡推辭，暗自說：『這是他從百姓那裡取來的不義之財』，然後用別的理由拒絕接受，不行嗎？」

孟子說：「他用正道與人接觸，按禮節與人交往，這樣，就是孔子也會接受他的禮物的。」

萬章說：「如果有個在城外攔路搶劫的人，他用正道與人接觸，按禮節與人交往，這樣也可以接受他搶來的東西嗎？」

孟子說：「不行。《康誥》上說：『殺人搶劫，強橫不怕死的人，人們沒有不痛恨的。』這種人是不必先去教育就可以直接處死的。這是殷朝從夏朝繼承的法律，周朝又從殷朝繼承下來，一直沒有改變。現在搶劫比以往還嚴重，怎麼還能接受這種東西呢？」

萬章說：「現在的諸侯從百姓那裡掠取財物，就像攔路搶劫一樣。如果他們按照禮節交往，這樣君子就可以接受他們的禮物，請問這又怎麼說呢？」

孟子說：「你認為如果有聖王出現，他將會把現在的諸侯統統殺掉呢？還是先進行教育，再把經過教育仍不悔改的諸侯殺掉呢？認為取得了不是自己應該得到的東西，就是盜賊，這是把『盜賊』的含意範圍引申擴大到最高的原則範圍了。孔子在魯國做官時，魯國人有打獵時爭奪獵物的習俗，孔子也去爭奪了。爭奪獵物尚且可以，何況接受別人贈與的禮物呢？」

萬章說：「那麼孔子做官，不是為了推行道義嗎？」

孟子說：「是為了推行道義。」

萬章問：「既然是為了推行道義，又何必去爭奪獵物呢？」

孟子說：「那是因為孔子先用文書規定該用的祭器，規定不用四方珍奇的獵物充作祭品。（所以要用打獵爭奪來的獵物做祭品，以避免祭品短缺。）」

萬章說：「孔子為什麼不辭官離開呢？」

孟子說：「為了嘗試一下自己的主張是否可行。試行的結果足以證明行得通，君主卻不推行，這才離開那裡。所以孔子不曾有過在一個國君那裡待滿三年的。孔子有時是看到有推行道義的可能而去做官，有時是因為君主對他以禮相待而去做官，有時是因為君主願意供養賢士而去做官。他在季桓子那裡，是看到有推行道義的可能而去做官；在衛靈公那裡，是因為能被以禮相待而去做官；在衛孝公那裡，是因為君主供養賢士而去做官。」

## 【原文】

孟子曰：「仕非為貧也，而有時乎為貧；娶妻非為養也，而有時乎為養。為貧者，辭尊居卑，辭富居貧。辭尊居卑，辭富居貧，惡乎宜乎？抱關擊柝。孔子嘗為委吏矣，曰：『會計當而已矣。』嘗為乘田矣，曰：『牛羊茁壯長而已矣。』位卑而言高，罪也；立乎人之本朝，而道不行，恥也。」

## 【譯文】

孟子說：「做官不是因為貧窮，但也有時確實是因為貧窮；娶妻不是為了奉養父母，但也有時確實是為了奉養父母。因為貧窮而做官，就該拒絕高位而甘居卑職，不要高薪只求薄祿。拒絕高位而甘居卑職，不要高薪求薄祿，做哪樣最適宜呢？守門打更一類的就可以了。孔子曾經做過管倉庫的小吏，說道：『帳目對就行了。』也曾經做過管理苑囿草牧的小吏，說道：『牛羊長得肥壯就行了。』職位低下而談論國事，是罪過；身在朝廷上做官，卻不推行道義，是恥辱。」

【原文】

萬章曰：「士之不托①諸侯，何也？」

孟子曰：「不敢也。諸侯失國，而後托於諸侯，禮也；士之托於諸侯，非禮也。」

萬章曰：「君餽之粟，則受之乎？」

曰：「受之。」

「受之何義也？」

曰：「君之於氓②也，固周③之。」

曰：「周之則受，賜之則不受，何也？」

曰：「不敢也。」

曰：「敢問其不敢何也？」

曰：「抱關擊柝者皆有常職④以食於上，無常職而賜於上者，以為不恭也。」

曰：「君餽之，則受之，不識可常繼乎？」

曰：「繆公之於子思也，亟⑤問，亟餽鼎肉⑥。子思不悅。於卒⑦也，摽使者出諸大門之外，北面稽首再拜⑧而不受，曰：『今而後知君之犬馬畜伋。』蓋自是台⑨無餽也。悅賢不能舉，又不能養也，可謂悅賢乎？」

曰：「敢問國君欲養君子，如何斯可謂養矣？」

曰：「以君命將之，再拜稽首而受。其後廩人繼粟，庖人繼肉，不以君命將之。子思以為鼎肉使己僕僕爾亟拜也，非養君子之道也。堯之於舜也，使其子九男事之，二女女焉，百官牛羊倉廩備，以養舜於畎畝之中，後舉而加諸上位，故曰，王公之尊賢者也。」

**【注釋】**

①托：寄身的意思。指的是不仕而食其祿。

②氓：流民。

③周：周濟。

④常職：平常的職務。

⑤亟：屢次。

⑥鼎肉：朱熹《四書集注》云：「鼎肉，熟肉也。」

⑦卒：最後。

⑧稽首再拜：稽首，古代跪拜禮，行禮時兩手拱至地，頭至手，不觸及地。再拜，拜兩次。據考，稽首再拜稱為「凶拜」，而下文再拜稽首稱為「吉拜」。

⑨台：始。

## 【譯文】

萬章問道：「士人不能寄居到別國諸侯那裡靠祿米生活，為什麼呢？」

孟子說：「因為不敢。諸侯丟了國家後，寄居到別國諸侯那裡生活，是合乎禮的；士人寄居到別國諸侯那裡靠祿米生活，是不合乎禮的。」

萬章問：「如果是國君送給他穀米，那麼能接受嗎？」

孟子說：「能接受。」

萬章問：「能接受是根據什麼道理？」

孟子說：「國君對於流民，本來就該周濟的。」

萬章說：「周濟他，就接受，賞賜他，就不接受，這又是什麼道理？」

孟子說：「因為不敢。」

萬章問：「請問，不敢接受的道理是什麼呢？」

孟子說：「守門打更的人都有一份職務以接受上級的給養，如果沒有職務而接受上面的賞賜，會被認為是不恭敬的。」

萬章問：「國君贈送來的東西就接受，但不知道是不是可以經常這麼做呢？」

孟子說：「魯繆公對於子思，多次問候，多次贈送肉食。子思很不高興。最後，把繆公派來的人拒絕在大門之外，自己面朝北跪下磕頭，然後拱手拜了兩拜，拒絕接受禮物，他說：『如今

才知道君王是把我當犬馬一樣畜養的。』於是差役從這以後就不給子思送東西了。一個君主喜愛賢士，卻既不提拔任用他，又不能按恰當的方式供養他，這能說是喜愛賢士嗎？」

萬章說：「請問，國君想要供養君子，怎樣做才算是適宜的供養呢？」

孟子說：「第一次以國君的名義送東西給他，他便拱手拜兩拜，跪下磕頭接受。以後就只管讓糧倉的小吏不斷送糧去，廚師不斷送肉去，而不必再以國君名義去送。（這樣可以免掉煩瑣的禮節。）子思覺得為了一鍋熟肉，使得自己一次接一次地跪拜行禮，這不是供養君子的恰當做法。堯對於舜，派自己的九個兒子去侍奉他，把兩個女兒嫁給他，百官、牛羊、糧食都齊備，在田野中供養他，然後提拔他，讓他居於很高的職位。所以說，堯是天子諸侯尊敬賢人的典範。」

【原文】

萬章曰：「敢問不見諸侯，何義也？」

孟子曰：「在國曰市井之臣，在野曰草莽之臣，皆謂庶人。庶人不傳質①為臣，不敢見於諸侯，禮也。」

萬章曰：「庶人，召之役，則往役；君欲見之，召之，則不往見之，何也？」

曰：「往役，義也；往見，不義也。且君之欲見之也，何為也哉？」

曰：「為其多聞也，為其賢也。」

曰：「為其多聞也，則天子不召師，而況諸侯乎？為其賢也，則吾未聞欲見賢而召之也。繆公亟見於子思，曰：『古千乘之國以友士，何如？』子思不悅，曰：『古之人有言曰，事之云乎，豈曰友之云乎？』子思之不悅也，豈不曰：『以位，則子，君也，我，臣也，何敢與君友也？以德，則子事我者也，奚可以與我友？』千乘之君求與之友而不可得也，而況可召與？齊景公田，招虞人以旌，不至，將殺之②。志士不忘在溝壑，勇士不忘喪其元。孔子奚取焉？取非其招不往也。」

曰：「敢問招虞人何以？」

曰：「以皮冠。庶人以旃，士以旂，大夫以旌。以大夫之招招虞人，虞人死不敢往；以士之招招庶人，庶人豈敢往哉？況乎以不賢人之招招賢人乎？欲見賢人而不以其道，猶

欲其入而閉之門也。夫義，路也；禮，門也。惟君子能由是路，出入是門也。《詩》云：『周道如底，其直如矢；君子所履，小人所視③。』」

萬章曰：「孔子，君命召，不俟駕而行。然則孔子非與？」

曰：「孔子當仕有官職，而以其官召之也。」

**【注釋】**

①傳質：求見君主的人，將獻給君主的見面禮品交給通報的人，由他傳送進去，稱為「傳質」。

②參見《騰文公下》第一章注。

③以上四句出自《詩經．小雅．大東》。

**【譯文】**

萬章說：「請問，士人不去謁見諸侯，這是什麼道理呢？」

孟子說：「沒有官位的人住在城裡，叫市井之臣，住在鄉下，叫草莽之臣，都算是百姓。百姓不向諸侯傳送見面禮而成為臣屬，就不敢謁見諸侯，這是合乎禮制的。」

萬章說：「百姓，召他服役，就去服役；國君要見他，召他去，卻不去見，為什麼呢？」

孟子說：「去服役，是一種義務；不是臣屬而去見國君，則不是義務。再說國君要召見他，是為的什麼呢？」

萬章說：「因為他見識廣博，因為他品德高尚。」

孟子說：「如果為的是他見識廣博，那麼天子也不能召見老師的，何況諸侯呢？因為他品德高尚，那麼我還沒聽說過，想要見賢人竟去隨便召喚他來的。魯繆公多次去見子思，對他說：『古代有千輛兵車的國君去跟士人交朋友，是怎麼樣做的呢？』子思很不高興，說：『古人有句話，認為只能說把他當老師侍奉他罷了，哪能聲稱與他交朋友呢？』子思之所以不高興，難道不是因為心裡想著：『論地位，你是國君，我是臣，我怎麼敢與國君交朋友呢？論道德，那麼你該把我當老師侍奉，怎麼可以說與我交朋友？』有千輛兵車的國君要求與他交朋友尚且辦不到，更何況召他來見呢？從前齊景公外出打獵，用旌旗召喚管理園囿的小吏，小吏不來，齊景公便要殺他。志士不怕棄屍山溝，勇士不怕喪失頭顱。孔子為什麼稱讚那位管園人呢？就是因為管園人勇於拒絕不符合禮制的召喚。」

萬章問：「請問，應該用什麼來召喚管理園囿的小吏呢？」

孟子說：「用皮帽子。召喚平民百姓用大紅綢的曲柄旗，召喚士人用有鈴鐺的旗，召喚大夫用飾有羽毛的旌旗。用召喚大夫的旌旗去召園囿的小吏，小吏是死也不敢去的；用召喚士人的旗子去召喚百姓，百姓難道敢去嗎？更何況用不尊重人的召喚方式去召喚賢人呢？想見賢人而不用禮待賢人的禮節，那就像想要讓人家進屋卻又把大門關閉一樣。道義，好比是路；禮節，好比是門。只有君子能沿著這條路走，從這座門進去。《詩經》上說：『大路像磨刀石一樣平，像箭一樣直；君子在上面走，小人在旁邊看。』」

萬章說：「孔子一聽說國君召喚，等不及車馬駕好就動身。那麼，孔子這樣做是錯了嗎？」

孟子說：「那時孔子正在朝廷中做官，而國君是按他的官職召見他的。」

## 【原文】

孟子謂萬章曰：「一鄉之善士斯友一鄉之善士，一國之善士斯友一國之善士，天下之善士斯友天下之善士。以友天下之善士為未足，又尚論古之人。頌其詩，讀其書，不知其人，可乎？是以論其世也。是尚友也。」

## 【譯文】

孟子對萬章說：「一鄉中的優秀人物，和這一鄉的優秀人物交朋友；一國中的優秀人物，和這一國的優秀人物交朋友；天下的優秀人物，和天下同樣的優秀人物交朋友。認為與天下的優秀人物交朋友還不夠，就又上溯歷史，評論古代的人物。吟誦他們的詩歌，研讀他們的著作，不了解他們的為人，行嗎？所以還要研究他們所處的那個時代。這就是進而與古人交朋友了。」

【原文】

齊宣王問卿。

孟子曰：「王何卿之問也？」

王曰：「卿不同乎？」

曰：「不同。有貴戚之卿，有異姓之卿。」

王曰：「請問貴戚之卿。」

曰：「君有大過則諫，反覆之而不聽，則易位。」

王勃然變乎色。

曰：「王勿異也。王問臣，臣不敢不以正對。」

王色定，然後問異姓之卿。

曰：「君有過則諫，反覆之而不聽，則去。」

【譯文】

齊宣王問有關公卿的問題。

孟子說：「大王問的是哪一種公卿呢？」

宣王問：「公卿還有不同嗎？」

孟子說：「有不同。有和國君同宗的貴戚之卿，有並非王族的異姓之卿。」

宣王說：「請問和王室同宗的貴戚之卿應該怎樣。」

孟子說：「做為貴戚之卿，國君有了重大錯誤，就要勸諫，反覆勸諫還不聽，就另立賢者做為國君。」

宣王一下子變了臉色。

孟子說：「大王不要見怪。大王既然問我，我不敢不如實回答您。」

宣王臉色漸漸平和下來恢復了正常，又接著問非王族的異姓之卿應該怎樣。

孟子說：「做為異姓之臣，國君有過錯，就要勸諫，反覆勸諫而不聽，就辭職離開。」

【故事】

## 伯夷、叔齊不食周粟

三千多年前，在如今的河北秦皇島一帶，有一個古老的小國，叫做孤竹國。這個國家靠近海邊，境內有植被茂盛的山脈，還有肥沃的平原，既可農耕又可漁獵，有大量飼養牲畜的畜牧業，還能用很多剩餘的糧食來釀酒，因此，經濟較為發達。孤和竹是當時用來書寫的兩種工具，他們用來做國名，可以看出這個國家有較高的文化水準。

孤竹國君姓墨胎氏。到了商朝後期，有一位國君死了，就需要一個新的國君來繼承王位。這

位國君一共生了三個兒子，長子名允字公信，也就是後來諡號為伯夷的；幼子名智字公達，也就是後來諡號為叔齊的。孤竹國君生前非常喜歡小兒子叔齊，曾經表示過將叔齊立為繼承人的意願。國君死後，大臣們就打算按照當時的常禮，擁戴長子伯夷即位。但是仁德正直的伯夷堅決不肯登上王位，他說：「應該尊重父親生前的願望，國君的位置就由叔齊來做吧！」為了真正放棄君位，伯夷悄悄逃出了孤竹國。

大臣們於是又想要擁戴叔齊做新的國君，但是叔齊也堅決不肯即位。他說：「如果由我來當國君，那就破壞了兄弟之間的道義，而且也不符合禮儀章法的規定。」為了表示自己的決心，叔齊也悄悄逃出了孤竹國。

離開孤竹國之後，叔齊找到了兄長伯夷，兩個人誰都不肯讓步，誰都不願回國，於是就相依為命，一起過起了流亡生活。

孤竹國的大臣們沒有辦法，只好擁立老國君的第二個兒子即位了。

商朝末期，在紂王荒淫暴虐的統治之下，百姓生存艱難，怨聲載道。伯夷、叔齊隱居在北海邊，與東夷的人一起生活了很久。兩個人的年紀大了，越來越感覺到生活困難。

這時候，西伯周文王在西方興起，他治理的國家繁榮穩定、經濟強盛，百姓安居樂業。伯夷就高興地對叔齊說：「咱們應該離開這裡回去了。我聽說西伯的國家安定富強，百姓也都賢德仁愛，樂於供養年老的人，很適合老年人居住。」於是兩個人就一起去周國。

他們兩個人走得很慢，剛走到一半時，就在路上遇到了周武王討伐商紂的大軍。原來是周文王去世了，周武王用車拉著文王的棺木，要出其不意地迅速奔襲商紂。伯夷和叔齊見此情景極為失望，他們拍打著馬鞍勸說武王：「父親死了不趕快埋葬，實行喪禮，反倒要打起仗來，這樣能算作孝嗎？用臣子的身分帶領軍隊去討伐自己的君主，這樣能算作仁嗎？」

武王身邊的衛兵見兩個老人攔住去路，而且還出言不遜，就想要殺掉他們。軍師姜尚過來勸解說：「這兩個老者是真正講義氣的人啊！不要殺害他們！」就讓人把他倆攙扶到旁邊去了。

武王率領各諸侯國的聯盟軍隊與商紂王的軍隊在商都郊外的牧野展開決戰，戰鬥極其慘烈，雙方死傷無數，流血漂杵。最後，商紂王軍中的奴隸士兵因對紂王充滿怨恨，就在陣前倒戈，帶領諸侯軍隊殺向紂王的大軍，周武王才取得了決定性的勝利，滅掉了商朝，建立了周朝。

伯夷和叔齊推崇仁愛和禮法，因此反對武王這種用暴力對抗暴力的行為。當他們聽到武王建立周朝的消息後，認為這種做法太可恥了。他們恥於做周朝的子民，恥於吃周朝的糧食，於是發誓從此不食周粟。可是到了此時，普天之下都已經是周朝的領土了，他們又到哪裡去找不屬於周朝的糧食呢？

兩個人最後相互攙扶著來到了首陽山。首陽山上生長了很多薇菜，伯夷和叔齊就在這裡採薇而食。他們還做了一首《採薇》歌，歌中唱道：「登上這座西山啊！採摘山上的薇菜。為了改變強暴的局面，又採取了更為強暴的手段，這樣做能夠算對嗎？我真是不能理解啊！先帝神農啊！

先王虞夏啊！你們創造的盛世，恐怕再也不會重現了。我們能到哪裡去呢？真是讓人嘆息啊！我的生命要就此結束了。」

伯夷和叔齊最終餓死在首陽山上。

## 【評論】

伯夷、叔齊兩兄弟的讓國行為，博得了儒家學派的極高讚賞，他們評論說：「能把一個國家拱手讓出來，還有比這更高的仁德嗎？伯夷是懂得順應父親的意願，而叔齊則是明白恭敬兄長的道理。」後來，隨著儒家學說的盛行，儒家的思想成為讀書人的統一指導思想，伯夷、叔齊兩人的地位就更加崇高，被尊為聖人。

# 第十一篇

## 告子（上）——明義與利之辨

【原文】

告子①曰：「性②猶杞柳③也，義猶桮棬④也；以人性為仁義，猶以杞柳為桮棬。」

孟子曰：「子能順杞柳之性而以為桮棬乎？將戕賊⑤杞柳而後以為桮棬也？如將戕賊杞柳而以為桮棬，則亦將戕賊人以為仁義與？率天下之人而禍仁義者，必子之言夫！」

【注釋】

①告子：戰國時代人，名不詳。也有人說名不害。他的論點與孟子的性善論對立。

②性：人的天性。

③杞（ㄑㄧˇ）柳：樹名，枝條柔韌，可以編製箱筐等器物。

④桮棬：ㄅㄟ　ㄑㄩㄢ，器名。先用枝條編成杯盤之形，再以漆加工製成杯盤。

⑤戕賊：ㄑㄧㄤˊ　ㄗㄜˊ，傷害，損害。

【譯文】

告子說：「人的本性，好比是杞柳，仁義，好比是杯盤。要使人性具備仁義，就好像要把杞柳做成杯盤。」

孟子說：「你能順著杞柳的本性把它做成杯盤呢？還是要損傷了它的本性把它做成杯盤呢？如果要損傷它的本性才能把它做成杯盤，那麼豈不是也要損傷人的本性才能使人具備仁義嗎？帶領天下的人給推行仁義帶來災難的，一定是你這種論調吧！」

【原文】

告子曰：「性猶湍水也，決諸東方則東流，決諸西方則西流。人性之無分於善不善也，猶水之無分於東西也。」

孟子曰：「水信無分於東西，無分於上下乎？人性之善也，猶水之就下也。人無有不善，水無有不下。今夫水，搏而躍之，可使過顙；激而行之，可使在山。是豈水之性哉？其勢則然也。人之可使為不善，其性亦猶是也。」

【譯文】

告子說：「人性好比湍急的流水，在東邊開個口就往東流，在西邊開個口就往西流。人性本來就不分善與不善，就像水流本來並不固定向東流或是向西流一樣。」

孟子說：「水流確實是本來不分向東、向西的，但它難道也不分向上流、向下流嗎？人性向善的本性，就好比水朝下流一樣。人性沒有不向善的，水沒有不向下流的。要說水，拍打一下叫它飛濺起來，也能使它高過人的額頭；阻擋住它叫它騰湧而起，可以使它流上高山。這難道是水的本性嗎？這只是形勢迫使它這樣的。人之所以可以變得不善良，他的本性也正是像這樣被強迫改變的啊！」

## 【原文】

告子曰：「生之謂性。」

孟子曰：「生之謂性也，猶白之謂白與？」

曰：「然。」

「白羽之白也，猶白雪之白；白雪之白猶白玉之白與？」

曰：「然。」

「然則犬之性猶牛之性，牛之性猶人之性與？」

## 【譯文】

告子說：「天生的稟賦就稱做天性。」

孟子說：「天生的稱做天性，那麼是不是白色的東西就稱做白呢？」

告子說：「是的。」

孟子說：「白羽毛的白，就像白雪的白；白雪的白就像白玉的白嗎？」

告子說：「是的。」

孟子說：「那麼，狗的天性就像牛的天性，牛的天性就像人的天性嗎？」

**【原文】**

告子曰：「食、色，性也。仁，內也，非外也；義，外也，非內也。」

孟子曰：「何以謂仁內義外也？」

曰：「彼長而我長之，非有長於我也；猶彼白而我白之，從其白於外也，故謂之外也。」

曰：「異於白馬之白也，無以異於白人之白也；不識長馬之長也，無以異於長人之長與？且謂長者義乎？長之者義乎？」

曰：「吾弟則愛之，秦人之弟則不愛也，是以我為悅者也，故謂之內。長楚人之長，亦長吾之長，是以長為悅者也，故謂之外也。」

曰：「耆①秦人之炙，無以異於耆吾炙，夫物則亦有然者也，然則耆炙亦有外與？」

**【注釋】**

①耆：ㄑㄧˊ，同「嗜」。

## 【譯文】

告子說：「食慾、性慾，這是人的本性。仁是生自內心的，不是外因引起的；義是外因引起的，不是生自內心的。」

孟子說：「根據什麼說仁是生自內心，而義是外因引起的呢？」

告子說：「他（比我）年長，我便以敬重長者的態度對待他，敬重長者並不是由於我自身的原因；就好比某件東西顏色是白的，我便認為它白，是由於它的白顏色顯露在外的緣故，所以說是外因引起的。」

孟子說：「白馬的白，可能跟白人的白沒有什麼區別；不知道對老馬的敬重態度，與對長者的敬重態度，是否也沒有區別呢？況且，你所說的義，是指長者本人呢，還是指敬重長者的人呢？」

告子說：「是我的弟弟，我就愛他；是秦國人的弟弟，我就不愛了，這種愛與不愛是產生於我本身的，所以說（仁）是生自內心的。敬重楚國人中的長者，也敬重我自己的長者，這種敬重由對方年長決定的，所以說（義）是外因引起的。」

孟子說：「愛吃秦國人烤的肉，與愛吃自己烤的肉是沒有什麼區別的，萬事萬物也是這種情況，那麼愛吃烤肉的也是由外因引起的嗎？」

## 【原文】

孟季子[1]問公都子曰：「何以謂義內也？」

曰：「行吾敬，故謂之內也。」

「鄉人長於伯兄一歲，則誰敬？」

曰：「敬兄。」

「酌則誰先？」

曰：「先酌鄉人。」

「所敬在此，所長在彼，果在外，非由內也。」

公都子不能答，以告孟子。

孟子曰：「敬叔父乎，敬弟乎？彼將曰，『敬叔父。』曰，『弟為尸[2]，則誰敬？』彼將曰，『敬弟。』子曰，『惡在其敬叔父也？』彼將曰，『在位故也。』子亦曰，『在位故也。庸敬在兄，斯須之敬在鄉人。』」

季子聞之，曰：「敬叔父則敬，敬弟則敬，果在外，非由內也。」

公都子曰：「冬日則飲湯，夏日則飲水，然則飲食亦在外也？」

【注釋】

①孟季子：朱熹云：「疑是孟仲子之弟也。」或說為任國國君之弟季任。

②尸：古代祭祀時，代死者受祭、象徵死者神靈的人，以臣下或死者的晚輩充任。後世改為用神主、畫像。

【譯文】

孟季子問公都子說：「為什麼說義是生自內心的呢？」

公都子說：「（義是）表達我心的敬意，所以說是生自內心的。」

（孟季子問：）「有個同鄉人比你大哥大一歲，那麼先尊敬誰？」

公都子說：「尊敬大哥。」

（孟季子又問：）「（如果在一起喝酒，）先給誰斟酒？」

公都子說：「先給那個同鄉的長者斟酒。」

（孟季子說：）「內心敬重（大哥），而實際又先斟酒給同鄉的長者，（可見義）畢竟是外因引起的，不是生自內心的。」

公都子無法回答，就把這件事告訴了孟子。

孟子說：「（你為什麼不反問他，）應該尊敬叔父呢？還是尊敬弟弟？他會說，『尊敬叔父。』（你再）問，『如果弟弟充當了受祭的代理人，那該尊敬誰？』他會說，『尊敬弟弟。』你就再問，『（如果這樣）尊敬叔叔又表現在哪裡呢？』他會說，『因為弟弟處在受祭代理人地位的緣故。』你也就可以說，『因為（那個同鄉人）處在該受尊敬的地位上的緣故。平時尊敬的是大哥，這會兒該尊敬的是同鄉人。』」

季子聽說了這番話，又說：「該尊敬叔父時就尊敬叔父，該尊敬弟弟時就尊敬弟弟，（可見義）果然在於外因，不是生自內心的。」

公都子說：「冬天要喝熱水，夏天要喝冷水，那麼需要吃喝，也在於外因嗎？」

## 【原文】

公都子曰：「告子曰：『性無善無不善也。』或曰：『性可以為善，可以為不善；是故文、武興，則民好善；幽、厲①興，則民好暴。』或曰：『有性善，有性不善；是故以堯為君而有象；以瞽瞍為父而有舜；以紂為兄之子，且以為君，而有微子啟、王子比干②。』今曰『性善』，然則彼皆非與？」

孟子曰：「乃若③其情，則可以為善矣，乃所謂善也。若夫為不善，非才之罪也。惻隱之心，人皆有之；羞惡之心，人皆有之；恭敬之心，人皆有之；是非之心，人皆有之。惻隱之心，仁也；羞惡之心，義也；恭敬之心，禮也；是非之心，智也。仁義禮智，非由外鑠我也，我固有之也，弗思耳矣。故曰，『求則得之，舍則失之。』或相倍蓰而無算者，不能盡其才者也。《詩》曰：『天生蒸民，有物有則。民之秉彝，好是懿德④。』孔子曰：『為此詩者，其知道乎！故有物必有則；民之秉彝也，故好是懿德。』」

## 【注釋】

①幽、厲：指周幽王、周厲王，周朝兩個暴君。

②微子啟、王子比干：微子啟，據《左傳》、《史記》記載，是紂王的庶兄。王子比干，紂王叔父，因勸諫而被紂王剖心而死。

③乃若：發語詞。

④以上四句出自《詩經．雅．烝民》。

## 【譯文】

公都子說：「告子說：『人的天性沒有善良與不善良之分。』有人說：『天性可以變得善良，也可以變得不善良；因此文王、武王統治天下時百姓就愛好善良；幽王、厲王統治了天下，百姓就變得兇暴。』也有人說：『有些人天性善良，有些人天性不善良；因此堯當君主時，也有象那樣的不好的臣民；以瞽瞍為父親的也會有舜這樣的好兒子；以紂這樣的人做為姪兒，並且又做了君主的，卻也有微子啟、王子比干這樣賢德的叔父。』現在您說『天性善良』，那麼這些說法都錯了嗎？」

孟子說：「說到人天生的性情，那都是可以向善的，這就是我說的天性善良。至於有些人變得不善良，不能歸罪於他的本質。同情心，人人都有；羞恥心，人人都有；恭敬心，人人都有；是非心，人人都有。同情心就是仁；羞恥心就是義；恭敬心就是禮；是非心就是智。仁、義、禮、智並不是由外界教導我的，是我本來就具有的，只不過是沒有自覺思考罷了。所以說，『只要探求就能得到，一旦放棄就會失去。』與別人相差一倍、五倍甚至無數倍，這是沒有能夠充分發掘自身潛質、表現自身天性的緣故。《詩經》上說：『上天生養眾民，事物都有法則。人人保持常性，喜愛美好品德。』孔子說：『作這篇詩的，是懂得道的啊！所以萬事萬物必有一定的法則；眾民掌握了這些法則，就會更加喜愛這些美德。』」

## 【原文】

孟子曰：「富歲，子弟多賴；凶歲，子弟多暴，非天之降才爾殊也，其所以陷溺其心者然也。今夫麰麥，播種而耰①之，其地同，樹之時又同，浡然②而生，至於日至之時③，皆熟矣。雖有不同，則地有肥磽④，雨露之養、人事之不齊也。故凡同類者，舉相似也，何獨至於人而疑之？聖人，與我同類者。故龍子⑤曰：『不知足而為屨，我知其不為蕢⑥也。』屨之相似，天下之足同也。口之於味，有同耆也；易牙⑦先得我口之所耆者也。如使口之於味也，其性與人殊，若犬馬之與我不同類也，則天下何耆皆從易牙之於味也？至於味，天下期於易牙，是天下之口相似也。惟耳亦然，至於聲，天下期於師曠⑧，是天下之耳相似也。惟目亦然，至於子都⑨，天下莫不知其姣也；不知子都之姣者，無目者也。故曰，口之於味也，有同耆焉；耳之於聲也，有同聽焉；目之於色也，有同美焉。至於心，獨無所同然乎？心之所同然者何也？謂理也、義也。聖人先得我心之所同然耳。故理、義之悅我心，猶芻豢之悅我口。」

## 【注釋】

①耰：一ㄡ，給種子蓋上土。

②浡然：勃然，興旺的樣子。

③日至之時：果實應該成熟的時候。
④磽：ㄑㄧㄠ，指土地瘠薄。
⑤龍子：見《滕文公上》第三章注。
⑥蕢：ㄎㄨㄟˋ，草筐。
⑦易牙：齊桓公的寵臣，傳說他擅長烹飪。
⑧師曠：春秋時晉平公的樂師，生而目盲，善辨音律。
⑨子都：傳說是古代的一個美男子。

## 【譯文】

孟子說：「豐收年，青年子弟大多懶惰；災荒年，青年子弟大多兇暴。這並不是人們天生的性情有這種不同，是那影響思想的環境使他們變得這樣的。就說種大麥，播下了種子，蓋上了土，種的地方相同，種的時間又相同，麥子蓬勃地生長，到了夏至的時候，就都成熟了。即使收穫的大麥會有優有劣，也是因為土地的肥瘠、雨露的滋養、人工的管理不一樣的緣故。所以凡是同一類的事物，大體上都是相似的，為什麼偏偏一說到人，就要懷疑這一點呢？聖人也是和我們同類的，所以龍子說：『即使不知道腳的大小形狀而去編草鞋，我知道也絕不會把它編成草筐的。』草鞋的相似，是因為天下之人的腳形都是差不多的。口對於味道，有同樣的嗜好；易牙是最先掌握了我們口味上共同嗜好的人。假使讓口對於味道的嗜好，人人都生來就跟別人不一樣，就像狗、馬和我們不同類一樣，那麼天下的人為什麼都追隨易牙的口味呢？說到口味，天下的人都期望嚐到易牙烹調的菜餚，這是天下人的口味大體相似的緣故。耳朵也是這樣，說到聲音，天下的人都期望聽到師曠演奏的樂曲，這是天下之人的聽覺大體相似的緣故。眼睛也是這樣，說到子都，天下沒有不知道他相貌俊美；不知道子都俊美的，是不長眼睛的人。所以說，口對於味道，有相同的嗜好；耳朵對於聲音，有相同的聽覺；眼睛對於容貌，有相同的愉悅感。說到心，偏偏就沒有相同之處了嗎？心的相同之處又是什麼呢？就是理，就是義。聖人最先覺悟到我們人心中相同的理，相同的義。所以理義能愉悅我們的心靈，正像牛、羊、豬、狗的肉適合我們的口味一樣。」

**【原文】**

孟子曰：「牛山①之木嘗美矣，以其郊於大國也，斧斤伐之，可以為美乎？是其日夜之所息，雨露之所潤，非無萌　之生焉，牛羊又從而牧之，是以若彼濯濯②也。人見其濯濯也，以為未嘗有材焉，此豈山之性也哉？雖存乎人者，豈無仁義之心哉？其所以放其良心者，亦猶斧斤之於木也，旦旦而伐之，可以為美乎？其日夜之所息，平旦之氣③，其好惡與人相近也者幾希④，則其旦晝之所為，有梏亡之矣⑤。梏之反覆，則其夜氣不足以存；夜氣不足以存，則其違禽獸不遠矣。人見其禽獸也，而以為未嘗有才焉者，是豈人之情也哉？故苟得其養，無物不長；苟失其養，無物不消。孔子曰：『操則存，舍則亡；出入無時，莫知其鄉。』惟心之謂與？」

**【注釋】**

①牛山：在齊國東南。

②濯濯：光潔的樣子。形容山上草木被砍伐殆盡。

③平旦之氣：指的是太陽停留在地平線上的黎明時分，尚未與萬物想接觸的清明空氣。

④幾希：不多。

⑤有梏亡之矣：指被利慾束縛而喪失本心。有，通「又」；梏，拘禁，也有説通「攪」，擾亂的意思。可參考清焦循《孟子正義》。

## 【譯文】

孟子說：「牛山的樹木曾經很繁茂。只因為它處在大都市的近郊，人們常用刀斧砍伐它，它還能保持繁茂嗎？雖然樹木在山上日夜還在生長，雨水露珠也不斷滋潤，不是沒有嫩芽新枝生長出來，但是牛羊緊接著又放牧到這裡，因此牛山就成了那樣光禿禿的了。人們看見它光禿禿的，還以為這山從來沒有生長過樹木呢！這難道是牛山的本來面目嗎？就說在有些人的身上，難道說就會沒有仁義之心嗎？他們之所以喪失了善良之心，也就像刀斧砍伐那些樹木一樣，天天砍伐，如何還能保住善心的繁茂呢？儘管他們在夜間培養著善念滋生著善心，清晨時接觸了清明的空氣有所激發，使他們的好惡之心與一般人也有了少許的相近，可是第二天白天的所作所為，又使這點善念因利慾而攪亂、喪失了。這樣一次次反覆地攪亂，那麼他們夜裡滋生的那點善心就不能保存下來；夜裡滋生的善心不能保存下來，那他們離禽獸就不遠了。人們看見他們的行為如同禽獸，就以為他們從來不曾有過善良的秉賦，這哪裡是人的本性啊？所以說如果能夠得到正確的培養，沒有什麼東西不能生長；如果得不到正確的培養，沒有什麼東西不會消亡。孔子說：「『把握著就存在，放棄了就喪失；出去、進來沒有定時，無人知道它的去向。』大概就是說的人心吧？」

【原文】

孟子曰：「無或①乎王之不智也。雖有天下易生之物也，一日暴②之，十日寒之，未有能生者也。吾見亦罕矣，吾退而寒之者至矣，吾如有萌焉何哉？今夫弈③之為數④，小數也；不專心致志，則不得也。弈秋⑤，通國⑥之善弈者也。使弈秋誨二人弈，其一人專心致志，惟弈秋之為聽。一人雖聽之，一心以為有鴻鵠⑦將至，思援弓繳⑧而射之，雖與之俱學，弗若之矣。為是其智弗若與？曰：非然也。」

【注釋】

①或：同「惑」，疑惑，奇怪。

②暴：ㄆㄨˋ，同「曝」，曬。

③弈：圍棋。

④數：技術。

⑤弈秋：一個名字叫秋的善於下棋的人。

⑥通國：全國。

⑦鴻鵠（ㄏㄨˊ）：鳥名，俗稱天鵝。

⑧繳：ㄓㄨㄛˊ，拴在箭上的生絲繩，這裡指代箭。

## 【譯文】

孟子說：「對於君王的不聰明，不必奇怪。即使有一種天下最容易生長的東西，如果你曬它一天，再凍它十天，它也不可能再生長下去了。我拜見君王的次數很少，我一離開他，那些諂媚阿諛的人馬上又紛紛圍上去了，這樣，他即使剛有一點善心的萌芽又能怎麼樣呢？好比說下棋，下棋做為技藝，只是一種小技藝；但如果不專心致志，那也難以學會。弈秋是全國最擅長下棋的。如果讓弈秋同時教兩個人下棋，其中一人專心致志，一心只聽弈秋講解。另外一人雖然也在聽講，卻老想著外面有隻天鵝要飛來了，怎樣拿弓箭去射殺牠。雖然他與另一人一起在學，卻不如人家學得好。是因為他的聰明才智不如人家嗎？應該說：不是這樣的。」

**【原文】**

孟子曰：「魚，我所欲也，熊掌亦我所欲也；二者不可得兼，舍魚而取熊掌者也。生亦我所欲也，義亦我所欲也；二者不可得兼，舍生而取義者也。生亦我所欲，所欲有甚於生者，故不為苟得也；死亦我所惡，所惡有甚於死者，故患有所不辟也。如使人之所欲莫甚於生，則凡可以得生者，何不用也？使人之所惡莫甚於死者，則凡可以辟患者，何不為也？由是則生而有不用也，由是則可以辟患而有不為也，是故所欲有甚於生者，所惡有甚於死者。非獨賢者有是心也，人皆有之，賢者能勿喪耳。一簞①食，一豆②羹，得之則生，弗得則死，嘑爾③而與之，行道之人弗受；蹴爾④而與之，乞人不屑也；萬鍾⑤則不辯禮義而受之。萬鍾於我何加焉？為宮室之美、妻妾之奉、所識窮乏者得⑥我與？鄉為身死而不受，今為宮室之美為之；鄉為身死而不受，今為妻妾之奉為之；鄉⑦為身死而不受，今為所識窮乏者得我而為之，是亦不可以已乎？此之謂失其本心。」

**【注釋】**

①簞：盛飯的圓形竹器。

②豆：古代一種盛食物的木器，形似高腳盤。

③噑爾：怒聲呼叱的樣子。噑，同「呼」。

④蹴（ㄘㄨˋ）爾：踐踏、踩踏。

⑤萬鍾：形容俸祿很多。鍾，古代計算容量的單位，六石四斗為一鍾。

⑥得：通「德」，此處做動詞。

⑦鄉：同「向」，從前；往日。

## 【譯文】

孟子說：「魚是我希望得到的，熊掌也是我希望得到的；如果兩樣不能同時得到，那我就捨棄魚而要熊掌。生命是我所希望擁有的，義也是我所希望擁有的；如果兩樣不能同時擁有，我就放棄生命而追求道義。生命是我所喜愛的，但所喜愛的還有比生命更可貴的，所以我不能做苟且偷生的事；死亡本來是我所厭惡的，但我所厭惡的還有比死亡更可憎的，所以有些禍患我不能躲避。假使人們所追求的沒有什麼比生存更可貴的了，那麼凡是可以保命求生的手段，哪樣會不採用呢？假使人們所厭惡的沒有什麼比死亡更可憎的了，那麼凡是可以躲避禍患的事，哪樣會不去幹呢？按這樣的做法就能求得生存，然而有人卻不去做，按這樣的做法就能避開禍患，然而有人卻不做。由此可見，人們所喜愛追求的東西有超過生存的，人們所憎惡的東西有超過死亡的。不僅僅是賢人才有這樣的思想，人人都是有的，只是賢人能夠保存不喪失它罷了。一筐飯，一碗

湯，得到它就能生存，得不到就會餓死，但如果輕蔑地吆喝著施捨給人，就是餓著肚子趕路的人也不願接受；如果用腳踢著施捨給人，那就連乞丐也不會接受的。一萬鍾的俸祿，如果不問是否合乎禮義就接受了，萬鍾的俸祿對我又有什麼好處呢？是為了建造華美的住宅、為了供養妻妾享樂、為了施捨給所認識的窮人好讓他們感激我嗎？過去寧死也不肯接受的東西，現在卻為了住宅的華美而接受了；本該寧死也不接受的，現在卻為了妻妾的侍奉而接受了；本該寧死也不接受的，現在卻為了讓所認識的窮人感激我而接受了，這些事情難道不可以罷手不做嗎？這樣做就是喪失了人所固有的羞惡之心。」

## 【原文】

孟子曰：「仁，人心也；義，人路也。舍其路而弗由，放其心而不知求，哀哉！人有雞犬放，則知求之；有放心而不知求。學問之道無他，求其放心而已矣。」

## 【譯文】

孟子說：「仁是人的天性，義是人的道路。放棄了應該走的道路而不走，丟失了自己善良的天性而不去尋找，真是可悲啊！人們走失了雞、狗還知道去尋找；可是丟失了善良的天性卻不知道去尋找。求學請教的道理不在於別的，就是在於找回丟失的天性罷了。」

**【原文】**

孟子曰：「今有無名之指屈而不信①，非疾痛害事也，如有能信之者，則不遠秦楚之路，為指之不若人也。指不若人，則知惡之；心不若人，則不知惡，此之謂不知類②也。」

**【注釋】**

①信：同「伸」。

②不知類：朱熹《四書集注》云：「言不知輕重之等也。」譯文從之。

**【譯文】**

孟子說：「如果現在有個人無名指彎曲了不能伸直，雖然既不疼痛又不妨礙做事，但如果有人能使它伸直，那麼即使趕到秦國、楚國去醫治，他也不會嫌路遠，因為自己的手指不如別人。手指不如別人，尚且知道厭惡它；自己內心不如別人，卻不知道厭惡，這就是不懂輕重主次了。」

【原文】

孟子曰：「拱把之桐梓，人苟欲生之，皆知所以養之者。至於身，而不知所以養之者，豈愛身不若桐梓哉？弗思甚也。」

【譯文】

孟子說：「一兩把粗的桐樹、梓樹，人們如果要想讓它們生長，都知道該怎樣去培養。至於對自己本身，反倒不知道怎樣修養，豈不是愛護自身還不如愛護桐樹、梓樹嗎？真是太不會考慮問題了。」

【原文】

孟子曰：「人之於身也，兼所愛。兼所愛，則兼所養也。無尺寸之膚不愛焉，則無尺寸之膚不養也。所以考其善不善者，豈有他哉？於己取之而已矣。體有貴賤，有小大①。無以小害大，無以賤害貴。養其小者為小人，養其大者為大人。今有場師，舍其梧檟，養其樲棘，則為賤場師焉。養其一指而失其肩背，而不知也，則為狼疾②人也。飲食之人，則人賤之矣，為其養小以失大也。飲食之人無有失也，則口腹豈適為尺寸之膚哉？」

## 【注釋】

①體有貴賤，有小大：朱熹《四書集注》云：「賤而小者，口腹也；貴而大者，心志也。」

②狼疾：同「狼籍」，散亂、錯雜的樣子。這裡是昏憒糊塗的意思。

## 【譯文】

孟子說：「人們對於自己的身體，總是處處都愛護的。處處愛護，便處處都加以保養。沒有一尺一寸的肌膚不愛護，沒有一尺一寸的肌膚不保養。因此要觀察一個人對身體保養得好不好，難道有別的方法嗎？只要看他注重保養身體的哪一部分就足夠了。身體有重要部分和次要部分，有小的方面和大的方面。不能因為保養了小的方面而損害了大的方面，不能因為保養了次要部分而損害了重要部分。只注重保養小的方面的，是小人，注重保養大的方面的，是君子。如果現在有這麼個園藝師，放棄培植梧桐、梓樹，卻去培植酸棗、荊棘，那他就是個頂蹩腳的園藝師。如果有人為保養自己的一根手指卻喪失了肩膀和脊背的功能，自己還不清醒，那他就是個糊塗的人。只講究吃喝的人，人們都瞧不起他，是因為他只願意保養小的方面而忽略了大的方面。如果講究吃喝的人沒有丟棄善心的培養，那麼他的吃喝難道還只是為了保養口、腹這些小部分的需要嗎？」

## 【原文】

公都子問曰：「鈞①是人也，或為大人，或為小人，何也？」

孟子曰：「從②其大體③為大人，從其小體④為小人。」

曰：「鈞是人也，或從其大體，或從其小體，何也？」

曰：「耳目之官不思，而蔽於物。物交物，則引之而已矣。心之官則思，思則得之，不思則不得也。此天之所與我者。先立乎其大者，則其小者弗能奪也。此為大人而已矣。」

## 【注釋】

①鈞：相同，同樣。

②從：跟隨，聽從。

③大體：指內心。

④小體：指眼睛、耳朵之類的身體部位。

## 【譯文】

公都子問道：「同樣是人，有的成了君子，有的成了小人，是為什麼？」

孟子說：「能依從身心主要部分需要的人就成為君子，依從身心次要部分需要的人就成為小人。」

公都子又問：「同樣是人，有的人能依從身心主要部分的需要，有人卻依從身心次要部分的需要，這又是為什麼呢？」

孟子說：「像耳朵、眼睛這些器官是不會思考的，因此容易被外物矇蔽。因此它一旦與外界事物接觸，就會被引誘過去。心這個器官是善於思考的，思考就能得到善性，不思考就得不到善性。心是上天特意賦予人類的最重要的器官。首先要樹立這個重要器官的主宰作用，那麼就不會受到耳朵眼睛之類次要器官的侵擾擺佈了。這就是有人能成為君子的道理罷了。」

【原文】

孟子曰：「有天爵者，有人爵①者。仁義忠信，樂善不倦，此天爵也；公卿大夫，此人爵也。古之人修其天爵，而人爵從之。今之人修其天爵，以要人爵；既得人爵，而棄其天爵，則惑之甚者也，終亦必亡而已矣。」

【注釋】

①天爵、人爵：天爵指仁、義、忠、信等，孟子認為這些是天然就值得尊貴的。人爵指通常所說的社會爵位。

【譯文】

孟子說：「有天然的爵位，有社會的爵位。遵行仁義忠信，樂於行善而不知疲倦，這就是天然的爵位；公卿大夫，這些是社會的爵位。古代的人注重修養自己的天爵，而社會的爵位也就隨天爵而來了。現在的人修養自己的天爵，是為了用它來獲取社會爵位；一旦獲取了社會爵位，就放棄修養天爵，那實在是太糊塗了，最終的結果註定是他的社會爵位也一併喪失罷了。」

【原文】

孟子曰：「欲貴者，人之同心也。人人有貴於己者，弗思耳。人之所貴者，非良貴也。趙孟之所貴，趙孟①能賤之。《詩》云：『既醉以酒，既飽以德②。』言飽乎仁義也，所以不願人之膏③粱④之味也；令⑤聞⑥廣譽施於身，所以不願人之文繡也。」

【注釋】

①趙孟：即趙盾，字孟。春秋時晉國正卿，掌握晉國的實權，因而他的子孫後來也稱趙孟。

②以上兩句出自《詩經．大雅．既醉》，是周朝祭祖時祭詞中的兩句。今人高亨認為「德」字當作「食」，古德字作「悳」，與食形近而誤（說見其《詩經今注》）。

③膏：肥肉。

④粱：指上乘的穀子。

⑤令：美好的，善的。

⑥聞：聲譽。

【譯文】

孟子說：「渴望尊貴，這是人們共同的心願。其實人人都有可尊貴的地方，只是沒有仔細想罷了。別人給予的尊貴，不是真正的尊貴。趙孟能使一個人尊貴，趙孟也能使這個人低賤。《詩經》上說：『既供奉美酒使他陶醉，又獻上仁德使他滿足。』這是說仁義道德充足了，所以就不羨慕別人的美味佳餚了；美好的名聲、廣泛的讚譽落在自己身上了，所以就不羨慕別人的錦繡衣裳了。」

【原文】

孟子曰：「仁之勝不仁也，猶水勝火。今之為仁者，猶以一杯水救一車薪之火也；不熄，則謂之水不勝火，此又與於不仁之甚者也，亦終必亡而已矣。」

【譯文】

孟子說：「仁能戰勝不仁，就像水能戰勝火一樣。而現在一些實行仁的人，就像在用一杯水去澆滅一車木柴燃起的大火；火不熄滅，就說水不能戰勝火。這反而助長了那些最不仁的人，結果他原來那點仁心也最終會喪失的。」

**【原文】**

孟子曰：「五穀者，種之美者也，苟為不熟，不如荑①稗。夫仁，亦在乎熟之而已矣。」

**【注釋】**

①荑：ㄊㄧˊ，即稊，稗類植物。

**【譯文】**

孟子說：「五穀是莊稼中的好品種，但如果不成熟，那還不如稗子之類野草了。仁，它的價值也在於使它成熟罷了。」

**【原文】**

孟子曰：「羿之教人射，必志於彀①；學者亦必志於彀。大匠誨人，必以規矩，學者亦必以規矩。」

**【注釋】**

①彀：ㄍㄡˋ，拉滿弓，準備射箭。

**【譯文】**

孟子說：「羿教人射箭，一定要求把弓拉滿；學射的人也力求自己把弓拉滿。高明的工匠教人手藝，一定要用圓規和曲尺；學手藝的人也一定要使用圓規和曲尺。」

**【故事】**

**趙威后以民為本**

西元前226年，在位三十三年的趙惠文王去世，趙孝成王即位。因為孝成王年紀太小，所以由他的母親趙威后執政。趙威后剛剛執政，秦國就大舉進攻趙國，並且迅速佔領了趙國的三座城

市。趙國的實力很弱，根本無法抵抗強大的秦國，急忙向關係密切的齊國求救。而保守謹慎的齊國卻提出要求，讓趙威后把最疼愛的小兒子長安君送到齊國做人質，否則就不發兵。趙威后不肯，大臣們強力勸諫。趙威后大怒，說：「要是再有誰來說讓長安君去做人質的事，我這個老太太一定要唾在他臉上！」這話一傳出來，大臣們雖然萬分焦急，但誰也不敢再去勸諫了。

就在這時候，左師觸龍求見太后，太后生了一肚子火等著他。觸龍慢慢地小跑著，來到太后面前謝罪說：「老臣腳上有病，不太能走路，所以這麼長時間見不到太后。我雖然自己能原諒自己，但恐怕太后的身體會有什麼小毛病，所以還是很想來看望您。」

太后回答：「我出門行走都要靠車子。」

觸龍又問：「每天的飲食沒有減少吧？」

太后說：「也就喝點粥罷了。」

觸龍說：「我之前也是特別沒有什麼胃口，就強迫自己走路，每天走上三四里，漸漸地胃口就好多了，身體也感覺舒暢了。」

太后說：「我可做不到啊！」臉色漸漸緩和下來了。

觸龍又說：「我有個不成器的兒子叫舒祺，年紀最小。我心裡卻格外疼愛他，想讓他到王宮裡來當一名衛士。所以今天來冒死向您請求。」

太后說：「好吧！他多大了？」

觸龍說：「十五歲。雖然他年紀還小，但是我希望趁著我還沒死的時候把他託付給您。」

太后問：「男人們也會特別疼愛小兒子嗎？」

觸龍回答：「比女人還愛呢！」

太后笑了：「女人疼愛小兒子可是厲害得很哪！」

觸龍說：「可是我認為您愛燕后超過了長安君。」

太后說：「你錯啦，我愛燕后遠遠比不上愛長安君。」

觸龍就說：「父母疼愛子女，就會為他考慮深遠。太后送燕后出嫁的時候，燕后都已經上車了，您還握著她的腳後跟哭泣，捨不得她嫁那麼遠。等到她走了，您每次祭祀的時候都要為她禱告，禱告時卻說：『一定不要讓她回來啊！』難道不是出於長遠的考慮，希望她能有子孫做燕王嗎？」

太后說：「是啊！」

觸龍又說：「從現在的趙王往上三代，到趙氏從大夫封為國君為止，國君的子孫受封為侯、後嗣繼承封爵的，這樣的人如今還有嗎？」

太后答：「沒有。」

觸龍說：「不只是趙國，其他各國有嗎？」

太后道：「我還沒聽說過。」

觸龍說道：「這些人當中，禍患來得早的讓自己碰上，禍患來得晚的讓子孫碰上。難道這些國君之子一定都不好嗎？他們地位無比尊貴，俸祿優厚，卻對國家沒有任何功勞；而他們又持有許多奇珍異寶，這就難免危險了啊！就像現在，您讓長安君地位尊貴，既給他最好的封地，又賜給他很多寶物，卻不讓他為國家建立功勞，那麼有朝一日您若不在了，讓長安君靠什麼在趙國立身呢？我認為您為長安君考慮得不夠長遠，所以認為您愛他不及愛燕后啊！」

太后道：「行了，隨便您把他派到哪兒去吧！」於是，長安君就被送到齊國做人質。齊國也終於派兵援救了趙國。

那之後，趙國和齊國間的往來也頻繁了起來。

有一次，齊國國君派遣使者來到趙國，向趙威后致意問候。使者呈上齊王的書信，趙威后拿著信還沒有打開，就向使者打聽齊國的狀況：「今年的收成好嗎？百姓們過的怎麼樣？你們的國王身體還好嗎？」

齊國的使者聽了很不高興，就抱怨說：「我是奉齊王的命令來看望、問候您的，可是太后您不先問候我們齊王，倒先問起收成和百姓來了，這豈不是把卑賤的放在前面，而把尊貴的放在後面了嗎？」

趙威后說：「當然不是這樣。如果一年下來沒有收成，那百姓又怎麼生存呢？沒有安穩生活的百姓，又哪來國君存在的位置？難道會有人在提問時捨棄根本而先關注枝末嗎？」

齊國的使者還沒來得及說話，趙威后又向他拋出了一連串的問題：「你們齊國有一個處士叫做鍾離子的，他還好嗎？這個人，自己飲食充足時會把糧食送給別人吃，自己飲食匱乏時也還是把糧食接濟給別人吃；自己有足夠的衣服穿時會把衣服送給別人穿，自己的衣服不夠穿時也還是會把衣服送給別人穿。這個人其實就是在幫助國君照顧他的百姓啊！為什麼至今還沒給他安排職位呢？葉陽子還好嗎？他這個人，憐惜鰥寡的人，體恤孤獨的人，賑濟窮困的人，幫補匱乏的人。這是在幫助國君使他的百姓生存繁衍下去啊！為什麼這個人也還沒有在朝廷中任職呢？北宮家的女兒嬰兒子可好嗎？她再也不打扮自己，為了奉養年老的父母而終身不嫁。這是在給所有的國民做表率、推行孝道的人啊！為什麼至今還不讓她接受應得的封賞呢？這樣的兩位賢士不予任用，這樣的一位孝女不行封賞，你們的國君又怎麼統治齊國、做萬民的父母啊！於陵仲子還活著嗎？這個人對上不為國君服務，在下也不治理家庭，又不結交諸侯。這是引導百姓做一個對國家不負責任的人。為什麼至今還不殺掉他呢？」

齊國的使者此時完全無言以對。

**【評論】**

趙威后重視民生，體恤百姓，威信很高。她雖然年事已高，又是一介女子，但是她對國家政治的清明有著最樸素的理解，「以民為本，君王為末」的思想尤其難能可貴。正因如此，她才能在強敵林立、硝煙不斷的戰國時期保持一段穩固而強勢的統治。

# 第十二篇

## 告子（下）——逆境催人奮進

【原文】

任①人有問屋廬子②曰：「禮與食孰重？」

曰：「禮重。」

「色與禮孰重？」

曰：「禮重。」

曰：「以禮食，則饑而死；不以禮食，則得食，必以禮乎？親迎③，則不得妻；不親迎，則得妻，必親迎乎？」

屋廬子不能對，明日之鄒，以告孟子。

孟子曰：「於答是也，何有④？不揣其本，而齊其末，方寸之木可使高於岑樓。金重於羽者，豈謂一鉤金與一輿羽之謂哉？取食之重者與禮之輕者而比之，奚翅⑤食重？取色之重者與禮之輕者而比之，奚翅色重？往應之曰：『紾⑥兄之臂而奪之食，則得食；不紾，則不得食，則將紾之乎？逾東家牆而摟其處子，則得妻；不摟，則不得妻，則將摟之乎？』」

【注釋】

①任：國名。

②屋廬子：姓屋廬，名連，孟子弟子。

③親迎：古代結婚六禮之一，新郎親自至女家，迎新娘入室，行交拜合巹之禮。

④何有：這裡是不難的意思。

⑤翅：同「啻」，止。

⑥紾：ㄓㄣˇ，扭轉，彎曲。

**【譯文】**

有個任國人問屋廬子道：「禮節和吃飯哪樣重要？」

屋廬子說：「禮節重要。」

那人又問：「娶妻和禮節哪樣重要？」

回答說：「禮節重要。」

那人又問：「如果按禮節去尋找食物，就會吃不到而餓死；不按禮節去找食物，就能夠吃到飯，那麼也一定要按禮節行事嗎？如果按親迎禮娶親，就娶不到妻子；不按親迎禮，卻能娶到妻子，那麼也一定要按親迎禮嗎？」

屋盧子不能回答，第二天他就到鄒國去，把這些話告訴孟子。

孟子說：「回答這個問題有什麼困難呢？如果不度量原來基礎的高低，只比較它們的末端，那麼一寸見方的小木塊放在高處，也可以高過尖頂的樓房。金屬比羽毛重，難道就能說一支金屬帶鉤比一車子羽毛還要重嗎？用飲食方面的重要問題與禮節的細小方面相比，何止是飲食重要這點輕重差別呢？拿娶妻的重要問題與禮節的細小方面相比，何止是娶妻更重要這點輕重差別呢？你去這樣回答他：『扭住哥哥的胳膊搶奪他手中的食物，就能得到飯吃；不扭住胳膊就得不到飯吃，那麼就該去扭住哥哥的胳膊嗎？翻過東邊人家的牆頭，摟抱那家的閨女，就能得到妻子；不去摟抱，就得不到妻子，那麼就該去摟抱嗎？』」

【原文】

曹交①問曰：「人皆可以為堯、舜，有諸？」

孟子曰：「然。」

「交聞文王十尺，湯九尺，今交九尺四寸以長，食粟而已，如何則可？」

曰：「奚有於是？亦為之而已矣。有人於此，力不能勝一匹雛，則為無力人矣；今曰舉百鈞，則為有力人矣。然則舉烏獲②之任，是亦為烏獲而已矣。夫人豈以不勝為患哉？弗為耳。徐行後長者謂之弟，疾行先長者謂之不弟。夫徐行者，豈人所不能哉？所不為也。堯、舜之道，孝弟而已矣。子服堯之服，誦堯之言，行堯之行，是堯而已矣。子服桀之服，誦桀之言，行桀之行，是桀而已矣。」

曰：「交得見於鄒君，可以假館，願留而受業於門。」

曰：「夫道若大路然，豈難知哉？人病不求耳。子歸而求之，有餘師。」

【注釋】

①曹交：人名，生平不詳。

②烏獲：人名，傳說是古代的一個大力士。

## 【譯文】

曹交問道：「人人都能成為堯、舜，有這個說法嗎？」

孟子說：「有的。」

曹交又問：「我聽說文王身高一丈，湯王身高九尺，如今我曹交身高有九尺四寸還多，除了吃飯沒有別的本事，怎樣才可以成為堯、舜呢？」

孟子說：「這又有什麼難的呢？你只要去做就行了。如果有個人，連一隻小雞都提不起來，那他就是個沒有力氣的人了；如果說能舉起三千斤的東西，那他就是一個很有力氣的人了。既然這樣，那麼只要能舉起烏獲舉過的重量，這樣也就成為烏獲了。一個人可擔心憂慮的，怎能在於無法勝任呢？只是不去做罷了。慢慢地跟在長者後面走，叫做悌，快步搶在長者前面走，叫做不悌。慢慢走，難道是一個人不能做到的嗎？只是不那樣做罷了。堯、舜之道，不外乎孝和悌而已。如果你穿堯所穿的衣服，說堯所說的話，做堯所做的事，你也就成為堯了。如果你穿桀所穿的衣服，說桀所說的話，做桀所做的事，你也就變成桀了。」

曹交說：「我能見到鄒君，可以向他借個住處，願意留在先生門下向您學習。」

孟子說：「堯、舜之道就像大路一樣，哪裡是難懂的呢？就怕人們不去尋求罷了。你回去尋求吧！隨處都有老師的。」

## 【原文】

公孫丑問曰：「高子①曰：《小弁》②，小人之詩也。」

孟子曰：「何以言之？」

曰：「怨。」

曰：「固③哉，高叟之為詩也！有人於此，越人④關弓而射之，則己談笑而道之；無他，疏之也。其兄關弓而射之，則己垂涕泣而道之；無他，戚之也。《小弁》之怨，親親也；親親，仁也。固矣夫，高叟之為詩也！」

曰：「《凱風》⑤何以不怨？」

曰：「《凱風》，親之過小者也；《小弁》，親之過大者也。親之過大而不怨，是愈疏也；親之過小而怨，是不可磯⑥也。愈疏，不孝也；不可磯，亦不孝也。孔子曰：『舜其至孝矣，五十而慕。』」

## 【注釋】

①高子：齊國人。

②《小弁》：《詩經．小雅》中的一篇。舊説是指責周幽王的詩。周幽王先娶申后，生宜臼，立為太子；後寵褒姒，改立褒姒之子伯服為太子，廢申后及太子宜臼。於是宜臼的老師作此詩，述説哀傷、怨恨之情。

③固：固執拘泥不變通。

④越人：指蠻夷之國的人。

⑤《凱風》：《詩經．邶風》中的一篇。舊説衛國有個已有七個兒子的母親想改嫁，於是七個兒子作此詩來自責不孝，以使母親感悟。

⑥不可磯：不能承受一點微小的刺激。磯：水激石頭。

## 【譯文】

公孫丑問道：「高子說：《小弁》是小人作的詩。」

孟子說：「為什麼這麼說呢？」

公孫丑說：「因為詩中有哀怨之情。」

孟子說：「高老先生這樣論詩實在太呆板了！如果有一個人，越國人拉開弓去射他，他可以有說有笑地講這件事；沒別的原因，只因為彼此關係疏遠。如果換成是他哥哥拉開了弓射他，他就會哭哭啼啼地講這件事；沒別的原因，只因哥哥是他的親人。《小弁》有哀怨之情，是出自對

親人的愛啊！熱愛親人，這是仁德啊！高老先生這樣論詩實在太呆板了！」

公孫丑又問：「《凱風》這首詩為什麼沒有怨恨情緒呢？」

孟子說：「《凱風》這首詩，所寫母親的過錯較小；《小弁》所寫的父親的過錯較大。父母的過錯大而不抱怨，這是更加疏遠父母；父母的過錯小而心懷怨恨，這是做兒子的一點都不能受刺激。更加疏遠父母，這是不孝；不能承受父母一點刺激，也是不孝。孔子說過：『舜是最孝順的人了，到了五十歲上還怨慕父母。』」

## 【原文】

宋牼①將之楚，孟子遇於石丘②，曰：「先生將何之？」

曰：「吾聞秦楚構兵，我將見楚王說而罷之。楚王不悅，我將見秦王說而罷之。二王我將有所遇焉。」

曰：「軻也請無問其詳，願聞其指③。說之將何如？」

曰：「我將言其不利也。」

曰：「先生之志則大矣，先生之號則不可。先生以利說秦楚之王，秦楚之王悅於利，以罷三軍之師，是三軍之士樂罷而悅於利也。為人臣者懷利以事其君，為人子者懷利以事其父，為人弟者懷利以事其兄，是君臣、父子、兄弟終去仁義，懷利以相接，然而不亡者，未之有也。先生以仁義說秦楚之王，秦楚之王悅於仁義，而罷三軍之師，是三軍之士樂罷而悅於仁義也。為人臣者懷仁義以事其君，為人子者懷仁義以事其父，為人弟者懷仁義以事其兄，是君臣、父子、兄弟去利，懷仁義以相接也，然而不王者，未之有也。何必曰利？」

## 【注釋】

①宋牼（ㄎㄥ）：人名。戰國時宋人，生卒年不詳。與齊宣王同時，孟軻、莊周都很敬重他，稱他為先生或宋子。其思想接近墨家，主張崇儉、非鬥。

②石丘：地名。

③指：大指，指要。

## 【譯文】

宋牼準備到楚國去。孟子在石丘遇到了他，孟子問道：「先生準備到什麼地方去？」

宋牼回答：「我聽說秦國和楚國在交戰，我打算去見楚王，勸說他停戰，如果楚王不願意，我就打算再去見秦王，勸說他停戰。兩位君王中，總會遇到一個能說得通的吧！」

孟子問：「我不想問個詳細，只想了解你的主要想法。先生將要怎樣去勸說他們呢？」

宋牼回答：「我將向他們指出交戰的不利之處。」

孟子說：「先生的用心誠然是好極了，但先生的提法卻有欠妥當。先生用利去勸說秦王、楚王，秦王、楚王因為貪圖利益而讓軍隊休戰，這樣也就使三軍官兵樂於停戰卻又對利益產生追求之心。要是都這樣，做臣子的懷著求利的念頭侍奉國君，做兒子的懷著求利的念頭侍奉父親，做弟弟的懷著求利的念頭侍奉哥哥，這會使君臣、父子、兄弟之間最終背離仁義，懷著求利的念頭相互對待。這樣的國家卻不滅亡，是從來沒有過的。先生如果能用仁義去勸說秦王、楚王，秦王、楚王因為喜愛仁義而停止交戰，這就會使三軍官兵樂於停戰而又對仁義產生興趣。要是都這樣，做臣子的心懷仁義侍奉國君，做兒子的心懷仁義侍奉父親，做弟弟的心懷仁義侍奉哥哥，這樣就會使君臣、父子、兄弟都拋開私利，而懷著仁義之心相互對待了。一個國家做到這樣還不能稱王天下，是從來沒有過的。為什麼一定要用利去遊說呢？」

**【原文】**

孟子居鄒。季任①為任處守，以幣交，受之而不報。處於平陸，儲子②為相，以幣交，受之而不報。他日，由鄒之任，見季子；由平陸之齊，不見儲子。屋廬子喜曰：「連③得間矣！」問曰：「夫子之任見季子，之齊不見儲子，為其為相與？」

曰：「非也。《書》曰：『享④多儀⑤，儀不及物⑥，曰不享。惟不役⑦志於享。』為其不成享也。」

屋廬子悅。或問之，屋廬子曰：「季子不得之鄒，儲子得之平陸。」

**【注釋】**

①季任：任君的弟弟。任，與薛同姓的小國。

②儲子：齊相。

③連：屋廬子的名字。這裡是他的自稱。

④享：奉上。

⑤儀：禮節儀式。

⑥物：錢財、禮物。

⑦役：用。

## 【譯文】

孟子住在鄒國時，季任擔任任國的留守代理國政，他送禮物和孟子結交，孟子收受了禮物但沒有回報。孟子住在平陸時，儲子擔任齊國宰相，他送禮物和孟子結交，孟子收受了禮物也沒有回報。後來孟子從鄒國到了任國，他拜訪了季子；但他從平陸到齊國時，卻沒有拜訪儲子。屋廬子高興地說：「這下子我可找到老師的空子了。」便問道：「老師到任國拜訪了季子，到齊國卻不拜訪儲子，是因為儲子只是個宰相嗎？」

孟子說：「不是。《尚書》上說：『享獻之禮注重儀節，如果儀節不相稱，禮物再多也等於沒有享獻，因為他沒有把心思用在享獻上。』這是他禮意不及享獻啊！」

屋廬子欣然會意。有人問起這事，屋廬子說：「季子不可以親自去鄒國，儲子可以親自去平陸。」

## 【原文】

淳于髡曰：「先名①實②者，為人也；後名實者，自為也。夫子在三卿③之中，名實未加於上下而去之，仁者固如此乎？」

孟子曰：「居下位，不以賢事不肖者，伯夷也；五就湯，五就桀者，伊尹也；不惡汙君，不辭小官者，柳下惠也。三子者不同道，其趨一也。一者何也？曰，仁也。君子亦仁而已矣，何必同？」

曰：「魯繆公之時，公儀子④為政，子柳、子思⑤為臣，魯之削也滋甚，若是乎，賢者之無益於國也！」

曰：「虞不用百里奚而亡，秦穆公用之而霸。不用賢則亡，削何可得與？」

曰：「昔者王豹處於淇⑥，而河西善謳；綿駒處於高唐⑦，而齊右善歌；華周、杞梁⑧之妻善哭其夫而變國俗。有諸內，必形諸外。為其事而無其功者，髡未嘗睹之也。是故無賢者也，有則髡必識之。」

曰：「孔子為魯司寇，不用，從而祭，燔肉⑨不至，不稅⑩冕而行。不知者以為為肉也，其知者以為為無禮也。乃孔子則欲以微罪行，不欲為苟去。君子之所為，眾人固不識也。」

**【注釋】**

①名：聲譽。

②實：功業。

③三卿：指上卿、亞卿、下卿，都是爵位。

④公儀子：即公儀休，曾任魯國的相。

⑤子柳、子思：子柳，即泄柳，曾任魯繆公的卿。子思，孔子之孫，名伋。

⑥王豹：衛國人，善於唱歌。淇：衛國的河流。

⑦綿駒：一位善於唱歌的人。高唐：齊國邑名。

⑧華周、杞梁：齊國大夫，在齊國攻打莒國時戰死，傳說他們的妻子聞訊後，對著城牆痛哭，把城牆哭塌了；齊國人受到感染，以致善哭成風。

⑨燔肉：祭時用的熟肉。古禮，天子和諸侯祭祀後，要將一部分祭肉賜給大夫。

⑩稅：同「脫」。

**【譯文】**

淳于髡說：「重視名望功業的人，是為了濟世安民；輕視名望功業的人，是為了獨善其身。先生是齊國的三卿之一，但就名望功業來說，上未能匡正君主，下未能拯救百姓，就這樣離開這裡，仁德的人應該就是這樣的嗎？」

孟子說：「處在卑下的地位，不以賢人的身分去侍奉不賢的君主，這是伯夷；五次到湯那裡做事，又五次到桀那裡做事，這是伊尹；不厭棄昏庸的君主，不拒絕低下的職務，這是柳下惠。他們三個人從政之道不同，但大方向是一致的。這一致是什麼呢？就是仁。君子只要實行仁就足夠了，何必一定要處處相同呢？」

淳于髡說：「魯繆公的時候，公儀子主持政事，子柳、子思也在朝做大臣，然而魯國疆土被別國侵奪卻越來越嚴重。由此看來賢人即使不離去，對國家也沒有任何益處了！」

孟子說：「虞國因為不用百里奚而滅亡，秦穆公用了他就稱霸天下，可見不用賢人就會亡國，只是想割讓點地方勉強保存又怎麼可能呢？」

淳于髡說：「從前王豹居住在淇水邊，河西的人因此就都善於唱歌；綿駒居住在高唐，齊國西部的人因此就都善於唱歌；華周、杞梁的妻子，為丈夫的死而哭得異常哀痛淒切，因而改變了國家的風俗。內在的東西必然會透過外部形式表現出來。做了一件好事而不見任何功效，我還沒有見過。所以說現在的確是沒有賢人，如果有，我一定會知道的。」

孟子說：「孔子擔任魯國的司寇，不受重用，有一次跟魯國國君一道參加祭祀，祭肉沒有按照禮儀規定送來，於是顧不得脫掉祭祀時所戴的禮帽就匆匆走了。不了解孔子的人，以為他是為了那點祭肉而離開的，了解孔子的，只認為他是因為魯國的失禮而離開的。至於孔子，實際上卻正想擔一點小罪名離開，不想隨便離開自己的祖國。君子所做的事，普通人當然是難以理解的。」

【原文】

孟子曰：「五霸①者，三王②之罪人也；今之諸侯，五霸之罪人也；今之大夫，今之諸侯之罪人也。天子適諸侯曰巡狩，諸侯朝於天子曰述職。春省耕而補不足，秋省斂而助不給。入其疆，土地辟，田野治，養老尊賢，俊傑在位，則有慶③，慶以地。入其疆，土地荒蕪，遺老失賢，掊克④在位，則有讓。一不朝，則貶其爵；再不朝，則削其地；三不朝，則六師移之。是故天子討而不伐，諸侯伐而不討。五霸者，摟諸侯以伐諸侯者也，故曰，五霸者，三王之罪人也。五霸，桓公為盛。葵丘之會⑤，諸侯，束牲、載書而不歃血⑥。初命曰，誅不孝，無易樹子，無以妾為妻。再命曰，尊賢育才，以彰有德。三命曰，敬老慈幼，無忘賓旅⑦。四命曰，士無世官，官事無攝，取士必得，無專殺大夫。五命曰，無曲防，無遏糴，無有封而不告。曰，凡我同盟之人，既盟之後，言歸於好。今之諸侯皆犯此五禁，故曰，今之諸侯，五霸之罪人也。長君之惡其罪小，逢君之惡其罪大。今之大夫皆逢君之惡，故曰，今之大夫，今之諸侯之罪人也。」

【注釋】

①五霸：齊桓公、晉文公、秦穆公、楚莊公、宋襄公。

②三王：夏禹，商湯，周文、武。

③慶：獎勵，賞賜。
④掊克：聚斂貪狠。掊，ㄆㄡˊ，聚斂。
⑤葵丘之會：葵丘，地名，在今河南蘭考縣東。會，盟會，古代諸侯間聚會而結盟。盟會時要用牛做祭品，或殺，或不殺。
⑥歃（ㄕㄚˋ）血：結盟時的一種儀式。立盟時殺牲取血，盟誓者口含其血，或塗於口旁，表示誠信。如果不歃血，則表示相信與盟的人不敢背約。
⑦賓旅：賓客和旅人。

【譯文】

孟子說：「五霸，是三王的罪人。現在的諸侯，是五霸的罪人。現在的大夫，是現在諸侯的罪人。天子巡行諸侯國，叫做巡狩。諸侯朝見天子，叫做述職。天子春天巡狩，是視察耕種情況，周濟種子不足的農戶；秋天巡狩是視察收穫情況，救濟缺糧的農戶。天子進入某個諸侯國，如果見這個國家土地廣為開墾，農田精耕細作，老人得到贍養，賢人受到尊敬，傑出的人才得到重用，那就進行獎勵，賞賜土地。天子進入某個諸侯國，如果見這個國家土地一片荒蕪，老人不得供養，賢人不受尊敬，聚斂貪狠的人佔據要位，那就給予責罰。諸侯一次不來述職，就降低他的爵位；兩次不來述職，就削減他的封地；三次不來述職，就派軍隊去問罪。所以，天子

對於有罪的諸侯，只是發佈命令聲討他的罪行，而不親自征伐；諸侯則只是奉天子之命去征伐而不聲討。五霸，卻是脅迫一些諸侯去討伐另一些諸侯，所以說五霸是三王的罪人。五霸之中，齊桓公最強。當初在葵丘會盟諸侯，諸侯們捆綁了犧牲，把盟書放在牠身上，因為陳牲未殺，所以沒有歃血。盟書第一條說：責罰不孝順的人，不得擅自改立太子，不得把妾立為正妻。第二條說：尊重賢人，培育人才，表彰有德行的人。第三條說：尊敬老人，愛護兒童，不要輕慢了來賓和旅客。第四條說：士人的官職不能世襲，公職不能兼任，選用士人一定要得當，不得擅自殺戮大夫。第五條說：不得到處修築堤壩，不得阻止鄰國來採購糧食，不能隨意私自封賞而不報告盟主。盟書最後說：凡是參加我們盟會的人，自盟約訂立之後，都重新恢復和平友好的關係。可是現在的諸侯都違背了這五條誓約，所以說，現在的諸侯是五霸的罪人。助長了君主的過錯，這個罪過相對還算小的；故意逢迎君主的過錯，這個罪過可就大了。現在的大夫都逢迎君主的惡行，所以說：現在的大夫，是現在諸侯的罪人。」

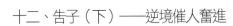

【原文】

魯欲使慎子①為將軍。孟子曰：「不教民而用之②，謂之殃民。殃民者，不容於堯、舜之世。一戰勝齊，遂有南陽③，然且不可。」

慎子勃然不悅曰：「此則滑釐所不識也。」

曰：「吾明告子。天子之地方千里；不千里，不足以待諸侯。諸侯之地方百里；不百里，不足以守宗廟之典籍④。周公之封於魯，為方百里也，地非不足，而儉於百里。太公之封於齊也，亦為方百里也，地非不足也，而儉於百里。今魯方百里者五，子以為有王者作，則魯在所損乎，在所益乎？徒取諸彼以與此，然且仁者不為，況於殺人以求之乎？君子之事君也，務引其君以當道，志於仁而已。」

【注釋】

①慎子：名滑釐，據說是一個善於用兵的人。

②用之：使之戰。

③南陽：地名，在泰山西南面，本屬於魯，後被齊侵奪。

④典籍：這裡指記載先祖典章法度的文冊。

**【譯文】**

魯國想叫慎子擔任將軍。孟子說：「不教化百姓而驅使他們打仗，這叫坑害百姓。坑害百姓的人，在堯、舜時代是不容許存身的。現在即使魯國只一仗就打贏了齊國，奪取了南陽，這樣也還是不行。」

慎子頓時就變了臉色，不高興地說：「這倒真是我慎滑釐所不明白的了。」

孟子說：「我來明白地告訴你吧！天子的土地方圓千里；如果不足千里，就不夠條件接待諸侯的朝見聘問。諸侯的土地方圓百里；如果不足百里，就不夠條件奉守宗廟裡的典籍。當年周公分封在魯地，就是領有方圓百里的一塊土地；不是因為土地不夠，而是因為不得超過百里。太公當初分封在齊地，也是領有方圓百里的一塊土地；也不是因為土地不夠，而是因為不得超過百里。現在魯國的土地已經有五個方圓百里那麼大了，你認為，如果有聖明的君主出現的話，那麼魯國的土地是在應該削減之列呢？還是在應該增加之列呢？不動用武力就取得一個國家的土地交給另一個國家，這樣的事仁德的人尚且不做，何況是靠打仗殺人來奪取土地呢？君子侍奉君主，只該專心一意地引導君主走正道，立志在仁上罷了。」

【原文】

孟子曰：「今之事君者皆曰：『我能為君辟土地，充府庫。』今之所謂良臣，古之所謂民賊也。君不鄉道，不志於仁，而求富之，是富桀也。『我能為君約與國，戰必克。』今之所謂良臣，古之所謂民賊也。君不鄉道，不志於仁，而求為之強戰，是輔桀也。由今之道，無變今之俗，雖與之天下，不能一朝居也。」

【譯文】

孟子說：「現在那些侍奉君主的臣子都說：『我能夠輔佐君主開闢土地，增加財富。』現在所說的這些良臣，正是古代所說的殘害百姓的民賊。一個君主不嚮往道德，不立志行仁，做臣的卻謀求讓他富足，這好比是幫助夏桀那樣的暴君聚斂財富呀！還有的說：『我能替君主聯合同盟國，做到每戰必勝。』現在所說的這些良臣，正是古代所說的殘害百姓的民賊。一個君主不嚮往道德，不立志行仁，做臣的卻要為他拼命打仗，這好比是輔佐夏桀那樣的暴君打仗啊！沿著現在這條路走下去，不改變現有的這些壞風氣，即使把整個天下都交給他，也是不能有一天的安穩日子可過的。」

## 【原文】

白圭①曰：「吾欲二十而取一，何如？」

孟子曰：「子之道，貉②道也。萬室之國，一人陶，則可乎？」

曰：「不可，器不足用也。」

曰：「夫貉，五穀不生，惟黍生之；無城郭、宮室、宗廟、祭祀之禮，無諸侯幣帛饔飧③，無百官有司，故二十取一而足也。今居中國，去人倫，無君子，如之何其可也？陶以寡，且不可以為國，況無君子乎？欲輕之於堯、舜之道者，大貉小貉也；欲重之於堯、舜之道者，大桀小桀也。」

## 【注釋】

①白圭：姓白，名丹，字圭，曾任魏相。

②貉：北方的一個小國名。

③饔飧：ㄩㄥ　ㄙㄨㄣ，用飲食宴請賓客的禮節。

## 【譯文】

白圭說：「我準備採用二十抽一的稅率，怎麼樣？」

孟子說：「你的做法是貉國的做法。擁有一萬戶人家的國家，只有一個人製作陶器，那行嗎？」

白圭說：「不行，陶器會不夠用的。」

孟子說：「那個貉國，五穀不能生長，只能種黍子；那裡沒有內外城牆、各種宮殿、祖宗廟宇和祭祀的禮儀，沒有諸侯各國之間贈禮宴請之類的交際往來，也沒有各種官府、官吏，所以二十抽一的稅率也就夠了。而現在你是在中原之國，廢棄社會倫理，取消大小官吏，這樣做行得通行不通呢？製作陶器的人少了，尚且會影響到一個國家的治理，何況沒有官吏呢？想使稅率比堯、舜十分抽一的標準還低的，是大大小小貉那樣的國家；想使稅率比堯、舜的標準還高的，是大大小小桀那樣的暴君。」

【原文】

白圭曰：「丹之治水也愈於禹。」

孟子曰：「子過矣。禹之治水，水之道也，是故禹以四海為壑。今吾子以鄰國為壑①。水逆行謂之洚水，洚水者，洪水也，仁人之所惡也。吾子過矣。」

【注釋】

①以鄰國為壑：據《韓非子．喻老》篇說，白圭治水注重修築和保護堤防，致使水無出路，流入鄰國。

【譯文】

白圭說：「我治理洪水的方法要勝過大禹。」

孟子說：「你錯啦。大禹治水，是順應水的本性進行疏導，所以大禹把四海當作容納洪水的地方。如今你卻是把鄰國當作容納洪水的地方。倒流氾濫的大水叫做洚水，洚水就是洪水，是有仁愛之心的人最討厭的。你錯了啊！」

【原文】

孟子曰：「君子不亮①，惡乎執？」

【注釋】

①亮：同「諒」，誠信。

【譯文】

孟子說：「君子如果不講求誠信，還怎麼保持操守呢？」

【原文】

魯欲使樂正子為政。孟子曰：「吾聞之，喜而不寐。」

公孫丑曰：「樂正子強乎？」

曰：「否。」

「有知慮乎？」

曰：「否。」

「多聞識乎？」

曰：「否。」

「然則奚為喜而不寐？」

曰：「其為人也好善。」

「好善足乎？」

曰：「好善優於天下①，而況魯國乎？夫苟好善，則四海之內皆將輕②千里而來告之以善；夫苟不好善，則人將曰：『訑訑③，予既已知之矣。』訑訑之聲音顏色距人於千里之外。士止於千里之外，則讒諂面諛之人至矣。與讒諂面諛之人居，國欲治，可得乎？」

**【注釋】**

①優於天下：指的是治理天下，尚有餘力。

②輕：容易。

③訑訑（ㄧˊ）：傲慢自信，不聽人言的樣子。

**【譯文】**

魯國君主打算讓樂正子管理國家政事。孟子說：「我聽說這件事，高興得睡不著。」

公孫子問：「樂正子剛強有力嗎？」

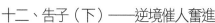

孟子答道：「不。」

又問：「他足智多謀嗎？」

孟子回答：「不。」

又問：「見多識廣嗎？」

孟子回答：「不。」

公孫丑於是問道：「既然這樣，先生為什麼高興得睡不著呢？」

孟子回答：「他這個人啊，喜歡聽取好的意見。」

又問：「喜歡聽取好的意見就夠了嗎？」

孟子回答：「喜歡聽取好的意見，可以治理天下而綽綽有餘，何況是治理一個魯國？如果喜歡聽取好的意見，那麼全天下四面八方的有識之士都願意不遠千里地趕來把好意見告訴給他；如果不喜歡聽取好的意見，那麼人們就會模仿他的腔調說：『唔唔，我早就知道了。』這種不屑的腔調和不耐煩的臉色，就會把別人拒絕在千里之外。有識之士被拒於千里之外止步不來，那麼喜歡進讒言和阿諛獻媚的人就會湊到面前來了。與這幫人混在一起，想治理好國家，能做到嗎？」

**【原文】**

陳子①曰：「古之君子何如則仕？」

孟子曰：「所就三，所去三。迎之致敬以有禮；言，將行其言也，則就之。禮貌未衰，言弗行也，則去之。其次，雖未行其言也，迎之致敬以有禮，則就之。禮貌衰，則去之。其下，朝不食，夕不食，飢餓不能出門戶，君聞之，曰，『吾大者不能行其道，又不能從其言也，使飢餓於我土地，吾恥之。』周之。亦可受也，免死而已矣。」

**【注釋】**

①陳子：即陳臻，孟子弟子。

**【譯文】**

陳子問道：「古代的君子在怎樣情況下才肯做官呢？」孟子說：「在三種情況下做官，在三種情況下不做官。恭敬禮貌地來迎接他，並表示將要照他所說的去實行，那就去做官。恭敬禮貌沒有衰減，卻不再照他說的去做了，那就辭去官職。其次，雖然沒有照他說的去做，但也恭敬禮貌地來迎接，那就去做官。一旦恭敬禮貌也衰減了，那就辭去官職。最下等的是，早晨沒有食物吃，晚上也沒有食物吃，餓得連走出家門的力氣都沒有；君主知道後說，『我在大政方針上不能實行他的主張，又不能聽取他的言論，致使他在我的國土上又飢又餓，對此我感到很慚愧。』於是周濟他。這也是可以接受的，是為了免於餓死罷了。」

【原文】

孟子曰：「舜發①於畎畝②之中，傅說③舉於版築之間，膠鬲④舉於魚鹽之中，管夷吾⑤舉於士，孫叔敖⑥舉於海，百里奚⑦舉於市。故天將降大任於是人也，必先苦其心志，勞其筋骨，餓其體膚，空乏其身，行拂⑧亂其所為，所以動心忍性，曾益其所不能。人恆⑨過，然後能改；困於心，衡⑩於慮，而後作⑪；征於色，發於聲，而後喻⑫。入則無法家拂士⑬，出則無敵國外患者，國恆亡。然後知生於憂患而死於安樂也。」

【注釋】

①發：興起。

②畎畝：田間。

③傅說（ㄩㄝˋ）：傅說是商朝一位賢人，因罪服刑，在傅險築牆；後被商王武丁訪求到而提拔為相。版築：古代築牆的方法，用兩版相夾，填入泥土，用杵搗實，拆版後即成土牆。

④膠鬲：出身於下層社會，曾販賣魚鹽，後被文王提拔。

⑤管夷吾：即管仲。原是齊國公子糾的家臣，糾與公子小白（即後來的齊桓公）爭奪君位，失敗後逃至魯國而遭殺；管仲也被魯人囚禁押回齊國。後由鮑叔牙推薦，被桓公提拔為相。

⑥孫叔敖：楚國隱士，隱居於海濱，後被楚莊王提拔為令尹。

⑦百里奚：見本書《萬章上》第九章注。
⑧拂：違背，不順。
⑨恆：常常，經常。
⑩衡：阻塞，不順。通「橫」。
⑪作：奮起。
⑫喻：明白通曉。
⑬拂（ㄅㄧˋ）：通「弼」，輔佐。

**【譯文】**

孟子說：「舜在田野中興起，傅說從築牆的工匠中被提拔出來，膠鬲從魚鹽販子中被提拔出來，管夷吾從獄官手中被提拔出來，孫叔敖從海邊的隱居生活中被提拔出來，百里奚從買賣場所被提拔出來。所以上天若要把重大的任務交給這個人，必定要先使他的心志受困苦，使他的筋骨受勞累，使他的肌體受飢餓，使他的身子受困乏，使他每做一事都被干擾、受挫折，以此來使他心理受振動、使他的性格變堅韌，增長他所缺少的才幹。人經常會有過失，進而認識和改正自己的過失；心志遭困苦，思慮被阻塞，才能發憤有為；表露在臉色上，流露在言語中，然後才能通曉。一個國家如果國內沒有執法的大臣和輔佐君主的士人，對外沒有怕被勢均力敵的敵國所侵犯的憂慮，這樣的國家常常會走向滅亡。知道這些，就能明白憂患中能獲得生存、安樂中會遭致滅亡的道理了。」

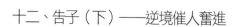

【原文】

孟子曰：「教亦多術矣，予不屑之教誨也者，是亦教誨之而已矣。」

【譯文】

孟子說：「教育也有很多種方法啊！如果我不屑去教誨一個人，實際上這也是教誨他的一種方式罷了。」

【故事】

## 陳蕃立志掃天下

陳蕃，字仲舉，東漢末年的大臣，祖父曾經做過河東太守。陳蕃十五歲時，獨自住在一個庭院裡讀書。有一天，他父親的老朋友薛勤來看他，發現院裡雜草叢生，垃圾滿地，顯得破敗不堪，就問陳蕃：「你這個年輕人怎麼不把自己的住處打掃乾淨，以便接待賓客呢？」

陳蕃當即回答道：「大丈夫來到這個世上，是要掃除天下的，哪裡是為了打掃一個房子呢？」這番回答讓薛勤吃了一驚，知道這個人雖然年少卻胸懷大志。

陳蕃二十多歲時，以舉孝廉入朝做官，拜為郎中。不久母親病故，他放棄官職，回家奔喪守

孝。三年後，由刺史周景任命，重新做官，卻很快因為與周景諫諍不和而棄官。之後，又推掉公府的舉薦。直到太尉李固舉薦，陳蕃才再次離家為官。後來，漢朝重臣李膺到青州做刺史。青州各地平日欺民榨財的官員聽說執政威嚴的李膺要來，嚇得紛紛棄官而逃，唯獨清廉勤政的陳蕃安然而坐。

陳蕃在樂安做太守時，正是東漢外戚專權、宦官弄事的時候。有一次，大將軍梁冀給陳蕃寫了一封信，想託他辦事。梁冀除了大將軍身分外，還是漢順帝的妻子梁皇后的哥哥。能與梁冀這樣的高官攀上交情是很多官員求之不得的事，但是陳蕃卻不以為然。他拒絕接見梁冀的信使，信使就假傳大將軍求見。陳蕃一怒之下，用皮鞭將信使打死。因為這件事，陳蕃便被貶到修武縣做了一名縣令，卻也贏得了「不畏強權陳仲舉」的美名。

由於陳蕃在任時政績顯著，沒過多久，漢順帝再次起用陳蕃，拜為尚書。後來，他又因耿直進諫得罪權貴，被貶為豫章太守。陳蕃在豫章做太守時不接待任何賓客，只結交當地一個從未做官的賢人高士徐孺子，並在府中為他準備了一個坐榻，平時高高掛起，徐孺子來訪時才放下來給他用。這件事在當地成為美談。到了唐朝初年，王勃在《滕王閣序》中寫下「人傑地靈，徐孺下陳蕃之榻」的句子，更讓此事千古流傳，「下榻」也成為漢語中表示尊貴賓客的一個常見詞彙。

陳蕃為官不畏強權，即便對皇帝本人也經常犯顏直諫。在桓帝時，任尚書令的陳蕃就曾經毫不猶豫地上奏章給皇上：「……現在天下饑荒，收成不好，百姓生活困難，可是聖上卻還在胡亂封賞。有功的人不賞，沒功的人就因為和您走得近就能得賞，有的人甚至一家好幾個人被封侯。這還不算。聖上養著宮女數千人，讓她們吃好的、穿好的。常言說，小偷都不進有五個女兒的家，因為養了這麼多女兒，這家肯定很窮。現在，後宮養了這麼多宮女，不是讓國家更貧窮嗎？……」

這篇奏章，在指出皇上的失誤時，沒留一點情面給桓帝。漢桓帝最終採納了陳蕃的一些意見，從宮中清退了五百多名宮女。

延熹六年，陳蕃官至太尉。當時，桓帝朝中宦官專權。他們大肆羅織罪名，誣陷忠臣，許多人含冤入獄。其他人則畏懼宦官，敢怒不敢言，唯獨陳蕃一人上疏死諫。然而，此時的桓帝已不再聽信陳蕃的意見了。

一年後，宦官們製造了黨錮事件，誣陷李膺等人。桓帝命各郡逮捕黨人，入獄者達兩百人。陳蕃眼見事態險惡，拼死上奏道：「李膺、杜密、范滂都是品格端正、一心為朝廷效忠的人，現在卻被關押起來，命懸一線。皇上您堵住天下人的嘴，讓人們做聾子、瞎子，這種做法與秦始皇焚書坑儒有什麼不同呢？」他力勸皇上除妖去孽，並說自己因為深感責任在身，不敢置身事外，坐觀成敗。如果皇上能夠採納他的意見，就算身首異處，他也沒有遺憾。這一次，漢桓帝一怒之下，將陳蕃削職為民。

不久，漢桓帝駕崩，竇太后臨朝，又重新起用舊臣，復詔陳蕃為太傅，錄尚書事。

漢靈帝登基時，陳蕃發揮了至關重要的作用，因此，靈帝即位後，太后下詔封蕃高陽鄉侯，食邑三百戶。但陳蕃堅決推辭，為此寫了十次奏章。最後，竇太后只好作罷。

此時，朝中宦官的勢力依然強大。陳蕃雖然位極人臣，並且與同樣位高權重的竇太后的父親竇武齊心協力，試圖整理朝綱、選用仁臣，依然無法使漢朝中興。

後來，陳蕃與竇武預謀剪除宦官，卻不慎走漏了風聲。宦官們搶在前面下手，騙漢靈帝說陳、竇二人要廢帝，於是，漢靈帝下詔誅殺他們。竇武拔劍自刎，陳蕃被捕後遭殺害。從小便立志掃除天下的一代名臣陳蕃，就這樣帶著未能掃平天下的遺憾死去了。

**【評論】**

陳蕃的政治生涯一直處在宮廷爭鬥的漩渦中。他不畏強權、不懼生死、不計個人榮辱，在朝綱崩亂之際，堅持與奸佞之人鬥爭，並為此付出生命的代價。陳蕃認為在國家政治混亂的時代，隱居遁世是不符合道義的行為，所以屢遭挫折卻並不辭官回鄉。他心中懷有仁德，懷有百姓，懷有天下，雖然面臨種種艱難卻始終堅持不退卻。《後漢書》的作者范曄說：這一百多年時間，東漢朝政混亂不堪，卻能保持沒有滅亡，陳蕃的功勞最大。

# 第十三篇

## 盡心（上）——窮達不改心境

【原文】

孟子曰：「盡其心者，知其性也。知其性，則知天矣。存其心，養其性，所以事天也。夭壽不貳，修身以俟之，所以立命也。」

【譯文】

孟子說：「能夠竭盡自己的善心，就是懂得了人的本性。懂得了人的本性，也就是懂得了天命。保存自己的善心，養護自己的本性，這就是信奉天命的方法。不論壽命是長是短都始終如一不改變態度，修身養性以等待天命，這就是安身立命的正道。」

【原文】

孟子曰：「莫非命也，順受其正。是故知命者不立乎岩牆之下。盡其道而死者，正命也。桎梏死者，非正命也。」

【譯文】

孟子說：「無一不是命運，順應它便能接受正命。所以懂得正命的人不站在危險的高牆之下。竭盡正道而死去的人，就是正命。犯罪判刑而死去的人，就是非命。」

【原文】

孟子曰：「求則得之，舍則失之；是求有益於得也，求在我者也。求之有道，得之有命，是求無益於得也，求在外者也。」

【譯文】

孟子說：「尋求就能得到，捨棄就會失去；這是有益於收穫的尋求，因為所尋求的就存在於我本身之內。尋求有方法，能否得到卻要依靠命運，這是無益於收穫的尋求，因為所尋求的是在我本身之外的東西。」

【原文】

孟子曰：「萬物皆備於我矣。反身而誠，樂莫大焉。強恕而行，求仁莫近焉。」

【譯文】

孟子說：「萬事萬物的道理都在我心中具備了。反問自己，所具備的道理是實實在在存在的，這便是最大的快樂了。努力按推己及人的恕道去做，求仁的道路沒有比這更近的了。」

【原文】

孟子曰：「行之而不著焉，習矣而不察焉，終身由之而不知其道者，眾也。」

【譯文】

孟子說：「只管照著做了而不明白其中的道理，習以為常了而不知原由，走了一輩子卻不知道走的是一條什麼樣的路，這種人是庸常的人。」

【原文】

孟子曰：「人不可以無恥。無恥之恥，無恥矣。」

【譯文】

孟子說：「人不能沒有恥辱感。不懂得什麼是恥辱的恥辱，才是真正的恥辱啊！」

【原文】

孟子曰：「恥之於人大矣。為機變之巧者，無所用恥焉。不恥不若人，何若人有？」

【譯文】

孟子說：「恥辱感對於人來說關係重大。玩弄權術詭計自以為得逞的人是不會感到恥辱的。如果在恥辱感這方面比不上別人，那還能在哪方面比得上別人呢？」

【原文】

孟子曰：「古之賢王好善而忘勢；古之賢士何獨不然？樂其道而忘人之勢，故王公不致敬盡禮，則不得亟見之。見且由不得亟，而況得而臣之乎？」

【譯文】

孟子說：「古代的賢明君主喜歡聽取善言而往往忘記了自己的地位；古代的賢明士人又何嘗不是這樣？他們樂於行道而忘記了別人的權勢，所以王公大人不恭敬盡禮，就不能常常見到賢士。相見尚且不可多得，更何況要把他們當臣屬呢？」

【原文】

孟子謂宋勾踐①曰：「子好遊乎？吾語子遊。人知之，亦囂囂②；人不知，亦囂囂。」

曰：「何如斯可以囂囂矣？」

曰：「尊德樂義，則可以囂囂矣。故士窮不失義，達不離道。窮不失義，故士得己焉；達不離道，故民不失望焉。古之人，得志，澤加於民；不得志，修身見於世。窮則獨善其身，達則兼善天下。」

**【注釋】**

①宋勾踐：人名，身世不詳。

②囂囂：悠然自得無慾無求的樣子。

**【譯文】**

孟子對宋勾踐說：「你喜歡到各國去遊說嗎？我告訴你遊說應有的態度。人家理解，我悠然自得無所求；人家不理解，我也悠然自得無所求。」

宋勾踐問道：「怎樣就能做到悠然自得無所求呢？」

孟子說：「崇尚德，愛好義，就能悠然自得無所求。所以士人窮困時不失掉義，得志時不背離道。窮困時不失掉義，所以士人能保持自己的操守；得志時不背離道，所以不會使百姓失望。古代的人，得志時，能夠把恩惠施加給百姓；不得志時，則修養品德給世人做表率。窮困時，獨自保持自己的善性，得志時還要幫助天下的人一道保持善性。」

【原文】

孟子曰：「待文王而後興①者，凡民②也。若夫豪傑之士，雖無文王猶興。」

【注釋】

①興：感動奮發。

②凡民：庸常之人。

【譯文】

孟子說：「一定要等到文王那樣的聖君出現才奮發有為的，是凡夫俗子。至於英雄豪傑，即使沒有文王出現，也照樣能夠奮發有為的。」

【原文】

孟子曰：「附之以韓魏之家①，如其自視欿②然，則過人遠矣。」

【注釋】

①韓魏之家：指春秋末期晉國六卿中的韓魏兩家。這兩家當時擁有很大的權勢和很多的財產。

②欿（ㄎㄢˇ）：「坎」的假借字，視盈若虛的意思。

【譯文】

孟子說：「把韓、魏兩大家的財富增加給他，如果他還很淡然自認為沒有什麼，那他就遠遠超過一般人了。」

【原文】

孟子曰：「以佚道使民，雖勞不怨。以生道殺民，雖死不怨殺者。」

【譯文】

孟子說：「依據讓百姓安逸的原則去役使百姓，百姓即使勞累也不怨恨；依據讓百姓生存的原則去殺人，被殺的人雖死也不怨恨殺他的人。」

【原文】

孟子曰：「霸者之民驩虞如也，王者之民皞皞如也。殺之而不怨，利之而不庸，民日遷善而不知為之者。夫君子所過者化，所存者神，上下與天地同流，豈曰小補之哉？」

【譯文】

孟子說：「霸主的百姓愉快歡樂，聖王的百姓心曠神怡。聖王的百姓被殺而不會怨恨，得到恩惠也不用酬謝，一天天趨向於善，卻不知道誰使他們這樣。聖人經過哪裡，哪裡就受感化；住

在哪裡，哪裡就有神奇的變化，造化之功上與天齊下與地同，難道說這只是對人們小小的幫助嗎？」

**【原文】**

孟子曰：「仁言不如仁聲之入人深也，善政不如善教之得民也。善政，民畏之；善教，民愛之。善政得民財，善教得民心。」

**【譯文】**

孟子說：「仁厚的言詞不如仁德的聲望深入人心，良好的政治不如良好的教育能獲得民心。良好的政治，令百姓敬畏；良好的教育，令百姓愛戴。良好的政治能聚斂到百姓的財富，良好的教育能贏得民心的擁護。」

【原文】

孟子曰：「人之所不學而能者，其良能也；所不慮而知者，其良知也。孩提之童無不知愛其親者，及其長也，無不知敬其兄也。親親，仁也；敬長，義也；無他，達之天下也。」

【譯文】

孟子說：「人不需要學習就能做到的，那是良能；不需要思考就能理解的，那是良知。年幼的孩子，沒有不知道要愛他們父母的；長大後，沒有不知道要敬重他們兄長的。親近父母就是仁，恭敬兄長就是義，這沒有別的原因，只因為仁和義是通行於天下的。」

【原文】

孟子曰：「舜之居深山之中，與木石居，與鹿豕遊，其所以異於深山之野人者幾希。及其聞一善言，見一善行，若決江河，沛然莫之能禦也。」

【譯文】

孟子說：「舜居住在深山裡的時候，與樹木、岩石作伴，與鹿群、野豬相處，他與深山裡不開化百姓相區別的地方是很少的。可是等他聽了一句善言，見了一個善行，就會立即照著去做，從中獲取的力量就像決了口的江河一般，澎湃之勢沒有誰能阻擋得住的。」

【原文】

孟子曰：「無為其所不為，無欲其所不欲，如此而已矣。」

【譯文】

孟子說：「不要做不應該做的事，不要得不該得的東西，這樣就可以了。」

【原文】

孟子曰：「人之有德慧術知者，恒存乎疢疾①。獨孤臣孽子②，其操心也危，其慮患也深，故達。」

【注釋】

①疢（ㄔㄣˋ）疾：義同災患。

②孤臣孽子：孤臣，受疏遠的臣；孽子，非嫡妻所生之子。

【譯文】

孟子說：「人之所以具備品德、智慧、技藝、知識，常常是因為他們生活在患難之中。尤其那些孤立的臣子和庶出的子女，他們持有警懼不安的心理，考慮憂患比較深遠，所以更為通達事理。」

【原文】

孟子曰：「有事君人者，事是君則為容悅者也；有安社稷臣者，以安社稷為悅者也；有天民①者，達可行於天下而後行之者也；有大人者，正己而物正者也。」

【注釋】

①天民：朱熹《四書集注》云：「民者，無位之稱，以其全盡天理，乃天之民，故謂之天民。」

【譯文】

孟子說：「有善於侍奉君主的人，那是專把侍奉某個君主當作快樂的；有安邦定國的人，那是把國泰民安當作快樂的人；有資質稟賦很高而不在職位的人，那是要在自己的『道』能在天下推行時才出來行道的人；有德高望重的聖人，那是端正了自己而天下的萬事萬物就能隨之端正的人。」

【原文】

孟子曰：「君子有三樂，而王天下不與存焉。父母俱存，兄弟無故，一樂也；仰不愧於天，俯不怍於人，二樂也；得天下英才而教育之，三樂也。君子有三樂，而王天下不與存焉。」

【譯文】

孟子說：「君子有三件值得快樂的事，而治理天下並不包括在其中。父母都健在，兄弟沒病沒災，這是第一件快樂的事；抬頭無愧於天，低頭無愧於人，這是第二件快樂的事；得到天下的優秀人才而教育培養，這是第三件快樂的事。君子有這三件快樂的事，而治理天下並不包括在其中。」

## 【原文】

孟子曰：「廣土眾民，君子欲之，所樂不存焉；中天下而立，定四海之民，君子樂之，所性不存焉。君子所性，雖大行不加焉，雖窮居不損焉，分定故也。君子所性，仁義禮智根於心，其生色也睟然，見於面，盎於背，施於四體，四體不言而喻。」

## 【譯文】

孟子說：「廣闊的土地，眾多的人民，君子所希望的，但他的快樂不在這方面；站立在天下的中央，安定普天下的百姓，君子對此感到快樂，但他的本性不在這方面。君子的本性，即使他的理想主張通行天下時，也不會因此而有所增加，即使窘困隱居，也不會因此而有所減少，這是由於本性已經固定的緣故。君子的本性，仁、義、禮、智植根在內心之中，它們表現出來的神色是純正和潤的，流露在臉上，充滿在體內，延伸到四肢。四肢不必言說，便明白該怎樣做了。」

【原文】

孟子曰：「伯夷辟紂，居北海之濱，聞文王作興，曰：『盍歸乎來？吾聞西伯善養老者。』太公辟紂，居東海之濱，聞文王作興，曰：『盍歸乎來？吾聞西伯善養老者。』天下有善養老，則仁人以為己歸矣。五畝之宅，樹牆下以桑，匹婦蠶之，則老者足以衣帛矣。五母雞，二母彘①，無失其時，老者足以無失肉矣。百畝之田，匹夫耕之，八口之家足以無饑矣。所謂西伯善養老者，制其田裡，教之樹、畜，導其妻子，使養其老。五十非帛不暖，七十非肉不飽。不暖不飽，謂之凍餒。文王之民，無凍餒之老者，此之謂也。」

【注釋】

①彘：ㄓˋ，豬。

【譯文】

孟子說：「伯夷躲避紂王，隱居在北海邊上，聽到周文王興起的消息，高興地說：『為何不去歸附他呢？我聽說西伯善於贍養年老的人。』姜太公躲避紂王，隱居在東海邊上，聽到周文王興起，高興地說：『為何不去歸附他呢？我聽說西伯善於贍養年老的人。』天下有善於贍養老人的人，那麼天下的仁人就會把他那裡當作自己的歸宿了。有五畝地宅院，在圍牆四周種植桑樹，婦女養蠶繅絲，那麼老年人就可以穿到絲棉襖了。養五隻母雞，兩隻母豬，不耽誤餵養繁殖的時機，老年人就都可以吃到肉了。有一百畝田地，男子去耕種，八口之家就足以吃飽飯了。人們所說的周文王善於贍養年老的人，就是說他制訂了土地、住宅分配制度，教導人們種植桑樹和畜養家禽，教誨百姓的妻子、兒女使他們贍養老人。人到了五十歲，不穿絲棉襖就不能算穿暖和，到了七十歲，不能吃到肉就不能算吃飽。吃不飽，穿不暖，就叫做忍飢受凍。文王的百姓之中，沒有忍飢受凍的老人，說的就是這個意思。」

【原文】

孟子曰：「易其田疇，薄其稅斂，民可使富也。食之以時，用之以禮，財不可勝用也。民非水火不生活，昏暮叩人之門戶求水火，無弗與者，至足矣。聖人治天下，使有菽粟如水火。菽粟如水火，而民焉有不仁者乎？」

【譯文】

孟子說：「讓百姓種好他們的地，減輕他們的賦稅，就可以使百姓富足了。按一定時節食用，按一定禮儀消費，財物就會用之不盡。百姓沒有水和火就無法生活，黃昏夜晚去敲人門戶求水討火，沒有人不給的，因為家家水火都來源充足。聖人治理天下，就會使百姓的糧食多得像水火。糧食多得像水火，那麼老百姓哪裡還會有不仁德的呢？」

【原文】

孟子曰：「孔子登東山而小魯，登泰山而小天下，故觀於海者難為水，遊於聖人之門者難為言。觀水有術，必觀其瀾。日月有明，容光必照焉。流水之為物也，不盈科不行；君子之志於道也，不成章不達。」

【譯文】

孟子說：「孔子登上了東山，就覺得魯國變小了，登上了泰山，就覺得天下也變小了，所以看過大海的人，就很難被一般的流水所吸引，在聖人門下受過教育的人，就很難被一般的言論所打動。觀賞水有一定的方法，一定要觀賞它洶湧壯闊的波瀾。太陽、月亮有光輝，再細小的縫隙也都能照到。流水這種東西，不把流經之處的窪窪坑坑都灌滿就不向前流淌；君子有志於大道，不達到一定程度的累積就難以通達。」

【原文】

孟子曰：「雞鳴而起，孳孳為善者，舜之徒也；雞鳴而起，孳孳為利者，蹠之徒也。欲知舜與蹠之分，無他，利與善之間也。」

【譯文】

孟子說：「雞剛叫就起身，孜孜不倦地去行善的人，是舜一類的人；雞剛叫就起身，一刻不停地去謀利的人，是蹠一類的人。要想知道舜和蹠的區別，沒有別的，只在行善和求利的區別罷了。」

**【原文】**

孟子曰：「楊子①取為我，拔一毛而利天下，不為也。墨子兼愛，摩頂放踵②利天下，為之。子莫③執中；執中為近之。執中無權，猶執一也。所惡執一者，為其賊④道也，舉一而廢百也。」

**【注釋】**

①楊子：即楊朱，見《騰文公下》第九章注。

②摩頂放踵：摩，引申為損傷。放，疑為「致」，前人引此多有作「致」者。

③子莫：戰國時魯國人。

④賊：損害。

**【譯文】**

孟子說：「楊子奉行『為我』，即使拔掉一根汗毛就對天下有利，他也不肯拔。墨子提倡『兼愛』，哪怕摩禿頭頂走破腳跟，只要對天下有利，他都願意做。子莫持中間態度，持中間態度就接近正確了。但是持中間態度如果不能靈活變通，那也還是執著在一點上。之所以厭惡執著於一點的主張，是因為它損害了正道，只強調了一方面而丟棄了其他所有方面的緣故。」

【原文】

孟子曰：「饑者甘食，渴者甘飲，是未得飲食之正也，饑渴害之也。豈惟口腹有饑渴之害？人心亦皆有害。人能無以饑渴之害為心害，則不及人不為憂矣。」

【譯文】

孟子說：「飢餓的人覺得任何食物都美味，口渴的人覺得任何水都甘甜，這其實並沒有嚐到飲食的正常味道，而是因為飢餓和乾渴損害了他的味覺。難道只有嘴巴肚子受饑渴時有這樣的損害嗎？人心有時也會受到這樣的損害。人們只要不使自己的心受到類似饑渴那樣的損害，那麼一時趕不上別人，也不必為此憂慮了。」

【原文】

孟子曰：「柳下惠不以三公易其介。」

【譯文】

孟子說：「柳下惠不因為做了高官而改變自己的操守。」

【原文】

孟子曰：「有為者辟若掘井，掘井九軔①而不及泉，猶為棄井也。」

【注釋】

①軔（ㄖㄣˋ）：同「仞」。量詞，古代七尺（或說八尺）為一仞。

【譯文】

孟子說：「有所作為就如同挖井一樣，如果挖了六、七丈深還沒打到泉水而放棄不挖，就等於是廢棄了這口井。」

**【原文】**

孟子曰：「堯、舜，性之也；湯、武，身之也；五霸，假之也。久假而不歸，惡知其非有也？」

**【譯文】**

孟子說：「堯、舜是本性具備仁義，湯王、武王是親身實踐仁義，五霸是假借仁義。假借久了而不歸還，哪能知道他們本來是沒有仁義的呢？」

【原文】

公孫丑曰：「伊尹曰：『予不狎於不順。』放太甲於桐，民大悅。太甲賢，又反之，民大悅。賢者之為人臣也，其君不賢，則固可放與？」

孟子曰：「有伊尹之志，則可；無伊尹之志，則篡也。」

【譯文】

公孫丑說：「伊尹說：『我不親近不遵循仁義的人。』因而把太甲放逐到桐邑，百姓非常高興；太甲變好了，又讓他回來做君主，百姓同樣非常高興。賢人做為君主的臣屬，他的君主不好，就可以將他放逐的嗎？」

孟子說：「有伊尹那樣的公心，是可以的；沒有伊尹那樣的公心，那就是篡位了。」

**【原文】**

公孫丑曰：「《詩》曰：『不素餐兮①。』君子之不耕而食，何也？」

孟子曰：「君子居是國也，其君用之，則安富尊榮；其子弟從之，則孝悌忠信。不素餐兮，孰大於是？」

**【注釋】**

①不素餐兮：引自《詩經．魏風．伐檀》。素餐，白吃飯。

**【譯文】**

公孫丑說：「《詩經》上說：『不白吃飯啊！』可是君子都不自己種莊稼，也都吃飯，這是為什麼？」

孟子說：「君子居住在一個國家，這個國家的國君任用他，國家就會安定富足，尊貴榮耀；他的學生們跟隨著他，也就會孝敬父母，尊敬兄長，為人忠誠而守信用。『不白吃飯啊！』還有比這更大的貢獻嗎？」

**【原文】**

王子墊①問曰：「士何事？」

孟子曰：「尚志。」

曰：「何謂尚志？」

曰：「仁義而已矣。殺一無罪非仁也，非其有而取之非義也。居惡在？仁是也；路惡在？義是也。居仁由義，大人之事備矣。」

**【注釋】**

①王子墊：齊王之子，名墊。

**【譯文】**

王子墊問道：「士人應該做些什麼？」

孟子說：「修養心志使自己志向高尚。」

王子墊又問：「怎樣做才算是修養心志？」

孟子說：「遵行仁義罷了。殺一個無罪的人是不仁的，不該是自己的東西而取來，是不義

的。該身處的地方在哪裡？仁就是；該行走的道路在哪裡？義就是。能居住在仁的所在，行走在義的道路，那就連公卿、大夫該做的事都齊全了。」

**【原文】**

孟子曰：「仲子①，不義與之齊國而弗受，人皆信之，是舍簞食豆羹之義也。人莫大焉亡親戚君臣上下。以其小者信其大者，奚可哉？」

**【注釋】**

①仲子：即陳仲子，見本書《騰文公下》第十章注。

**【譯文】**

孟子說：「陳仲子這個人，如果違背道義地把齊國送給他，他不會接受，人人都相信這一點，但他這只是拒絕一筐飯、一碗湯那樣的小義罷了。人的罪過沒有比不講親屬、君臣、尊卑關係更大的了。因為他有小廉就相信他必有大節，那怎麼行呢？」

【原文】

桃應①問曰：「舜為天子，皋陶為士，瞽瞍殺人，則如之何？」

孟子曰：「執之而已矣。」

「然則舜不禁與？」

曰：「夫舜惡得而禁之？夫有所受之也。」

「然則舜如之何？」

曰：「舜視棄天下猶棄敝蹝②也。竊負而逃，遵海濱而處，終身訢然③，樂而忘天下。」

【注釋】

①桃應：孟子的學生。

②敝屣（ㄒㄧˇ）：破鞋子。

③訢（ㄒㄧㄣ）：同「欣」。快樂。

**【譯文】**

桃應問道：「舜做天子，皋陶做法官，假如舜的父親瞽瞍殺了人，應該怎麼處理？」

孟子說：「把他抓起來就是了。」

桃應問：「難道舜不阻止嗎？」

孟子說：「舜怎麼能夠阻止呢？皋陶是按所受職責依據法律辦事的。」

桃應又問：「那麼，舜該怎麼辦呢？」

孟子說：「舜把放棄天子的地位，看得像拋棄一雙破鞋子一樣。他會偷偷地背起父親逃走，沿著海邊住下來，終身逍遙快樂，把曾經做過天子的事情忘得一乾二淨。」

【原文】

孟子自範①之齊，望見齊王之子，喟然歎曰：「居移氣，養移體，大哉居乎！夫非盡人之子與？」

孟子曰：「王子宮室、車馬、衣服多與人同，而王子若彼者，其居使之然也；況居天下之廣居者乎？魯君之宋，呼於垤澤之門。守者曰：『此非吾君也，何其聲之似我君也？』此無他，居相似也。」

【注釋】

①範：齊國地名，其地在今山東省範縣東南。

【譯文】

孟子從範邑到齊國去，遠遠地看見了齊王的兒子，很感慨地說：「環境地位改變人的氣質，奉養改變人的體質，環境地位對人的影響真是大極了！他和別人不都一樣是做兒子的嗎？」

孟子說：「王子的住房、車馬、衣服多半跟別人的相同，可是王子卻是那樣與眾不同，是因為他所處的環境地位使他變得這樣的；何況居住在『仁』這個天下最寬廣的住所中的人呢？從前魯君到宋國去，在宋國的垤澤城門下喊人，守門人議論說：『這個人不是我們的君主，為什麼他的聲音和我們的國君這麼相像呢？』這沒有別的原因，所處的環境地位相似罷了。」

**【原文】**

孟子曰：「食而弗愛，豕交之也；愛而不敬，獸畜之也。恭敬者，幣之未將者也。恭敬而無實，君子不可虛拘。」

**【譯文】**

孟子說：「只給人食物吃而不愛他，那就像養豬一樣；愛他卻不尊敬他，那就像養狗養馬一樣。恭敬之心是在禮物送上之前就該具有的。只有恭敬的形式，卻沒有誠心實意，君子就不要徒然地拘泥於虛偽禮節的約束。」

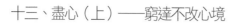

【原文】

孟子曰：「形色，天性也；惟聖人然後可以踐形。」

【譯文】

孟子說：「人的形體、容貌是天生的，只有聖人能夠使自己充實並完美地展現這種天賦之美。」

【原文】

齊宣王欲短喪。

公孫丑曰：「為期之喪，猶愈於已乎。」

孟子曰：「是猶或紾其兄之臂，子謂之姑徐徐云爾，亦教之孝悌而已矣。」

王子有其母死者，其傅為之請數月之喪。

公孫丑曰：「若此者，何如也？」

曰：「是欲終之而不可得也，雖加一日愈於已。謂夫莫之禁而弗為者也。」

**【譯文】**

齊宣王想要縮短喪期。

公孫丑說：「服喪一年，不是比不服喪要好些嗎？」

孟子說：「這就好像有人扭他哥哥的胳膊，你卻對他說『你慢一點，輕一點地扭』這類的話一樣吧！其實是應該教育他孝順父母，恭敬兄長的道理啊！」

有一位王子的母親去世了，他的師父為他請求服喪幾個月。

公孫丑說：「像這種情況該怎麼辦呢？」

孟子說：「王子這是想服完三年的喪期但客觀條件卻不允許。即使是多服喪一天也比不服喪好，我是針對那些沒有人限制他而自己卻不肯服喪的人說的。」

【原文】

孟子曰：「君子之所以教者五：有如時雨化之者，有成德者，有達財者①，有答問者，有私淑艾者。此五者，君子之所以教也。」

【注釋】

①財：同「才」。

【譯文】

孟子說：「君子教育的方法有五種：有像及時雨一樣去滋潤沾化的，有幫助養成品德的，有幫助發展才能的，有解答疑惑的，有靠品德學問使不能受業的人私下受到教誨的。這五種就是君子施行教育的方法。」

## 【原文】

公孫丑曰：「道則高矣，美矣，宜若登天然，似不可及也；何不使彼為可幾及而日孳孳也？」

孟子曰：「大匠不為拙工改廢繩墨①，羿不為拙射變其彀率。君子引而不發，躍如也。中道而立，能者從之。」

## 【注釋】

①繩墨：木工取直用的工具。

## 【譯文】

公孫丑說：「道是很高很美啊，但要學它，可以說幾乎就像登天一樣，似乎是不可能達到的；為什麼不可以讓它成為有希望達到的目標進而使人每天不懈地努力追求它呢？」

孟子說：「高明的木匠不會因為笨拙的徒工而改變、廢棄繩墨，羿不會因為笨拙的射手而改變拉弓射箭的標準。君子教導別人，正如教人射箭，拉滿了弓卻不射出箭，做出躍躍欲試的樣子。他的引導難易適中，有能力的人便會緊隨不捨跟從他學。」

【原文】

孟子曰：「天下有道，以道殉身；天下無道，以身殉道。未聞以道殉乎人者也。」

【譯文】

孟子說：「天下太平政治清明，就一輩子獻身於行道；天下混亂政治黑暗，就為持守正道而犧牲生命。沒聽說過廢棄了正道而去屈從迎合別人的。」

【原文】

公都子曰：「滕更①之在門也，若在所禮，而不答，何也？」

孟子曰：「挾貴而問，挾賢而問，挾長而問，挾有勳勞而問，挾故而問，皆所不答也。滕更有二焉。」

【注釋】

①滕更：滕國國君的弟弟，曾就學於孟子。

【譯文】

公都子說：「滕更在您門下學習時，似乎是屬於要以禮相待的人，然而您卻不回答他的提問，這是為什麼呢？」

孟子說：「倚仗自己權勢來提問，倚仗賢能來提問，倚仗年長來提問，倚仗功勳勞績來提問，倚仗故交舊情來提問，這都是我所拒絕回答的。滕更佔了其中的兩條。」

【原文】

孟子曰：「於不可已而已者，無所不已。於所厚者薄，無所不薄也。其進銳者，其退速。」

【譯文】

孟子說：「把不得不做的事停下來不做，那就沒有什麼事不可以中止了。對於該厚待的人卻給予薄待，那就沒有什麼人不可薄待的了。前進得太迅猛的人，其倒退也很快。」

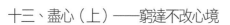

【原文】

孟子曰：「君子之於物也，愛之而弗仁；於民也，仁之而弗親。親親而仁民，仁民而愛物。」

【譯文】

孟子說：「君子對於萬物，愛惜而不必施予仁德；對於百姓，施予仁德而不必視作親人。君子首先要熱愛親人，進而把仁德施給百姓；把仁德施給百姓，進而愛惜萬物。」

【原文】

孟子曰：「知者無不知也，當務之為急；仁者無不愛也，急親賢之為務。堯、舜之知而不遍物，急先務也；堯、舜之仁不遍愛人，急親賢也。不能三年之喪，而緦、小功①之察；放飯流歠②，而問無齒決③，是之謂不知務。」

## 【注釋】

①緦、小功：喪服名。古代喪服分為斬衰、齊衰、大功、小功、緦麻五個等級，服喪期相對分為三年、一年、九個月、五個月、三個月五等。

②放飯流歠（ㄔㄨㄛˋ）：放，大；歠，飲。意思是大口吃飯、大口喝湯。按禮的規定，在尊長面前這樣吃喝，是大不敬的行為。

③齒決：此指用牙咬斷乾肉。按禮的規定，在尊長面前這樣做，是不禮貌的。

## 【譯文】

孟子說：「智者本該無所不知，但要急於做當前最重要的事情；仁者本該無所不愛，但要急於親近賢能的人。堯、舜的智慧不能遍及所有事物，是因為他們急於去做當前最重要的事情；堯、舜的仁愛不能施及所有的人，是因為他們急於親近賢能的人。如果一個人不能實行三年的喪禮，卻對緦麻、小功這類的喪禮過於苛察；在尊長面前放肆地大吃大喝，卻又講究不要用牙齒咬斷乾肉，這就叫不識大體。」

【故事】

## 歐陽修得意失意皆自在

歐陽修是北宋人，從小家裡很窮，四歲時父親病死了，母親鄭氏帶著他到湖北隨州依靠他叔叔生活。

歐陽修的母親想教兒子讀書，可是又買不起紙筆。屋前的池塘邊長著荻草，於是，她就折下荻草稈，在地上劃字，來教歐陽修。

歐陽修長大以後，到宋朝的都城東京參加進士考試，一連考了三場，都考了第一名。就這樣，他得以中進士，開始入朝為官。官職雖然不高，但他非常關心朝政，並且為人正直，勇於進諫。

當時，范仲淹在朝中推行新政，得罪了很多權貴，遭到排擠，被迫離開朝廷；富弼因為支持新政，也丟了官職；韓琦因為替范仲淹、富弼辯護，也受到牽連。許多人同情范仲淹，但不敢說話。任諫官的歐陽修卻大膽上書給宋仁宗說：「自古以來，奸佞之臣誣陷忠良之人，總會用朋黨、專權為理由。范仲淹是國家的棟樑之才，為什麼要罷免他？如果聖上聽信奸佞之言，把忠良之臣罷免，結果只會是親痛仇快！」

朝中的諫官高若訥不但不進諫，反而明確表示范仲淹應該被貶。歐陽修氣憤地寫信給高若訥，說他不知道人間有羞恥事。因為這事，他被降職到夷陵。母親鄭氏對兒子降職一事的態度很平靜，還鼓勵她的兒子說：「你們家以前就十分貧賤，我過了很久的貧賤生活，早就已經習慣。只要你心裡覺得自在，我也就能生活得舒暢了！」

四年之後，歐陽修才回到京城。為了支持范仲淹的新政，他又一次站出來說話，再次得罪了朝廷的一些權貴。他們羅織了一些罪名來誣陷歐陽修，令他被貶謫到滁州。

歐陽修到滁州後，處理政事之餘，經常去遊覽滁州的山水。滁州的琅琊山上，有一座供遊人休息的亭，歐陽修經常在那裡喝酒。他以「醉翁」自稱，於是就給亭子取名為「醉翁亭」，還寫下了膾炙人口的散文名篇《醉翁亭記》。

後來，歐陽修又被貶到揚州、穎州等地，做了十多年的地方官。直到宋仁宗想起他的才華，才把他調回京城，任他為翰林學士。

有一年，歐陽修擔任了進士考試的主考官。他認為這是改革文風的好機會，於是在閱卷時，對於寫華而不實文章的考生一概不予錄取。有一批人因此落了選，就對歐陽修心懷怨恨，在他騎馬出門時，上前阻攔並辱罵他，直到巡邏的兵士趕來才被制止住。這場風波雖然給了歐陽修一些壓力，卻使考場的文風從此發生轉變，大家都學著寫內容充實的文章了。

歐陽修不但積極改革文風，還非常喜歡發現、提拔人才。經過他賞識和提拔的名家非常多，最出名的是王安石、曾鞏、蘇洵和他的兩個兒子蘇軾、蘇轍。在文學史上，唐朝的韓愈、柳宗元和歐陽修等六人被合稱為「唐宋八大家」。

歐陽修晚年隱居在穎州，自號「六一居士」。「六一」指的是他珍藏的書本一萬卷，三代以來的金石遺文共一千卷，一張琴、一局棋、一壺酒，還有他這一個老翁。樂陶陶的自得之態在這個名號上顯露無遺。

## 【評論】

歐陽修在朝為官時竭忠盡智，不畏權勢，勇於直諫，不顧個人安危；被貶外放時則又真正能夠樂於山水，悠然自得，為後世留下了一個讓人心馳神往的醉翁形象。

# 第十四篇

## 盡心（下）——養心需要靜心

【原文】

孟子曰：「不仁哉梁惠王也！仁者以其所愛及其所不愛，不仁者以其所不愛及其所愛。」

公孫丑問曰：「何謂也？」

「梁惠王以土地之故，糜爛其民而戰之，大敗，將復之，恐不能勝，故驅其所愛子弟以殉之，是之謂以其所不愛及其所愛也。」

【譯文】

孟子說：「梁惠王真不仁啊！仁德的人把仁德給予他所愛的人，同時也推及到他所不愛的人，不仁德的人把災害帶給他所不愛的人，同時也連累到他所愛的人。」

公孫丑問道：「這是什麼意思呢？」

孟子說：「梁惠王為了擴張土地，驅使百姓去打仗而使他們棄屍荒野，大敗之後還準備再打，又擔心不能取勝，所以驅使他所愛的太子申去為他作戰送死。這就叫把災害帶給他所不愛的人，同時也連累到他所愛的人。」

【原文】

孟子曰：「春秋無義戰。彼善於此，則有之矣。征者，上伐下也，敵國不相征也。」

【譯文】

孟子說：「春秋時代沒有正義的戰爭。其中那一方比這一方好一點，還是有的。所謂征討，是指天子討伐諸侯，同等地位的敵對諸侯國之間是不能相互征討的。」

【原文】

孟子曰：「盡信《書》，則不如無《書》。吾於《武成》①，取二三策②而已矣。仁人無敵於天下，以至仁伐至不仁，而何其血之流杵也？」

【注釋】

①《武成》：《尚書》篇名，早已亡佚。東漢王充《論衡·藝增》上說：「夫《武成》之

篇，言武王伐紂，血流浮杵，助戰者多，故至血流如此。」

②策：竹片為簡，串在一起為策。

**【譯文】**

孟子說：「完全相信《尚書》，倒不如沒有《尚書》。我對於《尚書》中的《武成》篇，也只是採用其中兩三段文字罷了。仁德的人在天下是沒有敵手的，憑武王那樣最仁德的人去討伐商紂那樣最不仁德的人，怎麼會血流成河以致於舂米的木槌都漂起來了呢？」

**【原文】**

孟子曰：「有人曰，『我善為陳①，我善為戰。』大罪也。國君好仁，天下無敵焉。南面而征，北狄怨；東面而征，西夷怨，曰：『奚為後我？』武王之伐殷也，革車三百兩②，虎賁③三千人。王曰：『無畏！寧爾也，非敵百姓也。』若崩厥角稽首。征之為言正也，各欲正己也，焉用戰？」

## 【注釋】

①陳：同「陣」。

②兩：同「輛」，一車兩輪，車子的數量。

③虎賁：勇士。

## 【譯文】

孟子說：「有人說，『我善於佈陣，我善於打仗。』其實這是大罪惡。一國之君愛好仁德，就會天下無敵。商湯征伐南方，北方的民族就埋怨；征伐東方，西方的民族就埋怨。都說：『為什麼把我們放在後面呢？』武王討伐殷商之時，有戰車三百輛、勇士三千人。武王向殷商的百姓說：『不要害怕，我是來安定你們的，不是來與百姓為敵的。』百姓們都跪倒在地叩拜起來，額角碰地的聲音，像山岩崩塌一般。『征』就是『正』的意思。如果各國端正自身，又哪裡用得着打仗的方法呢？」

【原文】

孟子曰：「梓匠輪輿能與人規矩，不能使人巧。」

【譯文】

孟子說：「木匠和製作車輪、車廂的人能教導人圓規、曲尺的使用方法，卻不能使人直接獲得精巧的技術。」

【原文】

孟子曰：「舜之飯糗①茹草也，若將終身焉；及其為天子也，被袗衣②，鼓琴，二女果③，若固有之。」

【注釋】

①飯糗（ㄑㄧㄡˇ）：飯，動詞，吃。糗，乾糧。

②被袗衣：被通「披」，即穿。袗衣，畫有黼黻絺繡的衣服。

③果：通「婐」，侍女，這裡是侍候的意思。

**【譯文】**

孟子說：「舜在當年吃乾糧嚥野菜的時候，好像就打算永遠這麼生活下去似的。等到他做了天子後，穿著畫有黼黻絺繡的衣服，彈著琴，由堯的兩個女兒侍候著，又好像他本來就應該享有這一切似的。」

**【原文】**

孟子曰：「吾今而後知殺人親之重也：殺人之父，人亦殺其父；殺人之兄，人亦殺其兄。然則非自殺之也，一間耳。」

**【譯文】**

孟子說：「我現在才知道殺害別人的親人有多麼嚴重的後果：殺了人家的父親，人家也會殺死他父親；殺了人家的哥哥，人家也會殺死他哥哥。這樣看來雖然不是他自己殺了父親和哥哥，但也相差無幾。」

【原文】

孟子曰：「古之為關也，將以禦暴；今之為關也，將以為暴。」

【譯文】

孟子說：「古時候設立關卡，是要用它來抵禦殘暴的；而現在設立關卡，卻是用來施行殘暴的。」

【原文】

孟子曰：「身不行道，不行於妻子；使人不以道，不能行於妻子。」

【譯文】

孟子說：「自己不按正道行事，道在他的妻子、兒女身上也實行不了；去使喚別人不合於正道，那就連妻子、兒女也使喚不了。」

【原文】

孟子曰：「周於利者，凶年不能殺，周於德者，邪世不能亂。」

【譯文】

孟子說：「財富充足的人，荒年不能使他困窘，道德高尚的人，亂世不能使他迷惑。」

【原文】

孟子曰：「好名之人，能讓千乘之國，苟非其人，簞食豆羹見於色。」

【譯文】

孟子說：「愛惜名聲的人，能夠把千輛兵車的國家讓給別人，如果不是這樣能看輕富貴的人，就是要他讓出一小筐飯，一碗湯，他的不情願也會表現在臉上。」

【原文】

孟子曰：「不信仁賢，則國空虛；無禮義，則上下亂；無政事，則財用不足。」

【譯文】

孟子說：「不信任仁人賢士，國家實力就會空虛；不講求禮義，上下等級關係就會混亂；不治理政事，國家財用就會不足。」

【原文】

孟子曰：「不仁而得國者，有之矣；不仁而得天下者，未之有也。」

【譯文】

孟子說：「不仁德的人卻能得到一個國家，這樣的情況是有的；不仁德的人卻能得到天下，這樣的事從來也沒有過。」

## 【原文】

孟子曰：「民為貴，社稷次之，君為輕。是故得乎丘民①而為天子，得乎天子為諸侯，得乎諸侯為大夫。諸侯危社稷，則變置。犧牲既成，粢盛既絜，祭祀以時，然而旱乾水溢，則變置社稷。」

## 【注釋】

①丘民：田野之民，眾民。

## 【譯文】

孟子說：「百姓是最重要的，土神、穀神次於百姓，君主的地位更要輕些。因此得到百姓擁護的就能做天子，得到天子信任的就能做諸侯，得到諸侯信任的就能做大夫。諸侯危害了國家，那就更換他。祭祀用的牲畜已經齊備，穀物、祭器也都潔淨，又是按時祭祀的，然而還是遭受乾旱水澇的災害，那就另立土神、穀神。」

## 【原文】

孟子曰：「聖人，百世之師也，伯夷、柳下惠是也。故聞伯夷之風者，頑夫廉，懦夫有立志；聞柳下惠之風者，薄夫敦，鄙夫寬。奮乎百世之上，百世之下聞者莫不興起也。非聖人而能若是乎？而況於親炙之者乎？」

## 【譯文】

孟子說：「聖人是百代人的師表，伯夷、柳下惠就是這樣的人。所以，聽說過伯夷的高尚道德風範的，貪婪的人會變廉潔，懦弱的人會有立志的決心；聽說過柳下惠的高尚道德風範的，刻薄的人會變得敦厚，狹隘的人會變得寬宏。他們在百代之前奮發有為，百代之後，聽說過他們事蹟的人，沒有不為之感動而振作奮發的。不是聖人能夠像這樣嗎？百代以後的影響尚且這樣，更何況當時親身受過他們薰陶的人呢？」

【原文】

孟子曰：「仁也者，人也。合而言之，道也。」

【譯文】

孟子說：「所謂仁，意思就是人，就是做人的道理。人和仁結合起來，就是所說的道了。」

【原文】

孟子曰：「孔子之去魯，曰『遲遲吾行也』，去父母國之道也。去齊，接淅而行，去他國之道也。」

【譯文】

孟子說：「孔子離開魯國時，說：『我們慢慢地走吧！』這是離開祖國時應有的態度。他離開齊國時，沒等到淘米水晾乾就帶著濕米出發了，這是離開別國的感情態度。」

【原文】

孟子曰：「君子之厄於陳、蔡之間，無上下之交也。」

【譯文】

孟子說：「君子在陳國與蔡國之間被困，那是因為他與兩國的君臣上下都沒有什麼交往的緣故。」

【原文】

貉稽①曰：「稽大不理於口。」

孟子曰：「無傷也，士憎茲多口。《詩》云：『憂心悄悄②，慍③於群小。』孔子也。『肆④不殄⑤厥慍，亦不殞⑥厥問。』文王也。」

【注釋】

①貉稽：人名。
②悄：ㄑㄧㄠˇ，憂愁的樣子。
③慍：ㄩㄣˋ，惱怒、怨恨。
④肆：本義是陳列，這裡引伸為展現。
⑤殄：斷絕，竭盡。
⑥隕：失去。

【譯文】

貉稽說：「我受到眾人的非議。」

孟子說：「這也沒有什麼妨礙。士人都厭惡這種搬弄是非的議論。《詩經》上說：『煩惱憂愁心頭繞，群小怨我眾口咬。』孔子就是這樣的。《詩經》上又說：『別人怒氣雖未消，自己聲譽並無傷。』周文王就是這樣的。」

【原文】

孟子曰：「賢者以其昭昭，使人昭昭，今以其昏昏，使人昭昭。」

【譯文】

孟子說：「賢人是用自己清楚明白的道理再使別人也清楚明白，現在的人卻要用連他自己都糊裡糊塗的道理去使人清楚明白。」

【原文】

孟子謂高子曰：「山徑之蹊間，介然用之而成路；為間不用，則茅塞之矣。今茅塞子之心矣。」

【譯文】

孟子對高子說：「山坡上的小路很窄，經常去走，就能成為大路；只要一段時間不走，茅草就會堵塞住它。現在，『茅草』已經把你的心堵塞住了。」

## 【原文】

高子曰：「禹之聲尚①文王之聲。」

孟子曰：「何以言之？」

曰：「以追蠡②。」

曰：「是奚足哉？城門之軌，兩馬之力與？」

## 【注釋】

①尚：這裡用為超過、高出之意。

②追蠡：意思是禹留下來的樂器鐘，鐘鈕像被蟲子咬過的一樣都快斷了，說明用的人多，而文王留下來的鐘就沒事。追（ㄉㄨㄟ）：鐘鈕，就是編鐘上用來懸掛的鈕眼。蠡（ㄌㄧˇ）：本是蟲蛀木的意思，引申為久經磨損快要斷裂的樣子。

## 【譯文】

高子說：「禹的音樂比周文王的音樂還要好。」

孟子說：「為什麼這樣說呢？」

高子說：「因為禹傳下來的鐘，那鈕眼都快斷了。」

孟子說：「這能說明什麼呢？城門底下的車轍那麼深，難道只是一輛車兩匹馬的力量壓出來的嗎？」（大禹的鐘鈕快斷了，也是因為時間久遠的關係。）

**【原文】**

齊饑。陳臻曰：「國人皆以夫子將復為發棠①，殆不可復？」

孟子曰：「是為馮婦也。晉人有馮婦者，善搏虎，卒為善，士則之。野有眾逐虎，虎負嵎②，莫之敢攖③。望見馮婦，趨而迎之。馮婦攘臂下車。眾皆悅之，其為士者笑之。」

**【注釋】**

①發棠（ㄊㄤˊ）：棠，齊邑。發棠指發散糧倉，以賑濟貧民。

②負嵎：ㄩˊ，依恃地勢險要的地方。

③攖：ㄧㄥ，觸犯、挨近。

**【譯文】**

齊國鬧饑荒。陳臻說：「國都裡的人都認為先生會再次勸說齊王打開棠邑的糧倉救濟百姓，恐怕先生不會再這麼做了吧？」

孟子說：「再這樣做就成了馮婦了。晉國有個叫馮婦的人，善於打虎，後來成為善人不再打虎了，士人都效法他。有一次他在野外遇上許多人在追逐一隻虎，但老虎依恃地勢險要的地方，

虎視眈眈的看著眾人，沒有人敢上前靠近牠。大家遠遠看見了馮婦，便跑過去迎接他。馮婦便捋起袖子跳下車去打虎。大家都很高興，可是那些稱為士的人聽說後卻不以為然。」

**【原文】**

孟子曰：「口之於味也，目之於色也，耳之於聲也，鼻之於臭也，四肢之於安佚也，性也。有命焉，君子不謂性也。仁之於父子也，義之於君臣也，禮之於賓主也，知之於賢者也，聖人之於天道也，命也。有性焉，君子不謂命也。」

**【譯文】**

孟子說：「口舌喜歡美食，眼睛喜歡美色，耳朵喜歡好聽的聲音，鼻子喜歡香味，四肢喜歡安逸，這是天性，但能否得到滿足，其中還有命運的作用，所以君子不認為天性必得。仁對於父子關係，義對於君臣關係，禮對於賓主關係，智慧對於賢者，聖人對於天道，都是極重要的，都屬於命運的安排。能否得到它們，其中也有天性的作用，所以君子不強調命的作用。」

【原文】

浩生不害①問曰：「樂正子何人也？」

孟子曰：「善人也，信人也。」

「何謂善？何謂信？」

曰：「可欲之謂善，有諸己之謂信，充實之謂美，充實而有光輝之謂大，大而化之之謂聖，聖而不可知之之謂神。樂正子，二之中、四之下也。」

【注釋】

①浩生不害：姓浩生，名不害，齊國人。

【譯文】

浩生不害問道：「樂正子是怎樣的一個人呢？」

孟子說：「是個善人、信人。」

浩生不害問：「什麼叫『善』？什麼叫『信』？」

孟子說：「值得喜愛就叫『善』，自己確實具有『善』就叫『信』，『善』充實在身上就叫

『美』，既充實又有光輝就叫『大』，既『大』又能感化萬物就叫『聖』，『聖』到高深莫測妙不可知就叫『神』。樂正子是在『善』和『信』二者之中，『美』、『大』、『聖』、『神』四者之下的人。」

**【原文】**

孟子曰：「逃墨必歸於楊，逃楊必歸於儒。歸，斯受之而已矣。」今之與楊、墨辯者，如追放豚①，既入其苙②，又從而招之③。

**【注釋】**

①豚：小豬。

②苙：ㄌㄧˋ，牲畜的圍欄。

③從而招之：意思是逃跑的牲畜已經回來之後，還要追究以往的過失。招，用繩子捆住腳。

**【譯文】**

孟子說：「脫離墨家學說就一定會歸向楊家學說，脫離楊家學說就一定會歸入儒家學說。既然已經歸入，就接受他算了吧。如今與楊家、墨家學說辯論的那些人，就好像是追趕原先放到山野的小豬一樣，既然已經趕回到豬圈裡了，還要用繩子把牠的腳捆起來。」

【原文】

孟子曰：「有布縷之征，粟米之征，力役之征。君子用其一，緩其二。用其二而民有殍，用其三而父子離。」

【譯文】

孟子說：「有徵收布帛的賦稅，有徵收糧食的賦稅，有徵收人力的賦稅。君子徵收了其中一種，通常就緩徵其他兩種。如果同時徵收兩種，百姓就會有餓死的了；如果同時徵收三種，就會使百姓們父子之間骨肉分離了。」

【原文】

孟子曰：「諸侯之寶三：土地，人民，政事。寶珠玉者，殃必及身。」

【譯文】

孟子說：「諸侯的寶物有三樣：土地，人民，國家政事。把珍珠、美玉當作寶物的，災禍必將落到他身上。」

【原文】

盆成括①仕於齊。孟子曰：「死矣，盆成括！」

盆成括見殺，門人問曰：「夫子何以知其將見殺？」

曰：「其為人也小有才，未聞君子之大道也，則足以殺其軀而已矣。」

【注釋】

①盆成括：姓盆成，名括。

【譯文】

盆成括在齊國做官。孟子說：「盆成括活不成了！」

盆成括果然被殺，學生問道：「老師怎麼會知道他將被殺呢？」

孟子說：「他為人有點小聰明，但不懂君子的大道理，那就足以招來殺身之禍了。」

**【原文】**

孟子之滕，館於上宮①。有業屨②於牖③上，館人求之弗得。或問之曰：「若是乎從者之廋也？」

曰：「子以是為竊屨來與？」

曰：「殆非也。夫子之設科④也，往者不追，來者不拒。苟以是心至，斯受之而已矣。」

**【注釋】**

①上宮：上等的旅館。

②屨：ㄐㄩˋ，指為用麻、葛等製成的單底鞋。業屨：未織完的鞋子。

③牖：ㄧㄡˇ，窗戶、窗台。

④設科：辦教育。

**【譯文】**

孟子來到滕國，住在一家上等的旅館裡。有一雙尚未織完的鞋子放在窗台上不見了，旅館裡的人到處尋找。就有人問孟子說：「可能是跟隨先生的人把它藏起來了吧？」

孟子說：「你以為他們是為了偷草鞋而到這裡來的嗎？」

那人說：「恐怕不是的。先生是在這裡辦學講課，不學的走了都不追問，願意學的來了也都不拒絕。只要是抱著學習的心態而來，先生就什麼人都接受。」

【原文】

孟子曰：「人皆有所不忍，達之於其所忍，仁也；人皆有所不為，達之於其所為，義也。人能充無欲害人之心，而仁不可勝用也；人能充無穿窬①之心，而義不可勝用也；人能充無受爾汝②之實，無所往而不為義也。士未可以言而言，是以言餂③之也；可以言而不言，是以不言餂之也，是皆穿窬之類也。」

【注釋】

①穿窬（ㄩˊ）：穿壁越牆。

②爾汝：爾、汝，都是第二人稱代名詞，古代尊長稱呼卑幼時用，如果平輩之間用來稱呼，則是對對方的輕視。

③餂：ㄊㄧㄢˇ，取。

【譯文】

孟子說：「人人都有他不忍心做的事，如果把這種不忍之心擴展到他所忍心去做的事情上，就是仁；人人都有他不願意去做的事，如果把這種不願意擴展到他所願意做的事情上，就是義。一個人只要能把自己不想害人的心理擴大充實，那麼仁就用之不盡了；一個人只要能把自己不願穿壁越牆的心理擴大充實，那麼義就用之不盡了；一個人只要能把自己不肯忍受輕蔑的心理擴大充實，那麼無論走到哪裡，言行舉止都不會違背道義了。對於士人，不可以交談而去交談，這是用言語試探對方來謀取利益；可以交談卻不去交談，這是用沉默試探對方來謀取利益，這些都屬於穿壁越牆一類的行為。」

## 【原文】

孟子曰：「言近而指①遠者，善言也；守約而施博者，善道也。君子之言也，不下帶②而道存焉；君子之守，修其身而天下平。人病舍其田而芸③人之田，所求於人者重，而所以自任者輕。」

## 【注釋】

①指：意義，意旨。

②不下帶：帶，腰帶。古人視不下帶，即只視帶之上。此處比喻注意眼前常見之事。

③芸：通「耘」，鋤草。

## 【譯文】

孟子說：「言語淺近而含意深遠，這是善言；把握住的十分簡要，而施行時效用廣大，這是善道。君子所說的，雖然是眼前近事，而道卻蘊含在其中；君子所把握住的，是修養自己，卻能使天下太平。常人的毛病在於荒棄自己的田地，卻要人家鋤好田地，要求別人的很重，而加給自己的責任卻很輕。」

**【原文】**

孟子曰：「堯、舜，性者也；湯、武，反之也。動容周旋中禮者，盛德之至也。哭死而哀，非為生者也。經德不回，非以干祿也。言語必信，非以正行也。君子行法，以俟命而已矣。」

**【譯文】**

孟子說：「堯、舜的仁德，是出自本性；湯王、武王的仁德，是經過修身回復到本性的。動作、容貌等一切方面都符合禮，這是美德的最高表現。為死者哭得悲哀，不是做給活人看的。遵循道德而不違背，不是為了謀求官職、俸祿。言語必求信實，不是為了顯示自己品行端正的。君子按天理行事以等待命運的安排罷了。」

【原文】

孟子曰：「說大人①，則藐之，勿視其巍巍②然。堂高數仞，榱題③數尺，我得志，弗為也。食前方丈，侍妾數百人，我得志，弗為也。般樂④飲酒，驅騁田獵，後車千乘，我得志，弗為也。在彼者，皆我所不為也；在我者，皆古之制也，吾何畏彼哉？」

【注釋】

①大人：尊貴的人。
②巍巍：富貴榮耀的樣子。
③榱（ㄘㄨㄟ）題：屋簷下的椽子頭，這裡借指屋簷。
④般樂：ㄆㄢˊ ㄌㄜˋ，流連於遊樂中。

【譯文】

孟子說：「向權貴進言，要藐視他，不要把他看得那樣高高在上。殿堂幾丈高，屋簷幾尺寬，如果我得志了，我就不這麼做。吃飯時面前擺滿美味佳餚，侍妾奴婢有數百人，如果我得志了，我就不這麼做。飲酒作樂，馳騁打獵，讓成千輛車子跟隨著，如果我得志了，就我不會這麼做。他們的所作所為，都是我所不願做的；我所做的，都是符合古代制度的，我為什麼要怕他們呢？」

【原文】

孟子曰：「養心莫善於寡欲。其為人也寡欲，雖有不存焉者，寡矣；其為人也多欲，雖有存焉者，寡矣。」

【譯文】

孟子說：「修養善心的方法，沒有比減少欲望更好的了。一個人如果慾望很少，那麼即使善心有些喪失，也是很少的；一個人如果慾望很多，那麼即使善心有所保存，也一定是很少的。」

【原文】

曾晳①嗜羊棗②，而曾子不忍食羊棗。公孫丑問曰：「膾炙③與羊棗孰美？」

孟子曰：「膾炙哉。」

公孫丑曰：「然則曾子何為食膾炙而不食羊棗？」

曰：「膾炙所同也，羊棗所獨也。諱名不諱姓，姓所同也，名所獨也。」

**【注釋】**

①曾皙：即曾點，曾參的父親，亦是孔子的學生。姓曾，名點，字子皙。春秋末魯國南武城（原屬山東費縣，現屬平邑縣）人。

②羊棗：一種小而黑的果實。

③膾炙：燒烤的細肉。

**【譯文】**

曾皙非常喜歡吃羊棗，曾子因此就不忍心吃羊棗。公孫丑問孟子道：「烤肉和羊棗哪一種好吃些？」

孟子說：「當然是烤肉。」

公孫丑說：「那麼曾子為什麼吃烤肉而不吃羊棗呢？」

孟子說：「烤肉是人人都愛吃的，羊棗卻是單獨某個人愛吃的。這就好比父母之名應該避諱，他們的姓卻不必避諱是一樣的。因為姓是很多人共有的，而名字卻是一個人獨有的。」

【原文】

萬章問曰：「孔子在陳曰：『盍歸乎來！吾黨之小子狂簡，進取，不忘其初。』孔子在陳，何思魯之狂士？」

孟子曰：「孔子『不得中道而與之，必也狂獧乎！狂者進取，獧者有所不為也』。孔子豈不欲中道哉？不可必得，故思其次也。」

「敢問何如斯可謂狂矣？」

曰：「如琴張、曾皙、牧皮①者，孔子之所謂狂矣。」

「何以謂之狂也？」

曰：「其志嘐嘐②然，曰『古之人，古之人』。夷考其行③，而不掩焉者也。狂者又不可得，欲得不屑不絜之士而與之，是獧④也，是又其次也。孔子曰：『過我門而不入我室，我不憾焉者，其惟鄉原⑤乎！鄉原，德之賊也。』」

曰：「何如斯可謂之鄉原矣？」

曰：「何以是嘐嘐也？言不顧行，行不顧言，則曰『古之人，古之人』。行何為踽踽涼涼⑥？生斯世也，為斯世也，善斯可矣。閹然媚於世也者，是鄉原也。」

萬子⑦曰：「一鄉皆稱原人焉，無所往而不為原人，孔子以為德之賊，何哉？」

曰：「非之無舉也，刺之無刺也，同乎流俗，合乎汙世，居之似忠信，行之似廉絜，

眾皆悅之，自以為是，而不可與入堯、舜之道，故曰『德之賊』也。孔子曰，惡似而非者：惡莠，恐其亂苗也；惡佞，恐其亂義也；惡利口，恐其亂信也；惡鄭聲，恐其亂樂也；惡紫，恐其亂朱也；惡鄉原，恐其亂德也。君子反經而已矣。經正，則庶民興；庶民興，斯無邪慝矣。」

**【注釋】**

①琴張、牧皮：都是人名，身世不詳；有人說是孔子的學生。

②嘐嘐（ㄒㄧㄠ）：志向遠大、口氣不凡。

③夷考其行：平時考察其行為。

④獧：同「狷」。

⑤鄉原：指看起來恭謹忠厚，實質上卻沒有是非原則，苟同世俗，只圖博取好名聲的人，相當於現在所說的好好先生。原，同「願」。

⑥踽（ㄐㄩˇ）踽涼涼：孤寡不合群的樣子。

⑦萬子：即萬章。

## 【譯文】

萬章問道：「孔子在陳國時曾經說：『何不回去呢！我家鄉的那些年輕弟子志向高遠而行為粗簡，想要積極進取卻難改舊習。』孔子在陳國時，為什麼要惦念魯國那些狂放的讀書人呢？」

孟子說：「孔子說過，『既然找不到言行合乎中庸之道的人來交往，必定只能與狂放的人和耿介的人交往了。狂放的人進取向上，耿介的人知所不為』。孔子難道不想結交合乎中庸之道的人嗎？只是因為不一定能結交到，所以才想到結交次一等的人。」

萬章問：「請問怎樣的人才能稱作是狂放的人呢？」

孟子說：「像琴張、曾晳、牧皮這些人，就是孔子所說的狂放的人。」

萬章問：「那為什麼說他們狂放呢？」

孟子說：「他們志向遠大、口氣不凡，動不動就說『古代的人，古代的人』。平時考察他們的行動，卻多與他們的言論不吻合。如果這樣的狂放之人也結交不到，就想找到潔身自好的人與他結交了，這種人就是耿介的人，這是又次一等的了。孔子說：『路過我的家門口，沒有進我的屋子，而我不感到遺憾的，大概只有鄉原吧！鄉原是戕害道德的人。』」

萬章問：「怎樣的人能稱他為鄉原呢？」

孟子說：「鄉原指責狂放的人說：『為什麼志向、口氣那麼大？說的不顧做的，做的不顧說的，卻還說什麼『古代的人，古代的人。』又批評耿介的人說：『為人處世為什麼那樣孤寡不合

群呢？生在這個世界上，為這個世界做事，相安無事就行了。』迎合世道在世上獻媚邀寵的人就是鄉原。」

萬章問：「一鄉的人都稱他是忠厚人，他也處處表現出自己是個忠厚人，孔子卻認為他是戕害道德的人，這是什麼道理呢？」

孟子說：「這種人，要批評他，卻舉不出具體事情來；要指責他，卻又覺得沒什麼能指責的；他只是和頹靡的習俗、污濁的社會同流合污，平時似乎忠厚老實，行為似乎很廉潔，大家都喜歡他，他自己也覺得自己是正確的，但是卻不能與他一起學習堯、舜之道，所以說是『戕害道德的人』。孔子說過，要憎惡那些似是而非的東西：憎惡莠草，是怕它淆亂禾苗；憎惡巧言諂媚，是怕它淆亂道義；憎惡尖嘴利舌，是怕它淆亂誠信；憎惡鄭國音樂，是怕它淆亂雅樂；憎惡紫色，是怕它淆亂了正紅色；憎惡鄉原，是怕他淆亂了仁德。君子是要回復到正道罷了。正道的形象樹立端正了，百姓就會奮發振作；百姓奮發振作，就不會有邪惡了。」

【原文】

孟子曰：「由堯、舜至於湯，五百有餘歲①，若禹、皋陶，則見而知之；若湯，則聞而知之。由湯至於文王，五百有餘歲，若伊尹、萊朱②，則見而知之；若文王，則聞而知之。由文王至於孔子，五百有餘歲，若太公望、散宜生③，則見而知之；若孔子，則聞而知之。由孔子而來至於今，百有餘歲，去聖人之世，若此其未遠也，近聖人之居，若此其甚也，然而無有乎爾，則亦無有乎爾！」

【注釋】

①五百有餘歲：五百年左右出一個聖人，這是天道的常理。
②萊朱：傳說是商湯的賢臣，一說就是仲虺（ㄏㄨㄟˇ），商湯的相。
③太公望：即呂尚，見本書《離婁上》第十三章注。散宜生：姓散宜，名生，周文王的賢臣。

【譯文】

孟子說：「從堯、舜到商湯，相隔五百多年，像禹和皋陶，是親眼見到過而了解堯、舜之道

的；至於商湯這輩人，則是透過耳聞來了解的。從商湯到文王，也是相隔五百多年，像伊尹和萊朱，是親眼見過而了解商湯之道的；至於文王這輩人，則是透過耳聞來了解的。從文王到孔子，又相隔了五百多年，像太公望和散宜生，是親眼見過而了解文王之道的；至於孔子這輩人，則是透過耳聞來了解的。從孔子以來直到現在，相隔只有一百多年，距離聖人所處的時代還不遠，距離聖人生活的地方是這樣的近，然而竟沒有親眼看到過而了解繼承孔子之道的人，那麼五百年後也就不會有透過耳聞來了解孔子之道的人了！」

## 【故事】

### 柳下惠直道事人

柳下惠本來不姓柳，他原姓展，名獲，字禽，另有一字為季，因為他的食邑在柳下，死後諡為「惠」，所以後人稱他為柳下惠，也叫做柳下季。

柳下惠是春秋時期魯國人，早於孔子一百多年。當時魯國王室衰敗，朝政把持在臧文仲等人手中。柳下惠生性耿直，又從不逢迎，自然就很容易得罪權貴，以致於在魯國三次做官都被罷掉。一百多年之後的孔子為此氣憤不已，痛罵臧文仲是故意排擠賢人的竊位者。

魯僖公二十六年夏天，齊孝公出兵討伐魯國，臧文仲問柳下惠，該怎樣措辭才能讓齊國退兵。柳下惠則回答說，大的國家應該做好小國的榜樣，而小的國家則應該好好侍奉大國，這樣雙方就能保持和平，防止禍亂的發生。現在魯國做為一個小國卻狂妄自大，所以才會惹怒大國，這叫自取其禍，用什麼樣的措辭去遊說都沒有用了。柳下惠這樣說，就是在直言不諱地批評掌管魯國政權的臧氏。

柳下惠有一個弟弟叫展喜，當時在魯國做大夫，被魯僖公派去慰勞士兵，準備迎戰齊軍。柳下惠聽說後，便去找展喜，把策略傳授給他，讓他到齊國的軍營去見齊孝公。齊孝公問展喜：「如今我齊國大軍壓境，雄壯威武，你們感到害怕了吧？」

展喜卻笑了笑，說：「小人才會害怕呢！君子是不會害怕的！」孝公不解地問為什麼。

展喜說：「憑藉著先王之命，我們就不會害怕。當初，魯國的第一位國君周公和齊國的第一位國君太公曾經共同輔佐周成王。成王御賜了盟書，要齊、魯兩國世代修好，絕不互相殘殺。兩國的新國君即位時，都要對著盟約宣誓。現在盟約還藏在內府，而你也剛剛即位，怎麼就把盟書和誓言都拋在了腦後？」齊孝公自知理虧，就撤兵了。

魯國有一個傳世的寶貝，叫做岑鼎。這只岑鼎形體巨大，氣勢宏偉，鼎身上鑄刻著精美的花紋，據說看到的人會感覺震懾心魄，是魯國的鎮國之寶。

魯莊公的時候，齊國向魯國發起了大規模的進攻，魯國國力較弱，根本沒有辦法對抗強大的齊國，就派遣使者前去談判，希望齊國罷兵。齊國要求魯國獻上岑鼎以表誠意，魯國答應了。可

是，魯莊公又實在捨不得這個寶貝，陷入了左右為難的境地。魯國有個大臣就出主意說：「齊國人從來沒有見過岑鼎，我們可以另造一個鼎獻上去。」於是，魯國就打算用假鼎冒充。

但是齊國的人說：「聽說柳下惠是魯國最講信用的人，從來沒有說過謊話。如果他說送來的鼎是真的，我們才會相信。」魯莊公就派人求柳下惠，希望由他去獻上假鼎。

但是，柳下惠拒絕了。他說：「你既然已經答應了要把岑鼎送給齊國，就要信守承諾，不能輕易改變，否則就會失去信譽。人與人交往要講信譽，國與國交往就更要講信譽了。我一生都把信譽當作最重要的珍寶，如果我說假話，那就是毀掉我的珍寶。以毀我的珍寶為代價來保住你的珍寶，這樣的事我怎麼能做？」魯莊公無奈，就將真的岑鼎獻給了齊國。

柳下惠雖然在仕途上屢受打擊排擠，他的道德學問卻名滿天下，被罷官之後，各國諸侯爭搶著用高官厚祿來禮聘他，但都被他拒絕了。有人不理解，問他為什麼，他說：「我在魯國之所以多次被罷官，就是因為我要堅持做人的原則；如果去了別的國家也堅持原則的話，又怎麼能保證不再被罷免？若是打算放棄做人的原則曲意逢迎的話，在魯國就可以輕易得到高官厚祿，又何必離開生我養我的故鄉呢？」

當然，柳下惠這個人最有名的就是「坐懷不亂」的故事了。相傳，他有一次出遠門，晚上就住在都城門外。那晚異常寒冷，房間也沒有生火取暖，有一位衣衫單薄的女子來投宿，在冰冷的房間瑟瑟發抖。柳下惠擔心她這樣下去可能會被凍死，就讓她坐在自己的懷裡，用衣服蓋住她，就這樣一直待到第二天天亮，也沒有發生越禮的事。這件事更使得柳下惠的聖人君子之名廣為傳揚，人盡皆知。

柳下惠被後人譽為「和聖」。

**【評論】**

聖人孔子及亞聖孟子都對柳下惠非常推崇。《孟子》一書之所以把柳下惠和伯夷、伊尹、孔子並稱四位大聖人，是基於以下幾個原因：不因服侍的君主不聖明而羞恥，不因給的官職卑微而拒絕；身居高位時積極舉薦賢才，被罷官時也不心生怨恨；貧窮困頓時仍保持愉快的心境；和任何人相處都不受不良的影響。孟子認為，柳下惠的為人足以成為「百世之師」。

國家圖書館出版品預行編目資料

我的第一本孟子讀本／張子維譯注.
——第一版——臺北市：宇河文化出版；
紅螞蟻圖書發行，2012.11
面　公分——(中學堂；8)
ISBN 978-957-659-919-4（平裝）

1.孟子 2.注釋

121.262　　101018861

中學堂 8

我的第一本孟子讀本

譯　　注／張子維
執行編輯／韓顯赫
美術構成／Chris' office
校　　對／楊安妮、賴依蓮、周英嬌
發 行 人／賴秀珍
榮譽總監／張錦基
總 編 輯／何南輝
出　　版／宇河文化出版有限公司
發　　行／紅螞蟻圖書有限公司
地　　址／台北市內湖區舊宗路二段121巷28號4F
網　　站／www.e-redant.com
郵撥帳號／1604621-1 紅螞蟻圖書有限公司
電　　話／(02)2795-3656（代表號）
傳　　真／(02)2795-4100
登 記 證／局版北市業字第1446號
法律顧問／許晏賓律師
印 刷 廠／卡樂彩色製版印刷有限公司
出版日期／2012年 11 月　第一版第一刷

定價 399 元　港幣 133 元
敬請尊重智慧財產權，未經本社同意，請勿翻印，轉載或部分節錄。
如有破損或裝訂錯誤，請寄回本社更換。
ISBN 978-957-659-919-4　　Printed in Taiwan